広報・PR論

パブリック・リレーションズの理論と実際
〔改訂版〕

関谷直也・薗部靖史
北見幸一・伊吹勇亮・川北眞紀子 著

有斐閣ブックス

▶ **改訂版刊行にあたって**

　2020年から新型コロナウイルスの感染が拡大した。行動制限やマスク着用など，人々の行動変容への呼びかけ，すなわち行政などによる「ホワイト・プロパガンダ」の重要性が議論された。広報の原初的な姿として情報をどう効率的に人に伝えて人々を動かすことができるかに関心が集まった。

　2022年には，ロシアがウクライナに侵攻した。今度は戦時における情報，戦時プロパガンダに対してどう対応するかが焦点となった。情報によって人々が特定の思想・世論・意識・行動へ誘導されてしまうこととそれへの対抗をどうするかに関心が集まった。

　古くからの広報の中核的な課題は，いまだ世界の大きな関心事である。

　この数年で，メディアの様相は一変し，若年層を中心に主軸はインターネットに移り，従来のマスメディアを主軸とした議論は成り立たなくなってきた。音楽から政治まで，教育からビジネスまで，インターネットを抜きに議論できなくなるまで変化した。

　オンラインでのやりとりは，コロナ禍で加速した。だが，とはいえ，それで仕事がすべて完結するわけではない。もともと関係性がある場合はその維持や強化は可能であっても，オンラインだけで関係性を構築するのはきわめて難しいことなども理解されるようになった。

　メディアは大きく変化してもコミュニケーションや組織の関係性構築など，広報／パブリック・リレーションズのあり方，議論の枠組みや概念が変わったというわけではない。「ニューノーマル」といっても，人間関係や，組織間関係の構築の重要性はまったく変わらない。関係性の強化の対象も，グローバルに広がっており，パブリック・リレーションズの重要性はますます高まってきているといえるであろう。

　組織と人々の関係性，組織と組織の関係性，およびそれらを構築し，維持す

るためのコミュニケーションとして広報／パブリック・リレーションズを学んでいこうではないか。あらためて，変化の多い時代だからこそ，表層の出来事に左右されることなく，基礎を学ぼう。

　なお，この改訂版刊行にあたっては，有斐閣の四竈佑介氏，猪石有希氏に大変お世話になった。ここに記して感謝したい。

　　　2022 年 7 月

　　　　　　　　　　　　　　　　　　著者を代表して　関 谷　直 也

（以下，初版より再掲，一部修正）

　多くの問題を抱える現代社会において，企業・行政・非営利組織などあらゆる組織にとって，さまざまな利害関係者とコミュニケーションをとりつつ，「組織体が社会との関係性を構築し維持すること」は，きわめて重要な課題である。この課題を研究する分野を「パブリック・リレーションズ」「広報」という。組織体・経営体として，これを仲介するメディア産業として，実務的にも重要な位置を占めている。

　だが，この分野は現実的な実務が先行し，なかなか理論的な整理が追いついていないのが現状である。個別の研究は進みつつあるものの，なかなか体系的な整理が進んでいない。この結果として，世間一般には「広報＝お知らせ」というように短絡的に理解されていたりするし，「PR」という言葉は，就職活動のときに使われる「自己 PR」など「都合のよいことを一方的に告知する」「アピールする」という程度にしか理解されていなかったりするという現状がある。これは，体系的に広報／パブリック・リレーションズを学ぶ機会が少ないこと，また解説する書籍が少ないことが一因である。

　本書は，このような問題意識を前提に，広報／パブリック・リレーションズにはじめて触れる人がその諸概念の基礎を理解すること，広報／パブリック・リレーションズに関心をもつ実務家が体系的・学術的な理解を深めること，隣接する研究分野の研究者がそれぞれの研究分野との関連性を理解することを企図してまとめられた。

▶ 本書の特徴

本書の特徴は，3つある。

第1の特徴は，本書は，広報／パブリック・リレーションズ全般について，研究者の立場から共同して書かれた初めての本格的な教科書であることである。

現在，日本で唯一，広報／パブリック・リレーションズを研究している日本広報学会という学会がある。この日本広報学会は1995年に設立され，いまに至るまで活発に研究活動を続けてきている。この学会設立前後から，広報／パブリック・リレーションズに関する研究はさかんに行われるようになり，関連する研究書，実務書が多く出版されてきている。これらの書籍は，日本広報学会設立当初から，ないしはそれ以前から活動されているコーポレート・コミュニケーション，広報／パブリック・リレーションズという分野に携わってきた実務家，ないしは実務家出身の教員によって著されている。内外を問わず，広報／パブリック・リレーションズの書籍は，実務家ないしは実務家出身の教員が中心となって，実務の指南として概念，歴史，ノウハウが記述されているものが多い。

一方，本書は研究者，および実務と研究を往復する者によって「研究」の視点というものを強く意識して記述されている。広報／パブリック・リレーションズの分野を，理論的に整理しつつ，過去の文献をたどれるように意識して記述した。

第2の特徴は，経営学，組織論，マーケティング研究，およびメディア研究・コミュニケーション研究など隣接領域との関連性を意識して記述したことである。

広報／パブリック・リレーションズは，実務・実践から成り立ってきた分野であり，その現実をいかに説明するかということが求められてきた学問である。ゆえに，広報／パブリック・リレーションズは，企業の営利活動，企業の組織運営，マスメディアやソーシャルメディアとの関係性，人々の心理や世論との関係性，社会状況との関係性と密接な関連をもっている。そして「概念」にはオリジナルなものが多いが，研究分野としては隣接領域の学問的蓄積を取り入れながら発展してきたという経緯がある。すなわち，既存の経営学や組織論，マーケティング研究，メディア研究・コミュニケーション研究の研究知見を十

分に理解する必要がある。

　米国の大学では，public relations に関連する科目やコースはビジネススクールとジャーナリズムスクールにおかれている 2 つのケースがある。日本の大学においても「広報」「パブリック・リレーションズ」に関する講義は，経営系学部・学科とジャーナリズム・メディア系の学部・学科におかれている 2 つのケースがある。つまり，両面からのアプローチの境界上に位置することを意識しなければならない学問分野である。この現状を踏まえ，本書『広報・PR論』は，経営組織の視点から関心をもつ人，メディアやコミュニケーションの視点から関心をもつ人，両者の立場があることを強く意識してつくられた。

　ちなみに本書の著者らが所属してきた／所属している学部も経営系学部とメディア・コミュニケーション学科・研究科（院）の二系統ある。広報／パブリック・リレーションズを専門としつつも，経営学や組織論，マーケティング研究，メディア研究・コミュニケーション研究，危機管理，それぞれの専門分野との間を往復しつつ，広報／パブリック・リレーションズを研究してきている者によって執筆されている。

　第 3 の特徴は，現代日本の組織体・経営体が抱える課題に即してまとめたことである。もともとパブリック・リレーションズは米国を中心に発展してきた研究・実践分野である。また多くの主要な教科書も欧米のものが多いので，理論・用語も米国のものが多く，日本人にとってなじみの少ない米国の事例に即して説明されることが多かった。それゆえ，初学者にとっては難解な分野となってしまっている。

　パブリック・リレーションズとは「組織体が社会とのよりよい関係性を構築し維持すること」である。すなわち組織体・経営体のおかれている状況，社会の状況が異なれば，そのパブリック・リレーションズが解決しなければならない課題も変わる。本書は，広報／パブリック・リレーションズに関する理論や概念を，日本の状況に合わせて記述し，事例・歴史もできるだけ日本の事例を多く挙げるようにした。

　具体的には，現代日本の組織体・経営体が抱える課題として，レピュテーション（評判形成），不祥事対応などの危機管理，ソーシャルメディアを含めたメディア状況の変化，CSR や社会貢献，行政広報，非営利組織の広報，災害対

応などを記述している。これらは，たんに著者らの関心ということではなく，国内の広報／パブリック・リレーションズに関する業務の中核的課題として，企業の広報関係部署，行政広報が直面している課題でもある。

　また広報／パブリック・リレーションズは企業に限らず組織体・経営体全般を対象とする実践・研究分野である。従来は，企業を中心に説明される書籍が多かったが，本書では行政や非営利組織などを含めた組織全般に適用できるように意識して記述した。

▶ 本書の構成

　第Ⅰ部は「広報・PR の基本」である。PR・広報の全体像について，全般的に理解することを目的としている。

　第1章「広報・PR とは」（関谷）では，パブリック・リレーションズ，コーポレート・コミュニケーションズ，広報の定義を整理し，パブリック・リレーションズの発展の歴史について記述している。

　第2章「ステークホルダーと組織の社会的責任」（薗部）では，組織とステークホルダー（利害関係者）の関係性について，また組織が社会との関係において果たすべき役割が説明されている。

　第3章「組織のレピュテーション（評判）」（北見）では，組織によくも悪くも影響を与えるレピュテーション（評判）について説明し，インターネットなどの影響によって，それら組織がレピュテーションを意図通りに管理することが難しくなってきていることなどを説明している。

　第4章「組織と広報・PR」（伊吹）では，組織の中で実際に広報／パブリック・リレーションズに関連する部署がどのような役割を果たしているか，外部の PR 会社などや専門家がどのように関わっているか，またその専門家の育成方法について論じている。

　第5章「広報・PR の戦略立案・実行・評価」（伊吹）では，広報・PR の戦略がどのように立案されているか，計画（plan），実行（do），評価（see）というマネジメント・サイクルを基礎に論じられる。

　第Ⅱ部は「ステークホルダーと広報・PR」である。個別のステークホルダーごとの広報・PR の考え方が整理される。

第6章「メディアとメディア・リレーションズ」(川北) では，組織がいかにメディアとつき合うかという立場から，広報担当者とジャーナリストとの関係，戦略的なメディアへのリリースの方策などが紹介される。

　第7章「インターネットと広報・PR」(川北) では，インターネットによる広報・PR の変化について述べられる。ソーシャルメディアと口コミの関係性，企業みずからが web サイトなどでの情報発信をする「オウンド・メディア」としての web サイトの意義などについて論じられる。

　第8章「マーケティング PR」(川北) では，対顧客活動としての，マーケティングに近いところのパブリック・リレーションズ活動について論じられる。マーケティング PR の役割やニュースを創り出すアプローチについても述べられる。

　第9章「インベスター・リレーションズ (IR)」(北見) では，組織が資金調達を行うために，財務情報の開示，市場との関係性，金融機関・投資家との関係性を構築することが重要であることが論じられる。またこの観点から非財務情報や CSR 報告書などの重要性なども論じられる。

　第10章「インターナル・リレーションズ」(伊吹) では，従業員など組織の構成員との良好な関係性を構築することの意義やその手段について論じられる。

　．第 III 部は「現代の広報・PR の課題」である。

　第11章「社会貢献と広報・PR」(薗部) では，組織にとっての社会貢献の意義，歴史について述べられる。寄付や資源の提供，企業博物館や工場見学などの施設の提供，またスポンサーシップやコーズ・リレーテッド・マーケティングなどマーケティングと融合した社会貢献について述べられる。

　第12章「危機への対応」(北見) では，「クライシス」「リスク」「イシュー」という危機の違いについて述べられた後，「不祥事」が組織にどのようなインパクトをもたらすか，またそのときメディアとの関係をいかにマネジメントすべきかという点が述べられる。

　第13章「災害時の広報・PR」(関谷) では，災害に関して行政は緊急時，災害後，平時にどのような広報・PR が求められるか，企業はレピュテーションを上げるためには災害時にどのようなコミュニケーションが必要か，直後の広

告出稿や災害後の支援活動とはどのようなものかについて論じられる。また復旧期・復興期の広報・PR の課題として「風評被害」対策にも触れられる。

第 14 章「非営利組織の広報・PR」（薗部）では，非営利組織にとって資源獲得の意味で広報・PR がきわめて重要であること，事業活動のために企業・行政との関係性構築が重要であることが論じられる。

第 15 章「行政広報」（関谷）では，行政広報の歴史，広報・広聴，シティ・プロモーションについて論じられる。

1954 年，日本ではじめて研究者によって広報／パブリック・リレーションズを主題とした書籍が刊行された。小山栄三先生の『廣報学』である。縁あって，その『廣報学』が出版された有斐閣で，60 年後，いわば日本の広報学還暦の年に，『広報・PR 論』（初版）を刊行させていただく機会を得た。このような機会に恵まれたのは広報／パブリック・リレーションズの研究者として本当に嬉しい限りである。

本書の著者は正式な研究グループ，研究組織からスタートしたものではない。もともと日本広報学会に集まってきた「若手」が，なかなか研究の側面から記述された教科書，体系的な研究書がなく，学生や後進に薦める本がないことに問題意識をもち，自発的にできた研究グループである。そして，本書はその試行錯誤の末，体系化を示そうと議論を積み重ねてきた成果である。

この「若手」という意味は，日本広報学会設立以後に広報の研究を始めた新参者という意味の「若手」である（日本広報学会の中では「若手」であるが，年齢的に「若手」という意味ではない）。いうならば発展途上の研究者である。それぞれの担当章の最終的な責任はもちろん各著者にはあるが 5 名が議論してきた結果でもあるので，全体として不足，問題があれば，それは 5 名の力量が不足していたということである。不十分な点は，ご容赦いただきたい。

初版の刊行にあたっては，有斐閣の櫻井堂雄氏（当時）に大変お世話になった。本書を刊行できるのは，櫻井氏から企画，執筆段階でさまざまなアドバイスをいただくことができたからに他ならない。ここで記して感謝する。

本書が，広報／パブリック・リレーションズの理解・発展に貢献することを願う限りである。

関 谷 直 也（せきや なおや）　　　　　　🖉 **第 1，13，15 章**

　1975 年生まれ。2004 年，東京大学大学院人文社会系研究科博士課程満期退学。博士（社会情報学）。現在，東京大学大学院情報学環総合防災情報研究センター教授，東日本大震災・原子力災害伝承館上級研究員。

　主著に，『環境広告の心理と戦略』（同友館，2009 年），『風評被害——そのメカニズムを考える』（光文社，2011 年），『「災害」の社会心理——うわさ・流言の仕組みから報道の負の効果まで』（ベストセラーズ，2011 年），『コミュニケーション論をつかむ』（有斐閣，2014 年，共著），『災害情報——東日本大震災からの教訓』（東京大学出版会，2021 年）など。

薗 部 靖 史（そのべ やすし）　　　　　　🖉 **第 2，11，14 章**

　1974 年生まれ。2007 年，一橋大学大学院商学研究科博士後期課程修了，博士（商学）。現在，東洋大学社会学部教授。

　主著に，「芸術文化組織の参加型広報プログラムに関する定量調査——ボランティア動機がコミットメントに与える影響」（『広報研究』23，pp. 67-79，日本広報学会，2019 年，共著，日本広報学会賞受賞），「動画共有サイトのユーモアと認知的経験が動画への態度と購買意図に及ぼす影響——観光 PR 動画を用いた定量分析」（『広報研究』23，pp. 93-105，日本広報学会，2019 年，共著，日本広報学会賞受賞），"The Prestige Effects of Sponsorship on Attitudes toward Corporate Brands and Art Events"（『企業と社会フォーラム学会誌』9，pp. 42-58，企業と社会フォーラム，2020 年，共著，日本広報学会賞受賞），『アートプレイスとパブリック・リレーションズ——芸術支援から何を得るのか』（有斐閣，2022 年予定，共著）など。

北見 幸一（きたみ こういち）　　　✎ **第 3，9，12 章**

　1972 年生まれ。2009 年，立教大学大学院経済学研究科博士後期課程修了，博士（経営学）。北海道大学准教授，株式会社電通パブリックリレーションズ部長を経て，現在，東京都市大学都市生活学部／大学院環境情報学研究科准教授。

　主著に，『企業社会関係資本と市場評価——不祥事企業分析アプローチ』（学文社，2010 年），『デジタルで変わる 広報コミュニケーション基礎』（宣伝会議，2017 年，共著），『人を活かし組織を変える インターナル・コミュニケーション経営——経営と広報の新潮流』（経団連出版，2019 年，共著），『市場とイノベーションの企業論』（中央経済社，2020 年，共編著）など。

伊吹 勇亮（いぶき ゆうすけ）　　　✎ **第 4，5，10 章**

　1978 年生まれ。2005 年，京都大学大学院経済学研究科博士後期課程学修認定取得退学。現在，京都産業大学経営学部准教授。

　主著に，『広告コミュニケーション研究ハンドブック』（有斐閣，2015，共編著），*Public Relations in Japan: Evolution of Communication Management in a Culture of Lifetime Employment*（Routledge，2018 年，分担執筆），「日本の大学における広報教育の現状——2019 年調査の結果と考察」（『広報研究』25，pp. 48-57，日本広報学会，2021 年，共著，日本広報学会賞受賞）など。

川北眞紀子（かわきた まきこ）　　　✎ **第 6，7，8 章**

　1963 年生まれ。2006 年，慶應義塾大学経営管理研究科博士課程単位取得退学，2009 年，博士（経営学）。現在，南山大学経営学部教授。

　主著に，「芸術文化施設の参加型広報プログラムに関する定量調査——ボランティア動機がコミットメントに与える影響」（『広報研究』23，pp. 67-79，日本広報学会，2019 年，共著，日本広報学会賞受賞），『アクティブ・ラーニングのためのマーケティング・ショートケース——ビジネススクール流思考力トレーニング』（中央経済社，2020 年，共著），「メディア・リレーションズと新カテゴリー創造のための新商品開発」（商品開発・管理学会編『商品開発・管理の新展開』，pp. 167-182，中央経済社，2022 年），『アートプレイスとパブリック・リレーションズ——芸術支援から何を得るのか』（有斐閣，2022 年予定，共著）など。

第**I**部
広報・PR の基本

第 **1** 章　広報・PR とは　2

▶ 身のまわりの広報・広聴　2

1 Public Relations とは　……………………………………………　3

1-1 Public Relations とは，何か　3

1-2 コーポレート・コミュニケーション　5

1-3 マーケティング・コミュニケーションとコーポレート・コミュニケーション　8

1-4 パブリック・リレーションズの誤解・混乱　11

1-5 広報・PR に関連する用語　12

Column 1　新型コロナウイルスと感染症広報　13

2 パブリック・リレーションズの歴史　…………………………　14

2-1 戦後のパブリック・リレーションズの導入　15

2-2 1950 年代後半〜1960 年代──マーケティング広報の隆盛　17

2-3 1970 年代──要求された「企業の社会性」，企業批判と経済広報センター設立　18

2-4 1980 年代──社会貢献としての「企業の社会性」，メセナ，フィランソロピー，企業市民　19

2-5 1990 年代以降──再び「企業の社会的責任」　20

2-6 企業広報に見る「二律背反」論，「広報の遺伝子」論　21

第 **2** 章　ステークホルダーと組織の社会的責任　23

▶ ステークホルダーとの共生　23

1 組織の社会性　……………………………………………………　24

1–1 組織とは何か　24

1–2 組織と社会　24

2　組織とステークホルダーのリレーションズ ………………………… 25

2–1 組織とステークホルダー　25

2–2 各ステークホルダーとのリレーションズ　27

2–3 リレーションズと社会的責任　28

3　組織の果たすべき責任 ……………………………………………… 29

3–1 社会的責任の定義　29

3–2 社会的責任の階層　30

4　日本における CSR への対応 ………………………………………… 32

4–1 日本企業の CSR への対応　32

4–2 持続可能な発展を求める外部の声　33

4–3 国際行動基準の整備　34

Column 2　経済的価値と社会的価値の両立──共通価値概念　35

4–4 課題を共有する難しさ　36

第3章　組織のレピュテーション（評判）　38

▶ 組織のレピュテーション（評判）が重要な時代　38

1　レピュテーション（評判）とは ……………………………………… 40

2　レピュテーション・マネジメント …………………………………… 41

2–1 レピュテーションの重要性　41

2–2 ブランドとレピュテーション　43

3　コーポレート・レピュテーション …………………………………… 44

3–1 コーポレート・レピュテーション　44

3–2 コーポレート・レピュテーションの測定　45

4　レピュテーションの構築 …………………………………………… 48

4–1 レピュテーションとコミュニケーション　48

4–2 優れたレピュテーションの構築　49

Column 3　優れた企業広報を行う企業を表彰する「企業広報大賞」　50

5　負のレピュテーションへの対応 …………………………………… 53

第4章　組織と広報・PR　　　56

▶ ある PR パーソンの1日　56

1 組織における広報部門 ……………………………………… 58

  1–1 分業と調整の体系としての組織　58

  1–2 組織における広報部門の位置づけ　59

  1–3 広報部門の業務内容　61

  1–4 広報部門と他部門との調整　62

2 広報担当者 ……………………………………………………… 63

  2–1 広報部門の担当者は専門職か　63

  Column 4　日本におけるパブリック・リレーションズ業界団体　64

  2–2 広報担当者の分類　66

3 外部の専門職との協働 ………………………………………… 66

  3–1 分業の一形態としてのアウトソーシングと PR エージェンシー　66

  3–2 外部専門職との協働のメリットとデメリット　67

第5章　広報・PR の戦略立案・実行・評価　　　69

▶ 村田製作所の戦略的なパブリック・リレーションズ展開　69

1 戦略的にパブリック・リレーションズを行うとは ………… 70

  1–1 戦略と戦略ではないもの　70

  1–2 PDCA サイクルの活用　71

2 パブリック・リレーションズ戦略の立案 ………………… 73

  2–1 課題の認識　73

  2–2 戦略の立案　75

3 パブリック・リレーションズ活動の実行 ………………… 79

  3–1 行動とコミュニケーションの関係　79

  3–2 メディアとメッセージ　80

4 パブリック・リレーションズ活動の評価 ………………… 81

  4–1 評価の必要性　81

  4–2 評価のプロセス　82

  Column 5　効果測定　83

  4–3 評価レベルの階層モデル　84

  4–4 改　善　85

Column 6　広告換算価値（AVEs）とバルセロナ宣言　86

第II部
ステークホルダーと広報・PR

第6章　メディアとメディア・リレーションズ　90

▶ くまもとサプライズ特命全権大使，くまモン　90

1 企業や組織にとってのメディア ……………………………………………… 91

1-1　メディア・リレーションズ　91

1-2　メディアとは何か　92

2 マスメディアの特徴 ……………………………………………………………… 93

2-1　テ　レ　ビ　93

2-2　ラ　ジ　オ　94

2-3　新　　聞　95

2-4　雑　　誌　96

2-5　web 媒体　96

2-6　記者クラブと通信社，ワイヤーサービス　97

3 メディア・リレーションズの実際 ……………………………………………… 99

3-1　パブリシティ　99

Column 7　花の自動販売機のニュース・リリース　100

3-2　メディアの把握　100

3-3　メディア・リレーションズの原則　101

4 どのようなメディア・リレーションズ活動が有効なのか ………… 102

4-1　メディア・リレーションズの影響過程　102

4-2　ジャーナリストとどのような関係をつくり出すか　102

Column 8　コロナ禍の記者会見　104

4-3　情報の質がメディアに及ぼす影響　105

4-4　メディア・リレーションズはメディアのカバレージに影響するのか
　　　　105

目
次

第7章　インターネットと広報・PR　　107

▶ 学生たちのスマホライフ　107

1　インターネットがもたらした変化 ························· 108

1-1　インターネット社会がもつ情報構造　108

1-2　新しいメディア分類——PESO モデル　108

1-3　インターネットによる変化に直面するパブリック・リレーションズ
111

2　企業が情報を編集するオウンド・メディア ············· 112

Column 9　コンテンツ・マーケティング　114

3　ソーシャルメディア ·· 115

3-1　ソーシャルメディア　115

3-2　ネット上の口コミ　117

Column 10　ネットワーク分析　118

4　ソーシャルメディア対応 ···································· 118

4-1　対話する企業アカウント　119

4-2　事前に手を打つためのソーシャルメディア利用　120

Column 11　熱心なファンが伝道師となる広報　121

4-3　インフルエンサーとの関係構築　122

5　インターネットの負の側面 ································· 123

Column 12　東芝クレーマー事件　124

第8章　マーケティング PR　　127

▶ サントリーが仕かけたハイボール・ブーム　127

1　パブリック・リレーションズにおけるマーケティング PR ········ 128

1-1　マーケティング PR とは　128

1-2　広告とパブリシティ提供の違い　129

1-3　消費者にとっての記事やニュースの意味　130

2　マーケティング PR の役割とアプローチ ················· 131

2-1　マーケティング PR の役割　131

2-2　マーケティング PR の実際　132

2-3　自社の価値を新しい文脈に位置づけるアプローチ　133

Column 13　ナラティブ・アプローチ　134

3 マーケティング PR を解釈する 3 つのアプローチ ·················· 136

  3-1 問題を設定する 136

  3-2 新カテゴリーに気づかせる 136

  3-3 「ものさし」を設定する 138

  Column 14 「＃旅するおうち時間」 139

4 ニュースを創り出す ·································· 141

  4-1 ニュースとなる出来事の構築 141

  4-2 疑似イベント，メディア・イベント 142

第9章　インベスター・リレーションズ（IR）　 145

  ▶ M&A（合併・買収）に欠かせないコミュニケーション戦略 145

1 組織の活動と資金調達 ·································· 146

  1-1 資金調達の方法 146

  1-2 信頼を獲得するコミュニケーション 147

2 IR とは ·· 148

  2-1 IR の定義 148

  2-2 制度的情報開示と自主的情報開示 149

3 資金調達と情報の提供 ·································· 150

  3-1 株式会社という組織 150

  3-2 所有と経営の分離と情報の非対称性 150

  3-3 IR の重要性 152

  Column 15 法律で規制される不公正取引 153

4 適正な株価に導く IR ·································· 154

5 情報開示制度と IR ·································· 155

  5-1 情報開示制度の分類 155

  5-2 IR の具体的活動 157

6 今後の IR の方向性 ·································· 158

  6-1 企業と投資家の対話促進への流れ 158

  6-2 統合報告への流れ 159

  Column 16 IR におけるソーシャルメディア活用 161

  6-3 IR とパブリック・リレーションズの統合化 162

第 **10** 章　インターナル・リレーションズ　164

▶ 悪ふざけ投稿をインターナル・リレーションズで予防する　164

1　インターナル・リレーションズとは何か　‥‥‥‥‥‥‥‥‥‥‥　165

2　インターナル・リレーションズの（具体的な）目的　‥‥‥‥‥‥　166

2-1　組織を前に動かす　167

2-2　組織外部の人間に一貫したイメージを抱いてもらう　169

Column 17　東日本大震災発生時における東京ディズニーリゾートの対応　172

2-3　組織文化を醸成する　172

3　インターナル・リレーションズの対象　‥‥‥‥‥‥‥‥‥‥‥‥　173

4　インターナル・リレーションズの手法　‥‥‥‥‥‥‥‥‥‥‥‥　175

4-1　経営層の考えや社内の情報を共有する　176

4-2　「イベント」で一体感を高める　178

4-3　社内の情報を集める　179

第 **III** 部
現代の広報・PR の課題

第 **11** 章　社会貢献と広報・PR　182

▶ 事業ドメインとの適合性が高い社会貢献——TOYOTA SOCIAL FES !!　182

1　企業の社会貢献とは何か　‥‥‥‥‥‥‥‥‥‥‥‥‥‥‥‥‥　183

2　企業の社会貢献の歴史　‥‥‥‥‥‥‥‥‥‥‥‥‥‥‥‥‥‥　184

2-1　欧米における歴史　184

2-2　日本における歴史　184

3　企業の社会貢献の意義　‥‥‥‥‥‥‥‥‥‥‥‥‥‥‥‥‥‥　186

4　社会貢献の種類　‥‥‥‥‥‥‥‥‥‥‥‥‥‥‥‥‥‥‥‥‥　187

4-1　長期的利益と短期的利益　187

4-2　寄　　付　189

4-3　金銭以外の経営資源供与　189

Column 18　職業体験をビジネスに　191

4-4　スポンサーシップ　191

　　4–5 コーズ・プロモーションとソーシャル・マーケティング　192

　　4–6 コーズ・リレーテッド・マーケティング　193

　　4–7 社会的提携とライセンス契約　194

　5 **企業の社会貢献の課題** ………………………………………… 195

　　Column 19　社会貢献における本業との関連性とビジネス上の意義
　　　　　197

第**12**章　危機への対応　　　　　　　　　　　　　　199

　▶ タイレノール事件——危機におけるパブリック・リレーションズ　199

　1 **危機とは** ……………………………………………………… 200

　　1–1 クライシス，リスク，イシュー　200

　　1–2 不 祥 事　204

　2 **危機のマネジメント** ………………………………………… 205

　　2–1 危機管理広報の３段階　205

　　2–2 未然防止のためのマネジメント　206

　3 **危機におけるメディア対応** ………………………………… 208

　　3–1 危機とメディア　208

　　3–2 クライシス・コミュニケーション　210

　　Column 20　シチュエーショナル・クライシス・コミュニケーション理
　　　　　論　211

第**13**章　災害時の広報・PR　　　　　　　　　　　217

　▶ 東北地方太平洋沖地震　217

　1 **行政の災害広報・PR** ……………………………………… 218

　　1–1 緊急時の広報業務　218

　　1–2 災害後の広報業務　219

　　1–3 平時の広報業務——住民への防災教育　221

　　Column 21　震災とメディアと流言　223

　　1–4 報道機関向けの災害時の広報業務（メディア・リレーションズ）
　　　　　223

　　1–5 広聴，記録，職員との関係　224

　2 **企業の災害に関するパブリック・リレーションズ** ………… 225

2-1 企業の災害時の情報提供としての「広報」　225

2-2 企業のパブリック・リレーションズとしての災害時の危機管理
　　225

2-3 東日本大震災後の企業のコミュニケーション──震災後の企業広告
　　227

2-4 直後の支援活動　230

3 復旧・復興期のパブリック・リレーションズと風評被害対策 ···· 234

第**14**章　非営利組織の広報・PR　237

▶ 国境なき医師団の広報活動　237

1 非営利組織とは何か ·· 238

1-1 非営利組織　238

1-2 非営利組織が存在する理由　240

Column 22　社会的課題の解決をビジネスにする──社会的企業　241

2 非営利組織におけるパブリック・リレーションズ ·············· 242

2-1 非営利組織のミッションと活動の維持　242

2-2 資源獲得とリレーションシップ　242

2-3 ステークホルダーとのリレーションシップ　245

3 非営利組織のパブリック・リレーションズの実際 ·············· 247

3-1 WWF ジャパンのパブリック・リレーションズ　247

3-2 大学のパブリック・リレーションズ　248

3-3 非営利組織の広告　250

4 非営利組織の課題と対応 ·· 251

第**15**章　行 政 広 報　253

▶ I Love New York キャンペーン　253

1 企業のパブリック・リレーションズと
行政のパブリック・リレーションズの違い ····················· 254

1-1 行政広報の目的と制約──政治広報との区別　254

1-2 一般広報と個別広報　256

1-3 「広告」と広報　257

2 行政広報の歴史 ·· 258

3 行政広報の理論 260

　3-1 行政 PR の循環過程　260

　3-2 行政広報の統治論・自治論　261

4 行政広報の分類 263

　4-1 組織ごとの分類——政府広報, 省庁広報, 自治体広報　263

　4-2 実務面での分類　264

5 政 策 広 報 265

　5-1 パブリック・アクセプタンス　266

　5-2 パブリック・インボルブメント　266

　5-3 パブリック・コメント　267

6 地域広報——シティ・プロモーション, 地域のブランド化 267

引用文献・web サイト　271

事 項 索 引　285

人 名 索 引　294

広報・PRの基本

広報・PR とは

▶ **身のまわりの広報・広聴**

　ほとんどの企業，大学，自治体では「広報課」「広報室」「コーポレート・コミュニケーション室」が設けられている。そして，私たちがイメージするそれらの組織の仕事は，広報誌の作成であったり，マスメディアへの対応であったり，web サイトの作成であったりする。

　自治体の場合は「広報広聴課」という名前がつけられていることもある。言葉の通り，人々に対して「広く報せる」「広く聴く」ことが仕事であると思っている人が多いだろう。だが，日本語の**広報・広聴**という言葉は，「**Public Relations**」という言葉を翻訳したものである。もともとの意味は「組織体が社会とのよりよい関係性を構築し維持すること」という意味であって，組織体が「広く報せる」「広く聴く」ことや組織がコミュニケーション活動を行うこと（**Corporate Communication**）などは，そのよりよい関係性を構築するための手段にすぎない。

　この「Public Relations」というなじみのない言葉ではあるが，その略語である「PR」という言葉はよく使われる。ところが，この「PR」という言葉も多くの人に誤解されている言葉である。就職活動のときに行う自己紹介のことを「自己 PR」というが，アピールする，売り込むという意味程度にしか使われておらず，「組織体が社会とのよりよい関係性を構築し維持すること」という意味とはまったくかけ離れている。

　「組織体が社会とのよりよい関係性を構築し維持すること」を考えていくう

えで，それらを意味する「広報」「Public Relations」「Corporate Communication」などの意味をどのように考えていけばよいのか，ここからスタートすることにしよう。

1 Public Relations とは

1-1 Public Relations とは，何か

Public Relations とは，何か。Public Relations とは，「パブリック」（公衆）との「リレーションズ」（関係性）である。それらを目的的に行う活動であるから「パブリックとの良好な関係性をつくる，維持する」という意味になる。

人々に何かを知らせたり，人々との良好な関係性を構築したりすることの重要性は有史以来，人々を統率しようとする為政者にとって，また多くの人々に対して何らかの影響を与えようとする人にとって重要な課題であった。「パブリック・リレーションズ」という言葉は，米国の第3代大統領トーマス・ジェファーソンが1807年の選挙キャンペーンにおいてはじめて使ったとされる。人によってはキリスト教による布教活動に，その概念の嚆矢を見る人もいる。だが，実際にこの用語が多用されるようになったのは，19世紀後半からである。

Public Relations の定義はさまざまである。

カトリップらは，世界各国で標準的な Public Relations の教科書となっている *Effective Public Relations* の中で，「パブリック・リレーションズとは，組織体とその存続を左右するパブリックとの間に，相互に利益をもたらす関係性を構築し，維持するマネジメント機能である」と定義している（Cutlip et al., 2006，翻訳書より）。

ハーロウは，1976年まででも472の定義があると俯瞰したうえで，「パブリック・リレーションズは組織体とパブリックとの間における双方向のコミュニケーション，相互理解，合意，協力関係の構築・維持に貢献するマネジメント機能である。つまりパブリック・リレーションズとは，主な手段として調査や健全かつ倫理に沿ったコミュニケーション手法を用いて，経営者が問題や課題に取り組むように促し，常に経営者に世論の動向を知らせ，その対応を支援し，

パブリックの利益に奉仕する経営者の責任を明確に認識させ，パブリック・リレーションズが社会の趨勢を予測するための警報システムとして機能することで，経営者が状況変化に遅れずに有効に対応する支援を提供するものである」と定義した（Harlow, 1976）。

バーネーズは，『同意の工学』の中で，パブリック・リレーションズを「情報，説得，および調節によって活動，事件，運動ないし組織体に対し支持をつくり上げる試み」と定義している（Bernays, 1947）。

米国パブリック・リレーションズ協会（PRSA）によれば，「PR は，各種団体，機関の相互理解に貢献することによって多元的社会が意思決定を行い，より効果的に機能することに貢献するものである。これはまた，官民間の政策調整にも貢献する。また，PR は，我々社会のさまざまな団体，組織に奉仕するものである。これらの団体，組織がそれぞれの目標を達成するためには，それぞれ違った「パブリック」，すなわち社会全体と効果的な関係を育てていかなければならない」としている（Cutlip et al., 2006，翻訳書より）。

この他にもさまざまな定義がある。日本でもパブリック・リレーションズ導入期の 1950 年代には，パブリック・リレーションズとは何かという「定義づくり」に精力が注がれ，さまざまな論者によりさまざまな定義が行われている（渋谷，1988）。

これらの定義について最大公約数的にまとめると，以下の点が共通している。

1 つ目は，組織体の活動であることである。個人の関係性について個人が行う活動を問題にしているというよりは，企業などの組織体が行う活動を問題にしている。この組織体には，企業，行政，学校や病院，NGO など非営利団体，部活やサークルなどあらゆる組織が含まれる。

2 つ目は，組織体とパブリックの双方における「相互理解」「相互利益」を前提としていることである。その活動の主体だけが利益を得たり，得をしたりということではなく，その対象となるパブリックにとっても利益や得をもたらし，結果的に社会全体としてメリットが得られるということを前提としている。このため，双方向のコミュニケーションや相互理解を前提としているし，そこに関わる人の倫理性が強調されることとなる。

3 つ目は，その良好な関係性を構築する（building），維持する（maintaining）

という長期的な視座をもっていることである。組織とステークホルダー（第2章を参照）の関係には「良好な関係」もあれば「敵対的な関係」もあり、「無関係」という状態もある。だが、組織が円滑に活動するためには、「無関係」「敵対的な関係」から新たに良好な関係性を構築すること、「良好な関係」がたんに一時的なもので終わるのではなく、持続可能なものとして関係性を維持し続けること、また組織にとって危機や問題が生じてステークホルダーとの関係性が悪化するようなことが起こったとしても、それらの問題点を解決して関係性を維持すること、これらが必要なのである。

　またパブリック・リレーションズは、広報部や広報課などの業務とは限らず、組織を運営するうえでステークホルダーとの関係性を構築して維持することに関わる、あらゆる業務が含まれる。いうならば組織の活動全般が関わってくる。とはいいつつも実務的には広報部、広報課が中核となるので、広報関連部署が行う「組織内広報」「対外広報」と限定的にとらえる立場と、組織全体を俯瞰して「組織体のコミュニケーション活動」「組織体のあるべき姿」と広くとらえる立場がある。

　なお、パブリック・リレーションズの機能や実務はあらゆる組織に存在する。組織である以上は、必ず、組織内部の構成員や組織外部の関係者が存在し、この関係者とコミュニケーションをとり、関係性を構築したり、維持しようとしたりすることが必要だからである。その組織にはありとあらゆる組織が含まれる。企業、政府、自治体、学校や病院、団体・組合、NPO・NGOなど非営利団体、また部活、サークル、OB会など組織である以上は、この概念が適用可能である。この分野の研究には企業を対象としたものが多いが、それは世の中に組織の数として企業組織が多いからにすぎず、基本的には企業以外の組織も含めた概念である。

　これらを踏まえて、最も広義にとらえればパブリック・リレーションズとは「組織体が社会とのよりよい関係性を構築し維持すること」である。

1-2　コーポレート・コミュニケーション

　日本においては、「広報」の訳語としては、「パブリック・リレーションズ」と共に「コーポレート・コミュニケーション」という用語もよく使われる。

「コーポレート・コミュニケーション」という用語は 1972 年の *Fortune* 誌が主催したコーポレート・コミュニケーション・セミナーに由来する。*Fortune* 誌の元編集委員マックス・ウェイズが使い始めてから定着してきた言葉である。ウェイズは「CC（コーポレート・コミュニケーション）とは，製品・サービスを通じて，社員を通じて，マスコミを通じ，一般大衆が知覚する全体としての企業，その存在意義，目標，行為，活動を的確に伝え合うこと」と定義している（Fortune, 1980）。

その後，1977 年に村田昭治編『コーポレート・コミュニケーションの構図』（税務経理協会）が刊行されるなど，徐々にその言葉が認知されるようになっていった。同書ではコーポレート・コミュニケーションとは，「企業と消費者が共に社会のメンバーとして相互に連動しながら社会発展に責任を負うための新しい秩序の形成」を目的としていることなどが説明されている。

1980 年代に入って，企業の事業活動が多様化するに従って，それぞれの企業が理念や意義，特性などを統一的なイメージ，デザインを通じてわかりやすく社会に発信しようという**コーポレート・アイデンティティ活動（CI 活動）**がさかんになってきた。

「パブリック」という概念が日本語としてなじみのある言葉ではないこと，また大学生が就職活動で自己紹介をすることを「自己 PR」というようにパブリック・リレーションズの略語である「PR」が「都合のよいことを一方的に告知する」「アピールする」という程度の意味でしか理解されていない，誤解されることの多い言葉であることなどを要因として，コーポレート・コミュニケーションという言葉が使われることも多くなってきた。

パブリック・リレーションズは 19 世紀から使われている言葉で，より一般的な言葉ではあるが，英語名を使う場合には，企業内の組織名称としては「パブリック・リレーションズ」という名称は外資系以外ではあまり使われず，「コーポレート・コミュニケーション本部」「コーポレート・コミュニケーション部」などのように「コーポレート・コミュニケーション」が使われることも多い（より多くは**広報部，広報課**という名称が使われる）。またコーポレートは「経営体」と訳されることが多く，これが主として企業を意味する言葉であることもあり，企業以外の主体では，あまりコーポレート・コミュニケーションとい

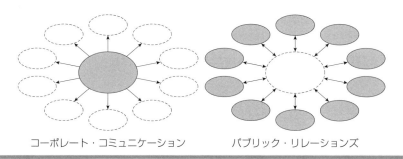

図1-1　コーポレート・コミュニケーションとパブリック・リレーションズ
　（注）　コーポレート・コミュニケーションは，組織体（主体），手段（プロセス）に重きがおかれ，
　　　　　パブリック・リレーションズは，パブリック（客体），目的（結果）に重きがおかれる。

う言葉は使われないという違いもある。

　なお，日本広報学会は「広報」に「Public Relations」ではなく，「Corporate Communication」という英文名をあてている。学会名称は "Japan Society for Corporate Communication Studies" で，学会誌『広報研究』は，*Corporate Communication Studies* という英文名をつけている。日本語では「広報」として訳される，もう１つの言葉なのである。

　パブリック・リレーションズとコーポレート・コミュニケーションの違いについては，多くの論者がさまざまな見解をもっているが，この違いをまとめると，主に２点ある。①コーポレート・コミュニケーションは手段，プロセスとして組織体が行うコミュニケーションに重きをおいており，パブリック・リレーションズはパブリックとの良好なリレーション（関係性）の構築・維持という目的，結果に重きがおかれるという違いがある。また，②コーポレート・コミュニケーションはその活動の関係性を構築・維持する主体としての「組織体」（コーポレート）に重きをおいており，またパブリック・リレーションズは客体（対象物）としての「パブリック」を重視しているという，主体／客体の重きをおくところの違いがある（図1-1）。だが，良好な関係を構築するためにはコミュニケーションが必要不可欠なのであり，両者に大きな違いがあるととらえる人は多くはない。

　これ以降，コーポレート・コミュニケーションとパブリック・リレーションズは，このような違いがありつつも，ほぼ同意の言葉として扱うこととする。

1-3　マーケティング・コミュニケーションとコーポレート・コミュニケーション

　コーポレート・コミュニケーションと対峙させてよく使われる言葉に，**マーケティング・コミュニケーション**がある。企業は商品やサービスを提供することによって，利潤を追求する組織である。利潤を追求することを目的に，消費者を対象として市場でのコミュニケーション戦略を考えることが，マーケティング・コミュニケーションである。この「マーケティング・コミュニケーション」という言葉は，広告関係者に広く受け入れられており，日本では商品やサービスの提供を目的とした**広告宣伝**を広くとらえた概念として使われる。

　一方，企業は社会の中で責任を果たし，社会の中で存在する組織である。ゆえに売り上げや利潤につながらなくとも，企業そのものを知ってもらおうとしたり，社会との関係性を構築したりすることも重要である。長期的には，それは企業のメリットになるからである。直接商品を購入したり，サービスを得たりする消費者に限らず，こうした，社会のさまざまな関係者とのコミュニケーション戦略を考えることがコーポレート・コミュニケーションとされる。先に示したようにこの言葉は，パブリック・リレーションズと近い言葉であるが，とくに，日本においてはパブリック・リレーションズの実務家が広告との関係性，すなわち，マーケティング・コミュニケーションとの違いを説明するため，対峙されながら使われることが多い言葉でもある。

　マーケティング・コミュニケーションは，商品内容（コンセプト，機能，特性，付加価値）の伝達・訴求，商品の知名度の浸透・イメージの向上，販売促進（売り上げ拡大，シェアアップ），需要開拓や市場開発など，主に商品の販売促進における短期的なコミュニケーション活動において使われる言葉である。一方，コーポレート・コミュニケーション（パブリック・リレーションズ）の場合は，先に述べてきたように企業が関係者との関係性を構築するための，企業認知度の維持・向上，企業イメージの形成，不祥事や問題への対応，予防・解消，すなわち企業そのものの価値を高める，企業イメージを上げるための中長期的なコミュニケーション活動において使われる言葉であるという違いがある。

　マーケティング・コミュニケーション，すなわち広告宣伝の手法としては，従来のテレビCF（コマーシャル・フィルム），新聞広告，雑誌広告などが中心である。一方，コーポレート・コミュニケーション（パブリック・リレーションズ）

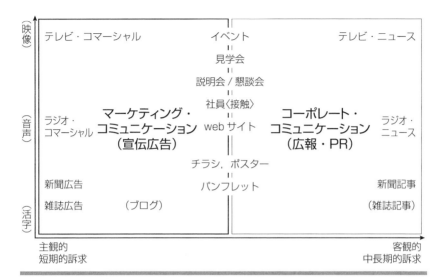

図1-2　コミュニケーションの手法

の場合は，新聞記事やテレビ番組に取り上げてもらう，すなわち新聞，雑誌，テレビ，ラジオなど報道機関に対して，組織体が方針や商品の情報を提供することなどにより，ニュース素材を提供し，広く一般に報道してもらうための活動である**パブリシティ**などが主な手法とされている。だが，実際は，前者の広告宣伝活動の一環として，パブリシティ，イベントが活用されることもあるし，後者の一環として，企業広告としてテレビCF，新聞広告が使われる場合もある。パブリシティやイベントなどの手法は，日本でも海外においてもマーケティング，販売促進活動の補完ないしその一環として多用されていることもあり，その明確な線引きはできない（図1-2）。

　また，組織名でいえば，前者は宣伝部の仕事であり，後者は広報部の仕事である。

　この2つの概念は，手法も重なっており，また専門的な知識をもっていない人にとっては区別がわかりにくいため「パブリック・リレーションズの略語であるPRが正しい理解が得られないままに一般化し，（マーケティングとの）概念的混同によりPR＝販売促進という流れができ上がってしまった」と，パブリック・リレーションズとマーケティングが一般には混同されていると指摘さ

れることも多い（井之上，2001）。

　なお，研究を一瞥すれば，同じく企業のコミュニケーションを研究するという意味で，広報研究と広告研究はきわめて近くに位置する。たとえばマーケティング論や広告研究の分野において，**ソーシャル・マーケティング**（Social Marketing；社会性を考えたマーケティング，企業以外へのマーケティング手法の応用）や**リレーションシップ・マーケティング**（Relationship Marketing；関係性の構築を重視するマーケティング）の研究書・論文には，パブリック・リレーションズの関係書籍が多く引用されるし，その概念がパブリック・リレーションズにきわめて近いことも多くの論者が指摘している。そして，広告研究の中でも**ブランド論**や**統合型マーケティング・コミュニケーション**（**IMC**：Integrated Marketing Communication）**論**などは「広報研究」にきわめて近い位置にある。

　この理由は，1つには現実問題として，広告，マーケティング，パブリック・リレーションズなど企業経営と関わる諸学問が，そもそも企業のコミュニケーション活動や情報発信という現実が先行し，それをいかにうまく説明するかに力点があるためである。同じ企業のコミュニケーション活動を分析しているため，もともとは異なる研究分野ではあるが，概念や言葉，発想が「近い」のである。

　もう1つには，近年，とくに「広告」「広報」の統合・融合が実務としても加速していることも作用している。これは多くの論者が指摘する（Ries and Ries, 2002；小林，1995，2005；小泉，2005）。小泉は，①インターネットなどメディアの多様化，②広告と広報の統合化など広告主の戦略的な情報発信，③広告会社による新しい媒体の積極的提案などのきめ細やかな対応などがこの融合化を引き起こしたとする（小泉，2005）。広告・広報が内容的に区別しにくくなれば，それを分析する学問も当然似てくることになる。

　本来的には，広告，webサイト，プレス・リリースなどの手法によって分類することは困難であり，「販売促進におけるコミュニケーション活動」すなわちマーケティング・コミュニケーションと，「企業価値を上げるためのコミュニケーション活動」すなわちコーポレート・コミュニケーションとを目的別に区別する方が現実に即しているともいえる。

1-4 パブリック・リレーションズの誤解・混乱

　広報を意味するものとして「パブリック・リレーションズ」だけではなく，「コーポレート・コミュニケーション」という言葉が使われることも多いことは，「パブリック・リレーションズ」「PR」という言葉が，詰まるところ日本社会に定着していない，一般的にはわかりにくいととらえられているということをも意味する。

　この「パブリック・リレーションズ」「PR」について「適切な訳語がない」「定義が難しい」「用語が混同されている」との指摘はPR導入期から，こんにちに至るまで行われている（井出，1964；加固，1973；小宮山，2000；田中，1924；津金澤，1995；殖栗，1951；山中・三浦，1969他多数）。「パブリック・リレーションズ」の概念は米国でつくられてきたものであり，日本語では「広報」もしくは「広報・広聴」という訳語があてられるものの，「組織体が社会とのよりよい関係性を構築し維持すること」と「広く報せる」「広く聴く」ということとはやはりイコールではない（ちなみに中国では「公共関係」という言葉が使われる）。結局のところ「適正な日本語訳が作られなかったことが，やはりPRの解釈に幅を持たせることになった。つまりあいまいさを生み出す原因となった」（渋谷，1988）のである。

　小宮山は，日常用語と原義のズレについて，「広報，告知，広告，宣伝との混同的表現や「アピールする」「訴える」「説明する」などの用語として，日常的に使われる。「広報」という場合は制度的な「広報室」「政府広報」の場合に使用，「宣伝」は政治的なもの，プロモーション的な活動について使用する。……「PR」という言葉は，「パブリック・リレーションズ」の意味以外の「宣伝」「広報」「イベント」はもとより，「訴える」「知らせる」「説明」などの意味でも広く使用される」とその混乱ぶりを指摘している（小宮山，2000）。

　また，山根は，「（PRを）まったく「宣伝」と解している場合も多いし，ひどいときには「体裁をよくごまかす」というような意味にとっている人たちもすくなくはない。……PRというものの概念が，語源的に十分理解されないで，ごく一般的な概念として，いわば流行語として理解されているに過ぎないのである」とパブリック・リレーションズの導入期から誤解と否定的なニュアンスがあったことを指摘する（山根，1963）。

ただし，パブリック・リレーションズに悪いイメージがつきまとうのはたんなる訳の問題だけではない。それは米国においても変わりがない。パブリック・リレーションズは「真実を隠そうとするもの，悪いニュースにスピン（情報操作）をかけるもの」「口実やごまかしを意味する省略表現」という偏見をもつ人も多いこと，たんにメディアで取り上げられることと誤解している人も少なくないという（Cutlip et al., 2006）。米国のパブリック・リレーションズに関する教科書でも，「定義」「用語」の混乱については意識しているようであり，用語説明に多くのページを割いている。

また「パブリック」（public）という概念が，日本語としてなじみのある言葉ではないこともこの混乱の大きな要因である。これを使う言葉は日本語に翻訳するのが難しい。public opinion は **世論**，public sphere は **公共圏**，public involvement は **市民参画**，public information は **公開情報** と訳す。「パブリック」（public）という言葉は，古くはそれだけで「公衆」と訳したし，また「 公 の」という訳語をあてることが多いが，そもそも日本語として日常的な用語ではないために理解されにくいという側面をもっている。

ただ，パブリック・リレーションズの「パブリック」（public）という概念は **企業の社会的責任**（CSR）や **レピュテーション** などの概念と親和性をもつことを忘れてはならない。つまり自分たちの組織だけがうまくいけばよいというのではなく，社会の中で「社会性」なり「公共性」なり，社会の人々の望む価値基準に組織の活動を合致させなければならないというニュアンスをもつ。この点は理解する必要がある。

1-5　広報・PR に関連する用語

上述したように「パブリック・リレーションズ」「コーポレート・コミュニケーション」「広報」などの使われ方は微妙な違いがあり，それぞれの立場で使い分けているものの，必ずしも一致した見解をもって使い分けられているわけではない。また，パブリック・リレーションズと混同されやすい言葉もいくつかある。**宣伝**（propaganda），**パブリシティ**（publicity），**プレス・リリース**（press release；ニュース・リリースともいう）などである。

「宣伝」は，ナチスやファシズムにおける大衆扇動をイメージさせるものと

Column 1　新型コロナウイルスと感染症広報

　新型コロナウイルス感染拡大に伴い，全国の都道府県知事が直接，都道府県民にテレビやインターネットなどを通して呼びかける機会が増えた。2020年3月からは，記者会見を用いて，「Stay Home」「ノー三密」などという言葉で，記者向けというよりは，人々に向けて外出抑制，行動自粛を呼びかけるようになっていった。

　日本の感染症広報は，明治期のコレラ対策から始まっている。戦時下には結核が流行したが，結核予防の目的は国家の兵力増強と大東亜戦争勝利を含むものとなり，結核予防を呼びかける衛生広報は，個人の健康衛生の達成だけでなく，国として戦力となる成年層を確保するため大政翼賛会が主導する「健民運動」として，戦時プロパガンダと軌を一にするものとして展開された。

　新型コロナウイルス感染症の特徴がわからない段階においては，コレラ，スペイン風邪，チフス，結核など，過去の感染症における古典的な予防策の広報とほぼ同様，マスク着用，手洗い，外出抑制や行動自粛など人との接触機会を減らすことを呼びかけられた。新型コロナウイルス感染症をめぐるコミュニケーションは「リスク・コミュニケーション」などといわれることが多いが「リスク」そのものへの理解というよりは，これらは人々の意識や行動を変えることそれ自体を目的とするプロパガンダである。そして記者会見での呼びかけ，CM，チラシ，防災服の着用，ステッカーの活用などは，プロパガンダの技法そのものでもあるのである。

　こうした身近な事例に，特殊なコミュニケーション形態をみることができる。もちろん，これらは感染症対策の一環として行われるコミュニケーションの方策であり，プロパガンダ的手法とはいえ，決して否定的にとらえるべきものではない。

東京都の記者会見の様子
(写真提供)　朝日新聞社／時
事通信フォト

神奈川県のステッカー

して，政治宣伝の意味が強くなってきたので，あまりよいイメージをもたれていないが，もともとの意味は，1627年にローマ・カトリック教会に設けられ

た外国へ派遣する宣教師の訓練や監督を行うための**枢機卿**委員会（Congregatio de Propaganda Fide）に由来する。布教聖省の神学校のことでもあった，宗教の布教という意味合いが強かった言葉である。

　リップマンと同様に米国の戦時宣伝に関わったバーネーズは，この propaganda は「教義や制度を普及させることを目的とした組織」を意味するようになり，「意見や方針に国民の支持を得るための運動」「その運動によって広めようとされる内容」となっていったと解説する（Bernays, 1928）。それが 2 つの大戦を経て，ナチスドイツのゲッペルスに代表される，教義や主義を国民に強要するという否定的なニュアンスの意味で定着していった。なお，このプロパガンダを「政治宣伝」，市場の原理に伴う広告を「商業宣伝」，行政の行う政府・自治体広報を「公共宣伝」として，より狭い意味でとらえる立場もある（佐藤，2003）。日本においては，広報という言葉が，この宣伝と近く，思想をコントロールするというニュアンスで否定的にとらえられる場合も少なくない。

　また，新聞，雑誌，テレビ，ラジオなど報道機関に対して，組織体が方針や商品の情報を提供することなどにより，ニュース素材を提供し，広く一般に報道してもらうための活動を「パブリシティ」，報道機関向けに発表される資料（紙資料や web サイト上での文書）を「プレス・リリース」という（第 6 章を参照）。これらは，パブリック・リレーションズの実務として重要な業務であることもあり，このことをパブリック・リレーションズそのものと誤解している人も多い。

2 パブリック・リレーションズの歴史

　では，次にパブリック・リレーションズの歴史を，主に日本を中心として概観していきたい。米国のパブリック・リレーションズの発展史についてはグルーニグらが 4 つに分類している（Grunig and Repper, 1992）。

　第 1 に，1850 年代から行われた**プレス・エージェントリ**の発達である。定住者のいない米国西部への植民を促進するため，あるいは政治的英雄をつくり上げるために，面白おかしく取り上げられるような一方向的なニュース配信を行

うものである。この頃の実務家 P. T. バーナムなどが代表的であり，現在においても，スポーツや映画の**プロモーション**，製品プロモーションなどにおいても使われる手法である。

第2に，1900年代からのパブリック・インフォメーションの時代である。アトランティックシティ鉄道事故が発生したとき，それまでは列車事故の事実をひた隠すのが通例であったが，アイビー・リーは，記者たちを企業負担で事故現場に招き，積極的に事故情報を開示していった。このとき，発表された声明は，最初のプレス・リリースともいわれている。またその後，他の会社においても，ストライキのメディア対応，労使問題の解決やプラント選定などに尽力した。真実を発信者から受信者に適切に提供する。これらは，現代においても政府や行政などに求められる手法の先鞭となった。

第3に，1920年代頃からの部分的な双方向コミュニケーションの時代である。組織や企業の視点であることは揺らがないが，社会を説得し，同意を得るための手法として，フィードバックなどを前提にパブリック・リレーションズの技法が発達していくこととなる。

そして1960年代以降，これらを踏まえて，組織体と社会が相互理解を踏まえたうえで，双方向のコミュニケーションを前提に，よりよい関係性を構築するという時代に入っていく。

階級的慣習もなく，歴史的な伝統が乏しい米国においては，政府が市民を適切に導いたり，企業が住民に意図する消費を行わせたりするときに，何らかの手段を用いて情報を提供し，市民を導く必要性があった。そのための「技法」「理念」の1つとして発達してきたのがパブリック・リレーションズであるともいえる。

2-1 戦後のパブリック・リレーションズの導入

では，米国の概念であるパブリック・リレーションズが，日本にどのように導入されていったのであろうか。パブリック・リレーションズが，日本に本格的に実務として導入されたのは戦後である。パブリック・リレーションズの日本への導入過程は，いくつかの流れがある（猪狩，1998；渋谷，1988）。

第1に連合国軍総司令部（GHQ/SCAP，以下GHQ）による導入である。1947

年12月に，GHQが各都道府県に「P. R. O. ハ政策ニツイテ正確ナ資料ヲ県民ニ提供シ，県民自身ニソレヲ判断サセ，県民ノ自由ナ意志ヲ，発表サセルコトニツトメナケレバナラナイ」として「パブリック・リレーションズ・オフィス」(P. R. O.) を設置せよと命じたことによるという（上野，2003；北野，2008）。この後，政府，各都道府県，各市町村，行政団体ではPR課，広報広聴課が設置されていくこととなる。そして，行政関係の機関において「広報」という言葉に収斂していくこととなった。

第2に広告会社である電通を通じた導入である。1946年2月に電通は活動方針として4つの標語を挙げ，その1つとして「広告，宣伝の構想，企画を拡大するパブリック・リレーションズ (PR) の導入とその普及」を挙げている（猪狩，1998）。電通が，PRの概念導入に積極的であったのは，1つ目にそれまで悪しきイメージのあった広告業の「信用」「誠実性」をつくるため，2つ目にPRを通じて経営の中核に接近するため，3つ目にパブリシティ，ポスター，パンフレット，看板，展示物などさまざまな媒体展開にその業務を拡大するため，などの実務的な理由があったという（渋谷，1988）。1949年7月に東京放送会館においてGHQ主催の広報の講習会が開かれているが，これは電通が裏方を務めており，これをまとめた書籍『広報の原理と実際』が電通から発行されている。また電通の「夏季広告講習会」でもパブリック・リレーションズが論じられている。

第3に，株主PR（インベスター・リレーションズ；investor relations）の流れである。戦後，証券民主化として証券投資の大衆化が進められた。1950年には『パブリック・リレーションズ』という月刊誌が日本証券投資協会から発刊された。各企業は，決算報告書や営業報告書，当時「PR広告」と呼ばれた企業広告，営業案内，カタログ，工場見学会などにも力を入れていた。

第4に，従業員PR（employee relations）の流れである。これは，以前から続く労使関係の対立・緩和のためでもあり，また労働組合の組織化への対抗措置でもあった。1953年に労働争議に対応するための経営者組織である日本経営者団体連盟の「弘報部」が事務局となって全国50社の社内報発行責任者・担当者が集うPR研究会が発足した。1951年には米国の労使関係を視察し，従業員PRの重要性を認識するのである。この**社内報**は，労働組合対策として，

また会社側の攻撃手段として「紙の爆弾」であると揶揄されることもあった。また，これとは別の枠組みで「PR 研究会」を主宰していた池田喜作が，こんにちまで続く「社内報コンクール」「PR 誌コンクール」を 1957 年から始めているが，これはこのような各企業の社内報の発行企業の増加が背景にある。

　他にも戦後，日本的経営スタイルの典型として，社員の士気高揚，企業における帰属意識や一体感を高めることの一環として，手ぬぐい・フキンの配布，カレンダー製作，運動会の開催などが行われるようになった。企業内スポーツチームの創設も時代の流れと共に企業イメージ向上のための広告・宣伝の手段となっていったが，この当時は社員の士気高揚や人材育成的な意味が強かった。これらは日本における終身雇用制と相まって日本独特の「企業一家」形成の装置となったのである。これも結果論としては従業員や関係者との関係性構築，すなわちパブリック・リレーションズの 1 つといえる。

　1950 年代は，『電通報』や 1950 年に創刊された『PR』にさまざまなパブリック・リレーションズの啓蒙的記事が記載された。1951 年には，先に挙げた『広報の原理と実際』や，電通営業局 PR 部長小谷重一の『PR の理論と実際』が刊行されるなど，電通が率先して「PR」「広報」に力を入れていたことがわかる。また樋上亮一『P.R. の考え方とあり方——公衆関係業務必携』，殖栗文夫『わかり易いパブリック・リレーションズ』などの刊行もあり「PR」「広報」への注目が集まってもいた。学問的な著作としても 1954 年に小山栄三の『廣報学』が著され，いくつかの講座本でも「宣伝・広告」の一分野として「PR」が紹介されている（南，1959；樋上，1955）。

2-2　1950 年代後半〜1960 年代——マーケティング広報の隆盛

　1956 年の「もはや戦後ではない」という『経済白書』の記述に代表されるように，1950 年代は洗濯機，冷蔵庫，テレビという三種の神器が普及し始めた時期であった。この頃，パブリック・リレーションズは企業のマーケティングの一分野として展開されるようになる。

　島谷や猪狩は，この背景を次のように述べる（島谷，1998；猪狩，1998，2011）。第 1 に，民放テレビ局の開局や週刊誌の創刊が続き，パブリック・リレーションズの手法の 1 つであるパブリシティの条件が整ったことである。第 2 に，広

報部門の新設である。広報部門が，1953年に日本航空，1955年に東京ガス，1956年に東レ，1958年に三菱電機，1960年にトヨタと続々と新設されている。第3に，PR会社の設立である。1957年に知性アイデアセンター，1959年に国際ピーアール，1960年にコスモ・ピーアール，1961年に電通PRセンター（現・電通PRコンサルティング）とPR会社が設立されていった。第4に，経営ジャーナリズムと呼ばれる分野が確立してきたことである。『マネジメント』『近代経営』『ビジネス』といった経営雑誌が創刊されたのもこの時期である。

1960年代前半には，「東芝サロン会」「松下電器産業くらしの泉会」「富士電機ジューサー友の会」などサロン会として消費者の組織化が行われ，工場見学会などを行うなど顧客との関係性構築が重視された。「ナショナルショップ」のように販売店の組織化も行われた。これは戦後，松下幸之助が他社系列の小売店を一軒一軒みずからの足で訪ね歩き，松下製品をぜひ販売してもらえるよう店主たちに依頼したことに始まる。この時期，パブリック・リレーションズの実践がさまざまな形で展開されるようになっていったのである。

1960年代になると，研究的関心は薄くなり，実務書が多く発行されるようになった。消費社会を批判した，パッカードの『かくれた説得者』（1957年），『浪費をつくり出す人々』（1960年）が，また林周二の『イメージと近代経営』（1960年），『企業のイメージ戦略』（1961年）などが，"ピーアール"の指南書として読まれていった。島谷は，この時期に「パブリック・リレーションズの戦略としてのPRではなく，宣伝らしくない宣伝，客観的な報道のようにみえながら，実は欲求を刺激する手段として"ピーアール"が生まれた」と述べている（島谷，1998）。

2–3　1970年代──要求された「企業の社会性」，企業批判と経済広報センター設立

1960年代後半から1976年頃まで，大阪万国博覧会の開催や国際収支の黒字などが見られた「高度経済成長」時代，1972年からの「列島改造ブーム」という歴史の裏で，企業批判の時代が続いた。①環境破壊・公害問題，②列島改造ブームによる巨大建設・公共事業批判，③テレビの二重価格などの消費者問題，④1973年だけで14件に達した石油コンビナート爆発事故，⑤1973年11

月オイルショック以降のモノ不足問題（巨大企業がモノ不足に乗じて利益をあげようとしたとの批判）などが問題となった。

　そのような中で，企業と社会との関わりである「企業の社会的責任」が問題となってきた。1974 年，日本経済団体連合会（以下，経団連）は総合対策委員会に企業の社会性部会を設け「石油危機に伴う企業批判の実態調査」を行っている。この結論として『企業と社会の新しい関係の確立を求めて』という報告書で「一般市民とのコミュニケーションを行う体制を強化する必要がある」と明記された。

　これに基づき，経団連は 1976 年 5 月に「企業・経済団体の広報活動のあり方」を作成し，「経済団体において広報のための組織を整備・拡充し，情報収集力を強化し，対社会広報キャンペーンを実施すべきである」と提言した。1977 年 5 月経団連定時総会において，広報委員会が設置された。ついで 1978 年 7 月広報委員会において，経済界全体を代表する広報活動を実行に移す機関として，財団法人経済広報センターの設立を決定し，11 月，設置された。

　これらを背景に 1970 年代，「企業の社会的責任」「広報」の重要性が高まり，各企業で「広報部」「広報担当」の拡大化・充実化が進んでいくこととなる。

2-4　1980 年代──社会貢献としての「企業の社会性」，メセナ，フィランソロピー，企業市民

　1980 年代に入り，1970 年代とは違う意味での「企業の社会性」が積極的に打ち出されるようになった。これには，3 つの背景がある。

　1 つ目は「バブル景気」につながる好況である。好景気に裏打ちされ，企業に「余裕」が出てきた。1980 年代中頃から，企業の文化活動，広報イベント，企業博物館の設置が活発になる。これは 1980 年代末には「**メセナ**」「**フィランソロピー**」活動と呼ばれるようになる。

　2 つ目は，企業の海外進出・国際化である。1980 年代初頭には，繊維業，鉄鋼業にとどまらず，電気製品，自動車分野を中心に日本企業の海外進出と各分野の輸出が増加したが，それに伴い国際的な日本バッシングや進出地域での文化摩擦が問題となり始めた。その流れの中で米国に戦後根づいていた「**企業市民**」の概念が輸入された。企業は利潤追求の前に，よき市民でなければならず，

社会貢献や地域活動を行い市民としての義務を果たさなければならないという考え方である。経団連は，1987年には「国際広報委員会」を設置し，米国における企業の地域貢献活動の調査研究を行った。また，1988年には「国際文化交流委員会」を設置し，米国のフィランソロピー活動を調査している。1990年には「企業の社会貢献活動推進委員会」，1991年には「消費者」「生活者」委員会が設置された。この延長線として，1990年には経常利益の1%を社会貢献に拠出するという「1%（ワンパーセント）クラブ」や企業メセナ協議会が設置され，大企業を中心に社会貢献関連の部署も設置された。

　3つ目は，企業経営の多角化，拡大化に伴うCI活動の活発化である。好況を背景に，宣伝活動の延長線上として企業イメージを統一的にブランディングしていこうというCI活動，企業広告も活発に行われるようになった。

2-5　1990年代以降——再び「企業の社会的責任」

　1990年，バブルが崩壊した。また，1980年代末から，企業批判が再び高まってきていた。1988年にはリクルート事件が発覚，1990年代に入ると，証券会社が一般投資家を犠牲にして大口顧客を優遇していたことが発覚した証券・金融不祥事，ゼネコン汚職，大企業幹部と裏社会との癒着などが問題となってきたのである。

　このような中で1991年4月，1992年9月に経団連，経済広報センターの主催でフリートーク・フォーラムが行われるなど「対話」が重視され始めた。経団連は1991年に「企業行動憲章」を発表し，企業の広報・広聴の重要性，環境保全，フィランソロピー活動による社会貢献，情報公開に対するルールなどが明示された。同時期に，地球環境問題の隆盛を背景に経団連は「地球環境憲章」を制定する。環境対策という側面からも，企業の社会的貢献が求められるようになってきた。

　2000年代に入ると，環境問題への対応，CSRなど企業の社会的責任，食品安全の問題，個人情報保護，内部告発の問題など不祥事対応を中心とする企業の危機管理などが広報における中心的な課題となっていった。こうして広報領域の拡大と重要性を認識する人々が増えてくることになる。

2-6　企業広報に見る「二律背反」論，「広報の遺伝子」論

　このように 1970 年までの段階で，企業人や人々の認識としては，PR は「パブリック・リレーションズ」本来の意味から離れ，マーケティング型広報として宣伝手法の一部ととらえられるようになり，学問的関心は薄れていった（渋谷，1988）。だが 1970 年以降，経団連の動き，経済広報センター設立に見られるように，公害などの社会問題の発生や社会の成熟の結果として，人々への「説明」が必要となってきた。企業はそれまでとは違った形の「社会とのコミュニケーション」「社会との関係づくり」の必要性を痛感するようになったのである。

　1980 年代の好景気を背景にした企業の成熟化や国際化に伴って，実践としてのメセナ，フィランソロピー活動，地域貢献活動が実践され，CI 活動を経て企業文化が成熟してきた。そして 1990 年代になると，再び企業の社会性が問題になってきたという経緯をたどる。

　この歴史的変遷をとらえて，広報を論じる 2 つの論がある。

　加固は，日本における広報については，社会のニーズに根ざした関係の改善の「理念」と，経営のニーズに根ざしたコミュニケーションの技術としての「技法」という二面性があると指摘する（加固，1995）。1970 年代には「フリクション・ミニマム」，1990 年代は「ボーダー・ミニマム」（企業の透明性が求められる）として組織と社会との関係が悪化したことを前提に，この改善を図るという「理念」が重視され，広報が必要に迫られた時代であるという。1960 年代は「プロフィット・マキシマム」としてマーケティング広報が，1980 年代は「クリエーション・マキシマム」として CI，メセナ，イベント活動が展開されるという「技法」，より積極的な広報が重視された時代であるという。それぞれ反動として，年代ごとに互い違いに表れているという。

　猪狩は**「広報の遺伝子」論**として日本の広報の歴史を踏まえて，ほぼ同義のことを「理念・情報公開型」「情報操作型・プロパガンダ型」という言葉で表現し，「あたかも遺伝子が二重螺旋をなしているように，それらが交互に出現している」と論じている（猪狩，2003）。

　なお猪狩は，湾岸戦争・イラク戦争などにおける米国のメディア戦略を「情報操作型」と指摘しているが，これは言外にベトナム戦争の米国のそれ，すな

わち「情報公開型」のメディア戦略の反省から生まれたものという点を含んでおり，このコミュニケーションのスタイルの変化は組織のコミュニケーションのみならず，社会背景ともつながるものである。

猪狩は，米国にもこの二律背反が存在すると指摘している。だが，多くの人が指摘する，日本におけるパブリック・リレーションズ，広報のとらえ方のいびつさゆえに，日本において鮮明な潮流として見出すことが可能であったものともいえる。この加固，猪狩のように二律背反とその揺らぎを企業の歴史（広報史）の中でとらえる視点は，日本独自のものといえる。

パブリック・リレーションズないし広報の概念は米国から輸入された概念ではありつつも，これらが重視されるようになってきたのは，戦後，高度経済成長期を経て，日本の組織が社会とコミュニケーションをとり，社会と関係性を構築することが重要な課題となってきたからである。すなわち日本において，パブリック・リレーションズないし広報は，現実的な必要性に迫られて取り組みが始まり，成長してきたものといえるのである。

課　題　　　　　　　　　　　　　　　　　　　　*exercises*

1　パブリック・リレーションズとコーポレート・コミュニケーションの違いについて，意味，歴史をまとめてみよう。
2　1つの企業を例に挙げ，その企業の広報に関する方針，歴史をまとめてみよう。
3　パブリック・リレーションズ，プレス・リリース，プレス・エージェントリ，プロモーション，宣伝，それぞれ意味の違いについてまとめてみよう。

ブックガイド　　　　　　　　　　　　　　　　　*book guide*

1　S. M. カトリップ，A. H. センター，G. M. ブルーム『体系 パブリック・リレーションズ』日本広報学会監修，ピアソン・エデュケーション，2008 年
　▶ 世界で最も読まれているパブリック・リレーションズの教科書である。
2　猪狩誠也編『広報・パブリックリレーションズ入門』宣伝会議，2007 年
　▶ この分野について，最も平易に書かれている入門書である。
3　猪狩誠也編『日本の広報・PR 100 年——満鉄から CSR まで』同友館，2011 年
　▶ 広報分野の歴史をたどるには，この本がよい。

第2章

ステークホルダーと組織の社会的責任

▶ ステークホルダーとの共生

「産業人たるの本分に徹し　社会生活の改善と向上を図り　世界文化の進展に寄与せんことを期す」（パナソニック, 2021）とは，事業を通じて世界の人々の生活をより豊かで幸福なものにするという意味をもつパナソニックの綱領である。企業は社会の公器であり，社会が生み出した経営資源を預かって事業活動をしているのだから，企業は社会と共に発展し，その活動は公明正大なものでなければならない。これが，同社にとっての**サスティナビリティ**（持続可能性；sustainability）の根本にある。

サスティナビリティは一般的に環境問題に関して用いられることが多いが，同社では社会との調和という意味も込めている。そこには，グローバル企業としてすべての従業員との対話の機会や快適な職場環境の提供，社会や環境に与える影響に配慮した事業活動を行っている企業との取引を示す CSR 調達，国際機関や政府，業界，市民社会，従業員，消費者，投資家，NGO（非政府組織），専門家などを含む多様なステークホルダーとの連携などが謳われている。

企業などの組織が存続していくためには，自分たちだけでなく，周囲のことも考えた行動をとらなければならない。上述したパナソニックは 1918（大正7）年に創業され，100 年以上の歴史を着実に歩んできた。もしも，自社の利益や都合ばかりに注意を払っていたならば，同社は現在もこれほど大きな存在感をもってはいなかったかもしれない。

さらに，2015 年の国連サミットで **SDGs**（持続可能な開発目標；sustainable development goals）が採択され，企業を含むさまざまな組織が自分たちに関連する分野でよりよい社会を目指すための取り組みを，これまで以上に本格的に進めている。本章では組織がどのように周囲と向き合い，責任を果たすべきなのかについて考えていく。

1　組織の社会性

1-1　組織とは何か

　組織（organization）は「二人以上の人々の意識的に調整された活動や諸力の体系」（Barnard, 1938）と定義される。組織には企業，大学，病院，政府，NGO や NPO など，さまざまな種類がある。桑田・田尾によると，これらに共通する特徴は 3 つある（桑田・田尾, 2010）。第 1 に，組織を構成する要素は人間が提供する活動や力だということである。これは，優れた個人の能力が集まる必要があり，個人やその集合から構成されることを意味する。すなわち，組織は社会的な存在である。

　第 2 に，組織を構成する諸活動や諸力が体系（system）だということである。体系は相互作用する要素の集合であり，個々の要素に分解できない性質をもっている。そのため，活動のやり方次第では，組織が個人の努力の和よりも大きな成果を生み出すことも可能である。

　第 3 に，組織を構成する諸活動が意識的に調整されていることである。各個人が思い思いに行動してしまっては，組織全体がある 1 つの目標を達成することができなくなってしまう。そのため，組織内の諸活動を調整しなければならず，調整の際にはコミュニケーションや権威を通じた影響などの伝達手段が必要となる。

1-2　組織と社会

　組織の一例である企業は 2 つの側面を同時にもっている（伊丹・加護野, 1993）。1 つは環境の中に存在する生き物としての側面である。企業は生き残り成長を遂げるために，取引先，市場，各国の政府などの環境とやりとりをしな

がら，ときには場所や競合相手を変える。もう1つは人の集団としての側面である。人がまとまりをもって行動することにより，個人ではなしえない価値を生み出すことができる。このことは企業以外の組織にも該当する。

　ここからわかるのは，組織が社会の中にあるということである。組織の外にある環境も組織内の人々も，いずれも個人同士，集団同士のつながりをもっている。企業組織には経営者や従業員がいるし，組織外の取引先，消費者，政府も人から構成される。組織はさまざまな個人や他の組織と交換関係にある。株主はできるだけ多くの配当を得たいと考え，従業員はより多くの賃金や報酬を求める。顧客はできるだけよい商品を安く入手し，取引先はできるだけ有利な条件で契約を結びたい。反対に企業はこれらの多様な願望をもつ人々に対して，自社にとって有利な条件で取引や交換を行いたい。

　ひと口に社会といっても，そこにはさまざまな人や組織が存在する。組織を含め，社会全体の要求や利害が一致することはない。なぜならば，それぞれが私的な利益を追求すると，公的な利益は阻害されるおそれがあるからである。例えば，企業が自動車を開発して販売すると使用者にとっては移動が楽になる，短時間で遠くまで行ける，たくさんの荷物を運ぶことができるなどのメリットがある。

　その反面，自動車が増えることにより，交通量の多い道路の近くに住む人々は騒音・排ガス問題に悩まされ，既存の利用者にとっては使用者の増加により渋滞がひどくなることで不便に感じることになるだろう。しかし，だからといってこの世の中から自動車を一切排除することは現実的ではないし，そのようなことをすれば時間や労力などの大きな損失が生じることになる。したがって，組織は多様な利害関係をもつ人々の欲求を調整していかなければならない。

2 組織とステークホルダーのリレーションズ

2-1 組織とステークホルダー

　組織は社会の中に存在するが，社会において組織の活動に対して利害関係にある組織や個人を**ステークホルダー**（stakeholder）という。もともとステーク

図 2-1　組織とステークホルダーの関係

（出典）　川北眞紀子が作成。

（stake）とは，土地を所有していることを他者に示すための地面に打ち込む杭や柵のことである。これが広く解釈され，株（stock）だけでなく，一般的な権利を保有する人（holder）という意味で使用されるようになった。通常，組織の規模とステークホルダーの範囲は比例しており，組織が大きくなるほどステークホルダーの範囲は広がっていく。

　図 2-1 で示すように，企業などの組織はさまざまなステークホルダーとつながりをもっている。関係構築の目的は，組織の種類やステークホルダーとの関係に応じて異なる。組織を広く認知してもらうことの他に，自社への投資や資金援助をしてもらうこと，**レピュテーション**を高めること（第 3 章を参照）などが挙げられる。もちろん，組織が別々の目標や利害をもつすべてのステークホルダーと意見が一致するわけではなく，ときには主張が対立することもあるだろう。それだからといって何も伝えようとしない，聞く耳をもたないということでは関係が築けないばかりか，ますます対立が深まっていくだろう。

　そこで，組織は各ステークホルダーとの**リレーションズ（関係性）**を構築していかなければならない。これには**双方向的なコミュニケーション**が必要である。なぜならば，一方的な情報発信ではそもそも相手が自分たちの主張を聞き入れてくれないかもしれないし，たとえ聞いてくれたとしても正確に伝わらないおそれがあるからである。そして，組織に双方向コミュニケーション機能を

もたせるためには，広報部門の設置や外部専門家との協働（第4章を参照），および，パブリック・リレーションズ戦略の立案・実行・評価（第5章を参照）が必要である。

　ここで挙げている組織は企業を想定していることが多い。産業が違えば，それぞれの企業がコミュニケーションを取るステークホルダーは異なってくる。例えば，ロケットの部品を製造するメーカーとホテルを運営する企業では，株主や取引先，顧客もだいぶ違うということは想像できるだろう。さらに，組織には企業以外に，政府や地方自治体といった公的機関（第13章と第15章を参照）やNGOやNPOなどと呼ばれる非営利組織（第14章を参照）も含まれる。

2-2　各ステークホルダーとのリレーションズ

　組織がリレーションズを構築していくステークホルダーにはさまざまな種類がある。本書でとくに考慮する必要性が高いと考えるステークホルダーは，メディア株主，消費者，組織内構成員，地域住民である。本書では，これらを必要に応じてさらに細かく分けて見ていく。

　まず，組織は各ステークホルダーと円滑なコミュニケーションをするために，マスメディアを用いる。そのため，テレビ，ラジオ，新聞，雑誌のマスコミ4媒体や屋外媒体などのマスメディア関係者との関係性構築を意味する，**メディア・リレーションズ**を考慮していかなければならない（第6章を参照）。検索エンジンやSNSなどの技術が飛躍的に進歩して，世界中で普及したことにより，インターネットは組織がさまざまなステークホルダーと直接コミュニケーションできるツールとして，主要なメディアの1つに加わった（第7章を参照）。

　また，企業にとって消費者は自社製品を購入してくれる主要なステークホルダーである。消費者との関係性を構築することを**マーケティングPR**という（第8章を参照）。広告や宣伝では製品やブランド自体を売り込むプロモーションを行うが，一方マーケティングPRではテレビ番組や雑誌の記事などに取り上げてもらうために，ニュースバリューの高い情報をタイミングよく発信していくことを考慮する必要がある。

　さらに，組織体が事業を遂行するのに必要な資金を調達するために，株式や不動産を購入することによって企業を支えてくれる，投資家との関係性を築く

ことを**インベスター・リレーションズ（IR）**という（第9章を参照）。そして，組織を労働によって支える構成員との円滑な関係性を構築することを**インターナル・リレーションズ**という（第10章を参照）。

その他にも，企業や政府などの組織が地域住民との関係性を構築することを**コミュニティ・リレーションズ**という。本書では，組織の社会貢献（第11章を参照）と行政広報（第13章と第15章を参照）の部分で掘り下げて説明する。また，企業などの組織が事業を営む中で，危機が生じたときや危機を防止するためにステークホルダーに対して行う意思伝達を**クライシス・コミュニケーション**という（第12章を参照）。

なお，本書では章を設けて取り上げないが，組織が政府および政治的グループなどとの関係を構築することを**ガバメント・リレーションズ**という。政府とは内閣などの国家やその一部の統治機関を，政治的グループは政党などをそれぞれ指す。消費税率の引き上げや，災害時の緊急事態宣言の発令，レジ袋の有料化など，法律などでの取り決めは人々の生活や企業などの組織におおいに影響する。

そのため，ときには組織が，特定の政治や社会に関する問題に対して主張する**アドボカシー**や，オリンピック開催誘致など，ある事柄を実現するために資金や名声を用いて政策決定に影響を与える**ロビー活動**などを行うこともある。アドボカシーの例として，NPO法人動物実験の廃止を求める会（JAVA）による動物実験廃止を訴える取り組みがある（第14章を参照）。ロビー活動は，日本では陳情という形であまり表立って活動が公表されないことも多いが，米国では一般的に行われている。ロビー活動の例として，米国巨大IT企業4社（Google, Apple, Meta, Amazon）が2021年に米国政府に約5900万ドル（約68億円）の資金を投じたことが挙げられる（『読売新聞』2022年1月28日）。

2-3　リレーションズと社会的責任

このように，組織がリレーションズをもつステークホルダーは多様である。そのため，組織内の部門・部署や従業員がどのように対応するべきなのかについて，組織として一貫した姿勢を打ち出しておく必要がある。それらをまとめたのが**企業理念**や**ミッション・ステートメント**と呼ばれるものであり，各ステ

ークホルダーに向けて具体的にどのような取り組みをするのかを企業が表明したものを **CSR レポート**もしくは**サスティナビリティレポート**などと呼ぶ。

　サントリーグループ『サントリーグループ サステナビリティサイト 2021』では，「人と自然と響きあう」という企業理念が掲げられ，その具体的な施策として，顧客，ビジネスパートナー（取引先），従業員，地域社会，地球環境という5つのステークホルダーに分けてリレーションズの必要性を訴えている。冒頭でも述べたように，サスティナビリティは持続可能性と訳され，地球環境や社会がこの先も無事に残っていくのかどうかを指している。

　2000 年代から 2010 年代半ばまで，サスティナビリティレポートは CSR レポートと呼ばれることが多かった。**CSR**（corporate social responsibility）は**企業の社会的責任**と訳され，「企業が」社会に果たす責任（後述）というように，責任を負うべき主体を企業に限定していた。だが，2015 年の国連サミットで採択された SDGs という概念や用語が普及するのに伴って，サスティナビリティという名称でレポートを発行する企業が増えてきている。

　SDGs は組織の種類や，集団か個人かといった区分をなくして，世界全体が存続していくためにはどのようなことをすればよいのかを考えて実行することを意図している。しかし，本書で取り上げる機会の多い企業側から見れば，SDGs は CSR の概念を起点として発展してきた。そのため，本章では CSR の概念を中心に据えて議論を進め，SDGs については第4節で触れることとする。とくに，いかに組織がステークホルダーと関係を築いていけばよいのかについて考えていく。

　次節では社会的責任の定義や，なぜ組織が社会的責任を果たすべきなのかについて，企業の近年における動向を中心に見ていく。

3　組織の果たすべき責任

3-1　社会的責任の定義

　社会的責任（social responsibility）は，「企業の（corporate）」が前に付けられ，CSR という用語で使われることが多い。これは，そもそも社会的責任が企業

について考えるところから始まったためである。米国ではじめて企業の社会的責任を唱えたとされるシェルドンは，企業が経営をしていくうえで企業活動の動機は経済的なものにとどまらずに倫理的な側面も含んでいるのだから，従業員の人間的な要素を考慮すべきだと主張した（Sheldon, 1924）。このように当初企業の社会的責任の主張の力点がおかれたのは，従業員に対してもっと配慮をしていくべきだという側面であった。

　しかし，ステークホルダーの重要性が指摘されるようになると，適用範囲は従業員以外に広がっていった。そのうえ，ステークホルダーは国，地域，時代，組織の立場によって異なる。だが，ある程度広く適用可能な CSR の定義として，「企業活動のプロセスに社会的公正性や倫理性，環境や人権への配慮を組み込み，ステークホルダーに対してアカウンタビリティを果たしていくこと」だということができる（谷本，2004）。

　この定義に出てくる**アカウンタビリティ（説明責任；accountability）**とは，組織がステークホルダーに対して，業務内容について報告や説明をする責務があることを示す。例えば，非営利組織にとっての主な収入源は寄付である場合が多い。そのため，寄付をしてくれる支援者に対して資金の用途をきちんと報告しなければ，継続的な支援や新たな寄付を募ることが困難になってしまうだろう。

3-2　社会的責任の階層

　企業の社会的責任の範囲は非常に広く，さまざまな分類がされているが，有名なものとして CSR のピラミッドがある（図2-2）。このピラミッドは4層から構成され，下から順に責任が積み上げられている。企業が第1に果たすべきなのが**経済的責任**（economic responsibilities）である。これは，企業が経済的な利益を確保することによって，利潤に応じて国に法人税を納めたり株主に配当金を支払ったりする責任を意味する。狭義の CSR ではこの部分が切り離されて除外されることもある。

　第2に果たすべきなのが**遵法的責任**（legal responsibilities）である。これは企業が活動するうえで，**法令遵守（コンプライアンス）**が求められていることを意味している。法に抵触する活動をしていることが明らかになれば，刑事や民事

上の裁きを受け，場合によっては企業活動を継続することができなくなってしまう。例えば日本では，医療の世界において，移植のための臓器売買や，助かる見込みのない患者に対して生命維持装置を停止するなどして死に至らしめるいわゆる安楽死などは認められていない。これらの法遵守と直接関わるのは医師個人である場合も多いが，病院という組織として，きちんと管理をしていくことがレピュテーションを保つうえで重要になる。

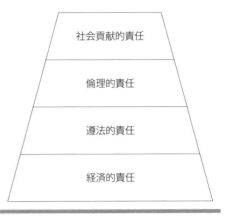

図 2-2　企業の社会的責任の階層
（出典）　Carroll（1991）.

　第3に果たすべきは**倫理的責任**（ethical responsibilities）である。これは，法令の制定が後追いであることと関係する。例えば 2012 年頃に，有名人などが企業から金銭を受け取っていることを隠したまま SNS を通じて製品を推奨する**ステルス・マーケティング**がはじめて話題となった（第7章を参照）。この当時にはインターネットに関する法整備が整っていなかったため法令上の罰則はなかった。だが，マスメディアの報道などを通じて，社会からの批判が大きかった。このように，法律上問題があるかどうかにかかわらず，倫理的に問題がある行為をしないことも企業には求められている。なお，第2，第3の責任の適用範囲を，自社に限定せずに取引先にまで拡張させる動きがある。取引先を決定する際に，CSR の選択基準を取り入れて，法令遵守や倫理的な行動をとっているかどうかを考慮することを **CSR 調達**と呼ぶ。

　最後に挙げられるのが，**社会貢献的責任**（philanthropic responsibilities）である。これは社会貢献活動を実施することによって世間の期待に応えるというものである。他の3つの責任は，果たさなければ倒産したり，処罰を受けたり，非難されたりしてしまう。それに対して，社会貢献的責任だけは果たさなくても非難されることはない。しかし，他の責任に比べて社会貢献的責任は果たすことによって社会から高いレピュテーション（第3章を参照）を得られる。反対に，

社会貢献活動をしていない企業は，地域社会などからの愛顧が得られにくくなったり，反発を招きやすくなったりしてしまう。

▌4 日本における CSR への対応

4-1 日本企業の CSR への対応

　日本では古くから CSR に通じる考え方が存在した。それは江戸時代に活躍した近江商人の三方よしである。**三方よし**とは，「売り手よし，買い手よし，世間よし」という，自分だけでなく顧客や周辺地域もよい状態になければ継続的な商売は成立しないという考え方である。三方よしの精神は，その後登場した日本企業にも受け継がれている。「経営の神様」と呼ばれたパナソニックの創始者である松下幸之助は，企業が水道水のように低価格で生活物資を供給することによって，世の中を幸福にしていくものであるべきだとする**水道哲学**を提言した。

　日本企業が本格的に社会的責任を意識するようになったのは，1960 年代の米国でのコンシューマリズムの動きによるところが大きい。1962 年にケネディ大統領は，安全への権利，情報を与えられる権利，選択をする権利，意見を聴いてもらう権利という「消費者の 4 つの権利」を提唱した。また，1965 年には弁護士・社会運動家のネーダーが米国自動車の欠陥を非難する書籍『どんなスピードでも自動車は危険だ』(*Unsafe at Any Speed: The Designed-In Dangers of The American Automobile*) を発表した (Nader, 1965)。これらが消費者を保護する動きを高め，当時公害問題がクローズアップされていた日本にも波及して，その後の石油危機における企業行動などで批判もされた。

　その後，1980 年代のバブル経済時には，**コーポレート・アイデンティティ** (**CI**) が注目され，企業が自社のイメージを積極的に伝えたり，文化や芸術への協賛を行うメセナを行ったりしていった。しかし，バブルが崩壊した 1990年代以降には企業不祥事が相ついで露呈して，マスコミや社会から批判された。こうした動きに対応するために，経済同友会や経団連が提言を行ったり，大手企業を中心に環境報告書を発行したりするようになった。

さらに，2003年は日本で「CSR元年」と呼ばれ，CSRへの対応が本格化した。持続可能な発展を求める外部からの声の高まりと，それらをもとに作られていった国際行動基準の整備と共に，企業の社会性に関わる取り組みが進められていった。ここからは，CSRの発展につながったこの2つの要因についてそれぞれ見ていく。

4-2　持続可能な発展を求める外部の声

　まず，持続可能な発展を求める外部の声は，**環境問題**に関するものと**倫理問題**に関するものに分けられる。グローバル化の進展と共に，1980年代から1990年代前半にかけては環境問題が中心で，その後倫理問題も加わっていった。1992年にはブラジルのリオデジャネイロで地球環境問題をテーマとする「国連環境開発会議」（地球サミット）が開催され，環境と開発に関する行動計画である「アジェンダ21」が採択された。また，1995年にはデンマークのコペンハーゲンで「世界社会開発サミット」が開催され，貧困，雇用，社会的統合などの広範な倫理問題が取り上げられた。

　こうした，持続発展を求める声は，NGOと機関投資家という異なる立場から上がってきた。まず，NGOは，環境問題や倫理問題に関する主張を続けることで社会から支持を得て存在感を高めていった。それにより上記の国際会議などに参加するNGOも出てきて，企業に対して大きな影響を及ぼすケースも見られるようになった。例えば，1990年代に，スポーツ用品メーカーが東南アジアの下請工場で児童に低賃金で労働をさせていたことがメディアで報じられた。それにより，複数のNGOが立ち上がって同社製品の不買運動に発展した。

　一方，機関投資家は優良企業への投資を通じて，クライアントや自分たちの資金を増加させることを目的に活動している。投資先となる優良企業の基準として，財務諸表だけでなく，環境（environment），社会（social），企業統治（governance）という3点を含めたESG投資を積極的に進めている。日本では2015年に責任投資原則（PRI）に，日本の年金積立金管理運用独立行政法人（GPIF）が署名したことで，ESG投資が拡大している（経済産業省webサイト）。

　このように，社会的意義に基づいて主張を続けるNGOと経済成長を目的に

投資先を決定する機関投資家はスタンスが異なっている。だが，いずれも企業に環境や社会を考慮することを求めており，企業が対応を迫られている。こうした流れを受けて，財務面だけでは企業の価値が測定できなくなってきているという認識が社会全般でもたれるようになった。

　例えば，ある企業が環境や社会への対応を怠っていたとする。すると，環境保護団体や人権団体から批判を受け，マスメディアに報道される。報道の影響で，消費者が反発したり不買運動を行ったりして業績が悪化する。その結果投資家たちは株を売り飛ばして株価が下落していく。

　問題が発覚したときにそれを軽視して対応を誤ると，こうした負の循環を招いて，ときには取り返しのつかないダメージを受けることにつながりかねない。そのため，企業があらゆるステークホルダーにとって好意的な，あるいは，少なくとも嫌いではない存在になるために，上述したような指標が必要になってきたのである。

4-3　国際行動基準の整備

　こうした持続可能な社会を求める外部の声が大きくなるのに呼応して，1990年代半ば以降，さまざまな組織がCSRに関する国際行動基準を設けるようになった。主に次のものが挙げられる。まず，国際的な経営者団体のコー円卓会議による「企業の行動指針」，国際機関による基準である「国連グローバル・コンパクト」（UNGC）がある。

　そして，NGOによって制定されたものとして，SAI（ソーシャル・アカウンタビリティ・インターナショナル）による「SA 8000」やサリバン牧師の「グローバル・サリバン原則」，GRI（グローバル・リポーティング・イニシアティブ）の「サスティナビリティ報告書作成のためのガイドライン」，アムネスティ・インターナショナルによる「企業のための人権諸原則」，ISO（国際標準化機構）による「ISO 26000」などがある。

　このように，環境や社会に対する配慮をしていくことを強く謳ったさまざまな外部からの基準の中で，2011年にポーターとクラマーによって企業側の立場からの価値概念が提唱された。それが社会性と経済性に共通する価値を創造するべきだというCSVである（Column 2を参照）。

ポーターとクラマーは CSR を発展させた形で**共通価値**（creating shared value: CSV）を提唱した（Porter and Kramer, 2011）。その主張をまとめると以下のようになる。従来，企業による経済性と社会性の追求にはトレードオフが存在するという考え方が慣行化していた。だが，このトレードオフは両者の共通価値を追求することで解決されるという考え方が出てきた。共通価値とは，企業が事業を営む地域社会の経済条件や社会状況を改善しながら，自己組織の競争力を高める方針やその実践のことをいう。

共通価値で強調されるのは，現在直面する社会問題に対して慈善活動としてではなく，事業として取り組むということである。企業は，環境汚染などの社会的費用を生み出すと税金を課され，規制や罰則を受けてきた。多くの企業は社会や環境への配慮を避け，規制基準に対抗し，解決を政府や NGO に任せてきた。それゆえ，CSR に関する活動は「必要経費」としてとらえられてきた。

だが，共通価値では，社会問題や制約に対処することがコストではなく，新しい技術や業務・経営手法を生み出し，生産性の向上や市場拡大につながるものだととらえる。例えば，フェアトレードの目的は農作物などの生産者に適正な価格を支払うことで，彼らの収入を増やすことである。これは一見すると，生産された価値を再分配し，短期的には自社の利益が減ってしまうように思われる。しかし，生産農家を支援することによって品質の向上など製品競争力が強化され，市場が拡大する。その結果，生産農家と企業の双方の利潤が増加するのである。

共通価値の創造のための方法は 3 つある。1 つ目は製品と市場を見直して，健康，高齢化対策，環境負荷の軽減などの社会的ニーズに対応した製品やサービスを提供していくことである。2 つ目は，資源の活用，調達，流通，従業員の生産性，工場や倉庫の立地などのバリューチェーンの生産性を再検討することである。ウォルマートは 2009 年に，包装の削減と配送ルートを見直したことにより，納入数量を増やしながら 2 億ドルのコスト削減を実現した。3 つ目は，産業集積地をつくり，企業が拠点をおく地域を支援することである。産業集積地とは特定分野の企業や関連企業などが地理的に集中した地域のことである。集積地内部の教育研修，輸送サービス，関連業界の能力を高めることで生産性を向上させることができる。

さらに前述のように，2015 年には，国や立場を越えたさまざまなステークホルダーの利害を包括する基準である SDGs が国連サミットで採択された。SDGs は国連がイニシアティブを取って進めているもので，日本においてこれまでの社会的取り組みと比べて，より積極的に推進されるようになってきてい

る。その理由として，社会性の高い課題に取り組む必要性が強く意識されるようになったのはもちろんのことである。

　だが，そうした社会的な問題には以前から指摘され続けてきたものもあり，これまでうまく進まなかった理由として十分とはいえない。SDGsがうまく機能してきている大きな要因として考えられるのは，問題が共有しやすくなったことである。持続可能な社会の実現のための目標が17に分かれたことによって，世界各国の政府や企業，地方自治体などの多様なステークホルダーが具体的な問題を同じ用語で認識できるようになったのである。

　例えば，国連にとっては各国政府に，各国政府にとっては国内のさまざまな組織に伝達しやすくなる。また，企業にとって，自社が解決すべき社会的課題が何であり，それがどのようなビジネスにつながるのかということも考えられるだろう。このように，社会的課題の解決を抽象的な理念にとどめず，具体的な事象に落とし込んで戦略を立てやすくなってきたことが，SDGsが推進されてきた理由だと考えることができる。

4-4　課題を共有する難しさ

　とはいえ，こうした基準を文化や法律の違う国々で共有することは決して簡単ではない。なぜならば，先述したように利害や認識が異なっているために基準を定めることは困難だからである。日本において女性の役員や管理職の数が欧州に比べて少なかったり，採用時に総合職と一般職の区別がなされていたりすることは，海外からの批判の対象になっている（谷本，2006）。しかし，それが日本国内でも課題と認識されるまでには長い時間が費やされてきた。

　また，一方で非常に強い関与をもっている事柄が，他方にとってまったく認識していなかったということさえあるだろう。例えば，日本ではそもそも児童労働が行われていないためにサスティナビリティレポートに児童労働に関する項目を設けていないことが多い。だが，そうした状況は児童労働を問題視している国々から見れば，「児童労働を軽視している」と誤解されてしまいかねない。

　このようにステークホルダーが自国のみならず海外にも広がっているグローバル企業は増加し，国や地域による文化や法律，慣習が異なるからこそ，基準

をより明確にし，対話を深めていくことは重要であるといえるだろう。さらに
こんにちでは，SDGs という国を越えて共通化された指針が世界的に浸透して
きている。企業は取引先，投資家，労働者および社会との相互理解を深めてい
くために，SDGs の各目標を踏まえながら，さまざまなステークホルダーに配
慮したルール作りと実践を進めている。

課　題　　　　　　　　　　　　　　　　　　*exercises*

1　あなたにとって関心の高い業界を 1 つ選んで企業 web サイトなどから複数社のサス
　ティナビリティレポートを入手し，CSR の傾向を分析してみよう。

2　あなたがその業界の組織で広報部門に所属しているとする。各ステークホルダーに対
　して，どのような対応をすべきなのかをまとめてみよう。

3　日本の企業が国際的な視点で SDGs に取り組むときに，どのような問題が起こりうる
　のかを考え，解決策を提示してみよう。

ブックガイド　　　　　　　　　　　　　　*book guide*

1　桑田耕太郎・田尾雅夫『組織論〔補訂版〕』有斐閣，2010 年
　▶ 組織がどのようなものであるのかが体系的にまとめられている。

2　國部克彦編著，神戸 CSR 研究会編『CSR の基礎──企業と社会の新しいあり方』中
央経済社，2017 年
　▶ 企業の社会的責任に関する幅広い領域に関して網羅的に書かれている。

3　関正雄『SDGs 経営の時代に求められる CSR とは何か』第一法規，2018 年
　▶ 時系列で体系的に整理された前半と事例紹介の後半に分かれており，理論と実践両面
　で CSR と SDGs について理解できる。

第**3**章

組織の
レピュテーション（評判）

▶ **組織のレピュテーション（評判）が重要な時代**

　米国経済誌の *Fortune* 誌が米国コンサルティング企業コーン・フェリー社と共同で調査を行い，毎年「世界で最も賞賛される企業ランキング」を発表している（表3-1）。FORTUNE 1000 や Global 500 といった企業ランキングリストに入っている米国企業から候補企業が選ばれるが，米国以外の主要な外国の企業もリストに入っており，リスト以外の企業の上級役職者，約1万5000人を対象とした調査によって，点数がつけられる。

　「①才能のある人材を引きつけ，維持する能力，②経営幹部の質，③コミュニティと環境に対する社会的責任，④革新性，⑤製品またはサービスの品質，⑥有益な企業資産の活用，⑦財務健全性，⑧長期投資価値，⑨グローバルにビジネスを行ううえでの効果」といった項目が調査されランキングづけされている。ランキングの上位であればあるほど，**レピュテーション**（reputation；**評判**）の高い企業であるということができる。

　近年はアップル（Apple），アマゾン（Amazon）が常に1位2位を独占している。また，Windows で知られるコンピュータソフトウエア大手のマイクロソフト（Microsoft）は評判が上がってきている。上位に入ってくる企業はほぼ同じだが，企業を取り巻く環境変化の影響も大きい。例えば，2022年には新型コロナウイルス（COVID-19）感染症による影響で，ワクチンを製造する製薬会社ファイザー（Pfizer）が4位にランクインしたり，いつも上位にランクインしていたサウスウエスト航空（Southwest Airlines）が28位とランクを落として

表3-1　世界で最も賞賛される企業ランキング

順位	2018	2019	2020	2021	2022
1	アップル	アップル	アップル	アップル	アップル
2	アマゾン	アマゾン	アマゾン	アマゾン	アマゾン
3	アルファベット	バークシャー・ハサウェイ	マイクロソフト	マイクロソフト	マイクロソフト
4	バークシャー・ハサウェイ	ウォルト・ディズニー	ウォルト・ディズニー	ウォルト・ディズニー	ファイザー
5	スターバックス	スターバックス	バークシャー・ハサウェイ	スターバックス	ウォルト・ディズニー
6	ウォルト・ディズニー	マイクロソフト	スターバックス	バークシャー・ハサウェイ	バークシャー・ハサウェイ
7	マイクロソフト	アルファベット	アルファベット	アルファベット	アルファベット
8	サウスウエスト航空	ネットフリックス	J.P. モルガン	J.P. モルガン	スターバックス
9	フェデックス	J.P. モルガン	コストコホールセール	ネットフリックス	ネットフリックス
10	J.P. モルガン	フェデックス	セールスフォース	コストコホールセール	J.P. モルガン
11	ネットフリックス	サウスウエスト航空	サウスウエスト航空	ウォルマート	コストコホールセール
12	フェイスブック	コストコホールセール	コカ・コーラ	セールスフォース	ナイキ
13	コストコホールセール	ナイキ	ナイキ	ナイキ	アメリカン・エキスプレス
14	アメリカン・エキスプレス	セールスフォース	アメリカン・エキスプレス	サウスウエスト航空	セールスフォース
15	セールスフォース	コカ・コーラ	フェデックス	ジョンソン・エンド・ジョンソン	ウォルマート
16	ナイキ	アメリカン・エキスプレス	ネットフリックス	フェデックス	フェデックス
17	ジョンソン・エンド・ジョンソン	ジョンソン・エンド・ジョンソン	マリオット・インターナショナル	ターゲット	ジョンソン・エンド・ジョンソン
18	コカ・コーラ	シンガポール航空	ウォルマート	ブラックロック	デルタ航空
19	BMW	ボーイング	デルタ航空	ホーム・デポ	ターゲット
20	USAA	ノードストローム	ノードストローム	アメリカン・エキスプレス	ブラックロック
	トヨタ自動車は29位	トヨタ自動車は34位	トヨタ自動車は30位	トヨタ自動車は31位	サウスウエスト航空は28位 トヨタ自動車は34位

（出典）　Fortune World's Most Admired Companies の web サイトを参考に作成。

いる。

　日本企業ではトヨタ自動車（Toyota Motor）が過去 1990 年代，2000 年代と
ランキングの上位に位置する非常にレピュテーションの高い企業であった。し
かしながら，2011 年以降上位 20 位までのランキングから姿を消し，30 位前後
となっている。同様に，かつてランキングの高かったドイツ企業の BMW も
ランクを落としており，製造業にも環境変化の影響が色濃く出ている。

1　レピュテーション（評判）とは

　パブリック・リレーションズにとって，レピュテーションはきわめて重要な
概念になってきている。パブリック・リレーションズ業務のほとんどはレピュ
テーションの維持・向上に関係がある。ポジティブなレピュテーションを創出
し，組織とステークホルダーとの良好な関係づくりに生かす。また，事故や不
祥事を起こしたことで発生するネガティブなレピュテーションを最小限にし，
組織に与えるダメージを軽減するなど，レピュテーションをマネジメントする
ことが，パブリック・リレーションズの目的の中核となる。

　レピュテーションとは何なのかを考えてみよう。レピュテーションにはさま
ざまな定義が存在するが，ここではレピュテーションとは「ある人ないし，対
象（集団，組織，企業，製品等々）に対して第三者により与えられた，その対象
の特性ないし属性についての査定」（山岸・吉開，2009）とする。レピュテーシ
ョンは，組織の発信する情報の真偽が顧客やステークホルダーに確認され，商
品の質や価格などのさまざまな属性が顧客の消費活動や取引経験により評価さ
れた情報であり，顧客やステークホルダー自身が別の第三者に発信する情報で
ある。組織が発信する情報だけでは，強力なレピュテーションは生まれること
はない。組織の情報を直接得た人が，その情報を第三者に情報発信してはじめ
てレピュテーションとなるのである。

　例えば，友人から「あそこのレストランはおいしいよ。花子もおいしいって
言っていた」という話を聞いて，あなたがその店に行ったという経験を考えて
みよう。ここでの「おいしい」という言葉は，そのレストランへの査定，つま

第
Ｉ
部
　
広
報
・
Ｐ
Ｒ
の
基
本

り客観的な**評価情報**ということになる。この友人から聞いたレストランへの客観的な評価情報を判断基準として，あなたは実際にそのレストランに行って料理を食べてみるという行動に移したのである。レストランの店主が自分で「うちの料理はおいしいよ」というのは客観的な評価情報とはいえない。それはただのお勧めであり，判断に影響を与えるような評価情報ではない。客観的な評価情報は，別の人が対象（ここではレストラン）に対して与えた評価情報であり，この「別の人」という第三者の存在が客観性を担保するためには重要である。

　そして，客観的な評価情報は，別の人からまた別の第三者へ情報伝達が何度も繰り返されていくことでレピュテーションの構築につながる。先ほどの例では，友人の友人である花子も「おいしいよと言っていた」という言葉がつけ加えられており，友人は花子から「おいしいよ」という評価情報を聞いて，そのレストランに行っていたことがわかる。友人以外の別の人（花子）も「おいしいと言っていた」ことを聞いたあなたは，そのレストランによい印象をもったはずである。こうしてレピュテーションはますます高くなっていく。

　第三者からの評価が集約されるほど客観性が高まり，評判は高くなっていくのである。多くの第三者からよい評価情報を獲得するためには時間がかかる。よい評判は簡単にできあがるものではないのである。印象やイメージといったものは短期的によくすることはできるが，レピュテーションは長期的なものである。

2　レピュテーション・マネジメント

2–1　レピュテーションの重要性

　外部から発信されメディアに取り上げられるようなニュース・バリューをもつ情報をパブリシティ（publicity；第6章を参照）というが，パブリシティをうまく活用すれば，その対象（集団，組織，企業や製品・サービスなど）のレピュテーションを高めることができる。レピュテーションを高めるためには，人から人へ，繰り返し多くのよい評判が伝わっていくことが重要であるが，テレビや新聞などのマスメディアに取り上げられて評価されると，それが多くの人に伝

達されていくため，同じような効果を生むことがある。

　広告は，広告主のメッセージが掲載されたものであるが，新聞やテレビで対象について評価が下されたパブリシティは，それ自体がレピュテーションの形成に寄与していくのである。よくテレビ番組で紹介されたラーメン店が，その紹介された翌日から突然行列のできる店になるのは，レピュテーション効果によるものである。

　レストランにとって，レピュテーションの獲得は，将来の利益獲得に寄与することは確かである。レピュテーションによって消費行動を促進することができるからである。とくに消費者が購入してみないとその質の真偽がよくわからない財・サービスを提供する企業では，レピュテーションの獲得がきわめて重要な経営基盤となる。

　しかし，反対に，友人に紹介されたレストランのシェフが手を抜き，あなたの予想を裏切り，予想していたほど料理がおいしくない場合，おいしいという評価は消え，二度とその店に足を運ばなくなるということもありうる。最悪の場合には，「あそこのレストランの料理はまずいよ」といった具合に悪い評価，つまり負のレピュテーションが広がっていく。そうなると店の評判は下がり，店から顧客が減り，店の売り上げが減少することにつながる。

　このようにレピュテーションは繊細なものであり，何か不祥事が起これば，長い間に培った「おいしい店」というイメージも一瞬にして失ってしまう。だからこそ，将来の利得を考えれば，デアマイヤーが指摘するように「人材」と並んで，**レピュテーション・マネジメント**（reputation management）は非常に重要な経営戦略である（Diermeier, 2011）。そこでは，どのようにしてレピュテーションを構築していくべきか，また，不祥事を起こさないような仕組みづくりができるか，レピュテーションに関係する情報をどのように提供するかという視点が欠かせない。

　不祥事による悪いレピュテーションにより，組織が経営破綻や消滅に追い込まれるケースが増えていることを考えれば，レピュテーションの重要性は理解できるであろう。レピュテーションに傷をつけることはたやすいが，よいレピュテーションをつくり上げるためには長い時間と膨大なコストがかかる。それだけに，強力なレピュテーションを獲得・維持するための戦略やマネジメント

が重要になってきているのである。

2–2　ブランドとレピュテーション

　レピュテーションと混同されるものにブランド（brand）がある。ブランドとレピュテーションではどのような違いがあるのだろうか。ここではプロダクト・ブランドとレピュテーションを比較して考えてみよう。

　そもそもブランドは，自分が飼っていた家畜と他者の家畜とを区別するために使われた焼印を意味する burned（英語），brander（旧ノルド語）に由来している。語源的にも他者とは違う自分のものを識別するための「印」を意図している。現在でも，他者との識別を図るためのネーム，ロゴ，マーク，デザイン，キャッチコピー，パッケージなどのブランド標章を統一的に用いて，組織は事業活動を行っている。このようにブランドは，他者との差別化，識別化の概念が中心である。ブランドは商標法，意匠法，商法，不正競争防止法などのさまざまな法的権利で保護される対象である。

　ブランド商品が，ブランド化されていない商品に比べて 2 万円高く売ることができれば，同じコストで製造できる商品の場合，その 2 万円分がブランドから得られる超過利益となる。ブランドは，他者との識別化，差別化を図り，経済的利得を増幅させるのである。

　もちろん，自社の商品が他社の類似商品と比較しても，「何ら優位性がない」「特徴がない」となると，その商品をブランド化することはできない。ブランド構築は，ただたんに他者との識別化を図るためにロゴマークをつければよいというものではなく，自社の商品が他の商品より勝っている競争優位性（高品質性，特徴，イメージなど）を有するようにブランドを開発し，育成していく必要がある。ブランド品が顧客に経験され，知覚品質（顧客が認識している品質や優位性）が識別され，ブランド連想ができるところまで，顧客にある一定の評価が定着しなければブランドは成立しない。顧客からの評価情報という意味では，レピュテーションと同じである。

　しかし，異なるのは，組織とステークホルダーの関係性である。ブランドは第一義的には顧客との関係の中で，組織がブランド価値を提供し，ブランドのメッセージや世界観，イメージを管理してきた。これをブランド・マネジメン

トという。ブランドは、顧客のように組織と取引関係があるところで形成されるのである。

　ところが、インターネットおよびソーシャルメディアが普及し状況は一変した。まったく組織と取引関係にないが、何らかの利害関係にあるステークホルダーが組織を評価するようになってきたのである。例えば、顧客以外にも地域住民、就職希望者、一般投資家、アナリストなど、組織と利害関係にあるさまざまなステークホルダーが組織を評価し、その評価情報をインターネットやソーシャルメディアなどで発信し、情報共有を図るようになっている。

　インターネットがなかった時代では、例えば大きな騒音を出す工場に対し、工場周辺に住む地域住民が団結して苦情を申し立て、社会問題として注目してもらうには、大変な時間と労力が必要であった。工場に苦情を申し立てる住民運動に、地域住民以外の参加を促す術はほとんどなかったのである。一部の積極的な住民が運動を起こしても、新聞やテレビなどのマスメディアがその騒ぎを聞きつけて、報じることしかできなかったのである。

　しかし、ネットメディアの普及によって状況は一変した。地域住民はインターネットの力を借りて広く社会に対して工場の騒音問題を告発し、社会から住民に対して多くの共感や支持を得ることが可能になったのである。しかも、その共感や支持は瞬時に、そして低コストで世界中に拡散していくのである。負のレピュテーションは瞬時に広がっていく。このように、組織と取引関係にないステークホルダーとの関係まで含めると、ブランド・マネジメントと同じ手法では管理しきれない。

　その意味でも組織は、ブランド・マネジメントだけではなく、さまざまなステークホルダーを巻き込み、ステークホルダーと「共に育んでいく」対話型のレピュテーション・マネジメントが求められている。

3　コーポレート・レピュテーション

3-1　コーポレート・レピュテーション
　組織に関するレピュテーションは、**コーポレート・レピュテーション**（corpo-

rate reputation）と呼ばれている。コーポレート・レピュテーションの定義については様々なものがあり，とくに定まったものはないが，例えば次のようなものがある。

「経営者および従業員による過去の行為の結果をもとに，企業を取り巻く様々なステークホルダーから導かれる持続可能な競争優位」（櫻井，2005），「ステークホルダー間の相互作用によって生じた間接的効果」（大柳，2006），「企業が価値ある成果を生み出す能力をもっているかどうかに関して，その企業の活動に利害関係をもつ人々が抱いているイメージの集積」（Fombrun and van Riel, 2004b），「ある企業についての認識を形成するために，その企業についてステークホルダーが問いかけた質問に対する反応である」（Hannington, 2004, 翻訳書より）。

これらの定義からもわかるようにコーポレート・レピュテーションは，対象となる組織とステークホルダーとの関係構築から生じるものである。ヴァーレイが「コーポレート・レピュテーションは，例えば従業員が経営者のことを考えたり，消費者が供給者のことを考えたり，投資家が株主のことを考えたりするなど対象範囲の広い言葉である」（Varey, 2002）と指摘するように，組織と関係のあるさまざまなステークホルダーが重要になってくる。

定義を合わせると，ステークホルダーという第三者から与えられた組織に対する評価がコーポレート・レピュテーションということになる。ステークホルダーの立場によって，その組織に対する評価基準は異なるが，ステークホルダーとの間で利害対立が起こらないように利害を調整し，ステークホルダーからの評価を向上させることがコーポレート・レピュテーション向上につながるのである。

以上を踏まえると，コーポレート・レピュテーションでは，組織に対して評価を与えるステークホルダーという存在との関係がきわめて重要になってくる。

3-2　コーポレート・レピュテーションの測定

レピュテーション・マネジメントを行うためにはレピュテーションの測定が重要であるとフォンブランとファン・リールは指摘している（Fombrun and van Riel, 2004a）。レピュテーションは目に見えないものであるが，レピュテー

ションをマネジメントするためには，それを把握する必要がある。把握できなければ管理できないのである。

　コーポレート・レピュテーションを総合的に測定・評価するツールとして，**RQ**（アール・キュー）と**RepTrak**（レピュトラック）というレピュテーション評価モデルがフォンブランとレピュテーション・インスティテュートにより開発されている。

　RQは6領域と20属性から構成されている指数モデルである（図3-1）。RQでは，「情緒的アピール」「製品とサービス」「ビジョンとリーダーシップ」「職場環境」「財務パフォーマンス」「社会的責任」の6つの領域がコーポレート・レピュテーションの構成要素としてモデル化されている。

　「情緒的アピール」は，「好意度」「信頼感」「尊敬」といった属性要因から構成されている。一般生活者がその企業をどのように感じているかを，「好意度」「信頼感」「尊敬」という視点で把握する。

　「製品とサービス」は，その企業の商品やサービスのよさや品質の高さなど，本業に関わる部分の領域であり，「企業の商品・サービス保証力」「革新性」「品質」「価格に見合う価値」という属性要因から構成される。顧客の視点から企業をどのように評価しているのかを把握する。

　「ビジョンとリーダーシップ」は，「明確なビジョン」「強力なリーダーシップ」「市場の把握」が属性要因である。この領域はコーポレート・ガバナンスの視点が盛り込まれており，経営者の組織統治能力を評価するものである。優れた経営者が存在する企業は，企業価値が向上しているケースが多い。

　「職場環境」は，「社員への公平な処遇」「魅力的な職場」「社員の質・能力」という属性項目から構成されており，従業員の視点が盛り込まれている。従業員が差別なく生き生きとして働き，外部から見ても魅力的な職場である企業は，能力の高い従業員が多く，レピュテーションも向上する。

　「財務パフォーマンス」は，投資家の評価基準が盛り込まれており，「収益性」「投資リスク」「将来性」「競争力」といった属性要因から構成されている。「財務パフォーマンス」のよい企業は投資家にとってもレピュテーションの高い企業である。

　「社会的責任」は，「社会貢献活動」「環境への責任」「地域社会に対する責

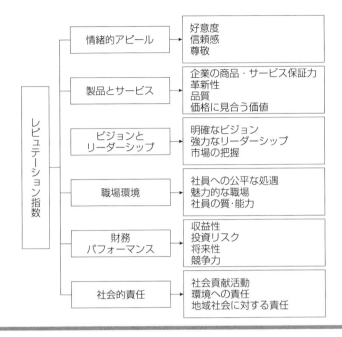

図3-1 レピュテーション指数（RQ）

（出典）Fombrun and van Riel（2004a），翻訳書を参考に筆者作成。

任」から構成されており，近年重要性を増している CSR（第2章を参照）の視点を盛り込んでいる。本業を行いながら，社会的責任もしっかり果たしてこそ，その企業は賞賛されるのである。

　そして，RepTrak は，RQ を進化させて，「製品・サービス」「イノベーション」「職場環境」「ガバナンス」「市民性」「リーダーシップ」「業績（財務パフォーマンス）」という7領域を構成要素とした評価モデルである。RQ にあった「情緒的アピール」は「尊敬」「賞賛」「信頼」「好感」として，より中核的な要素として組み込まれている（図3-2）。

　つまり，7領域でのスコア向上が，情緒的アピールの向上につながるように修正された。また，RepTrak では，RQ で「製品・サービス」の領域の中にあった革新性を，「イノベーション」として独立した領域にモデル化しているのが特徴である。

　このようにレピュテーション評価モデルは，多様な視点から企業を評価でき

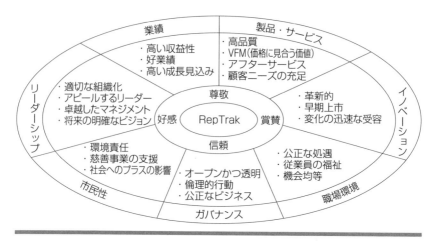

図 3-2 RepTrak

（出典）Fombrun and van Riel（2007）.

るように設計されている。RQ や RepTrak などの評価モデルを使用しなくと
も，広報の実務としては，レピュテーションを把握する代替的な評価指標が用
いられている。例えば，日経企業イメージ調査（日本経済新聞社），環境ブラン
ド調査（日経 BP 環境経営フォーラム），CSR 企業ランキング調査（東洋経済新報
社）などさまざまな調査結果を組み合わせて，自社およびベンチマーク企業，
競合企業のレピュテーションを把握している。各企業共に，どのようにしてレ
ピュテーションを把握するかさまざまな試行錯誤が続いているというのが現状
である。

4　レピュテーションの構築

4-1　レピュテーションとコミュニケーション

　レピュテーションの構築についてドーリーとガルシアは，次のように定式化
している（Doorley and Garcia, 2007）。

　　　レピュテーション＝イメージの集積

　　　　　　　　　　＝（パフォーマンスと行動）＋コミュニケーション

つまり，レピュテーションは，さまざまなステークホルダーによるイメージの総和であり，イメージの集積は，パフォーマンスと行動にコミュニケーションを合わせたものであるというのである。レピュテーションは，実際に行動と成果を伴った事実に基づいた情報が重要であり，それらの情報をステークホルダーにメッセージとして伝え，コミュニケーションを図ることでイメージとして集積され，レピュテーションにつながるのである。行動という事実を伴わないコミュニケーションはレピュテーションにつながらないのだ。

4-2　優れたレピュテーションの構築

　どのようにすれば優れたレピュテーションを構築できるのであろうか。ウォーラーとヤンガーは，レピュテーションを決定する3つの要素を指摘している。それは①行動，②ネットワーク，③ナラティブ（物語）である（Waller and Younger, 2017）。①行動は「他者からの期待に応えられるかどうかのメッセージとなる」のである。ある人が相手を信頼するかどうかは，相手の過去の行動から推測するのが理にかなっているように，評価は信頼と密接な関係にある。行動の1つひとつが信頼の源泉となり，評価が構築されていく。

　その評価は②ネットワークによって伝わっていく。レピュテーションは，別の第三者へ情報伝達が何度も繰り返されていくことで構築されると前述したが，数多くのネットワークをもっている方がレピュテーションは伝わりやすい。近年，SNSが情報伝達のスピードを加速させている。また，ネットワークには，関係の結びつきが強い結束型の閉じたネットワークと，関係の弱い橋渡し型の開いたネットワークの2つのタイプが存在する。これらを上手く使い，幅広く評価情報を伝えることで高いレピュテーションを獲得することが可能になる。

　このようにレピュテーションは，行動から始まって，ネットワークを通じて伝えられていくものであるが，伝えられるメッセージ，つまり最後の③ナラティブ（物語）が重要な要素となる。自分で自分のことを語るのではなく，他者に自分のことをどう語ってもらうかが大事である。ナラティブは「物語的な共創構造」（＝より多くの人々が関心をもち関与する構造）をもっており，ステークホルダーと共に「共創」できるかがレピュテーション構築のカギを握るのである（本田, 2021）。SNSの普及により，上記の3つの要素はよりいっそう重要に

　一般財団法人経済広報センターは，優れた広報活動を行っている企業を「企業広報大賞」として毎年選出している。社会から期待され求められているものを見極め，それを経営に反映させるとともに，ステークホルダーに対し企業活動の的確な情報を発信・伝達し，社会に貢献している企業を対象としている。具体的には以下の内容項目に意欲的に取り組み，その活動が社会的に認知されていることが選考の基準である。

・ステークホルダーとの対話を通じ社会のメッセージを多角的に受信し，経営に反映させている。

表 3–2　企業広報大賞受賞社とその受賞理由

年度	受賞企業	受賞理由
2021	エーザイ株式会社	認知症の新薬開発だけでなく，アルツハイマー病患者の介護における社会的コストや病態に関する最新の知見の提供，メディアの科学・医療担当記者を対象とした勉強会の実施など，地道な対話活動を長期にわたり継続。社会課題に対する感度を高め，企業理念であるヒューマン・ヘルスケア（hhc）の下，患者とその家族のベネフィットに大きく貢献した。また広報部に複数の博士号保有者を擁することで，難しいサイエンス用語について分かりやすく解説することが可能となり，ステークホルダーへの理解促進を図ったことも高く評価された。
2020	ユニ・チャーム株式会社	女性の QOL（クオリティ・オブ・ライフ）向上を年度目標に掲げ，世の中へ問題提起をする全社的なプロジェクトを始動。「女性が生理を隠さなくてよい社会をつくる」というメッセージ性が強く社会に受け入れられ，多くのメディアにも取り上げられた。広報部門も，インフルエンサーを活用したSNSを中心とする広報活動や，ユーザーを巻き込んだ商品パッケージのデザイン開発，社内外のステークホルダーとの積極的な対話による理念の浸透など，既存の枠にとらわれない活動への転換が功を奏し，タブー視されていた報道されにくいテーマが，朝のニュース番組や新聞の第一面を飾るなど成果も高く評価された。
2019	株式会社クボタ	「事業そのものが社会貢献」を企業メッセージに掲げ，広報は経営の重要機能という認識の下，広報部門（「コーポレート・コミュニケーション部」）含む全部門が一丸となって情報発信を行っている。また，農業機械という比較的馴染みの薄い業界の立場から，「日本農業の活性化」という社会全体の課題解決に貢献すべく，農業を題材としたテレビドラマに全面協力。広報と宣伝が一体となった広報戦略を打ち出すとともに，一企業に留まらず農業全体の発展に貢献した。
2018	カルビー株式会社	"ポテチショック"（ジャガイモ不足により，ポテトチップス商品を休売したこと）というクライシスを自社内の課題にとどまらず，地方創生と結びつけ戦略的に対外発信を行った。広報と商品開発が連動し，マーケットのニー

- 従業員，グループ企業関係者と積極的なコミュニケーションを行い，企業理念・経営方針などの徹底と広報マインドの向上を図り，社員の活性化を促し企業価値を向上させている。
- 企業理念に裏打ちされたビジョンやメッセージをさまざまな媒体で発信し，SDGs，ESG などの経営課題にも積極的に取り組んでいる。
- 1 つひとつの情報発信を積み重ね，強固なブランドを創り上げている。
- 時代の変化をとらえ，新たな広報活動や手法に積極的に挑戦している。

〔表の続き〕

年度	受賞企業	受賞理由
		ズを捉えながら，社内外に対して的確な情報発信につなげている。本業に限らず，ダイバーシティーや女性活躍といった全企業共通のテーマに対しても，高い先見性を社会に提示しリードしている。そうした活動が，企業価値の向上に結果として表れている。
2017	オムロン株式会社	「企業の公器性」を重視した企業理念の社員へ徹底とそ実現に努めている。障がい者が働く福祉工場「オムロン太陽」をはじめ，CSR 活動を数多く展開するとともに，そうした活動をまとめた統合報告書は，他企業のモデルとされている。情報開示に積極的に取り組み，ステークホルダーとのコミュニケーションにも熱心に取り組んでいる。
2016	三菱商事株式会社	国内外のステークホルダーに対し，透明性，公開性，公正性，迅速性のある広報活動を実践している。厳しい局面でも，経営方針や事業内容を正確に伝える「逃げない広報姿勢」を一貫して実施した。また，東日本大震災の復興支援として，「三菱商事復興支援財団」を設立し，被災から 5 年が経った今でも，支援活動を継続するなど CSR 活動への評価も高い。そのほか，ガバナンス・報酬委員会の設置や，質の高い統合報告書の発行など，評価に値する広報活動を展開している。
2015	マツダ株式会社	本社のある広島から世界へ情報を発信し，独自の環境技術「スカイアクティブ」やデザインテーマ「魂動（こどう）」，その背景にあるマツダの哲学・考え方などを，"心を表わすストーリー" として表現し，戦略的な広報を実践している。社内においても "伝えるまでが自分の仕事" との考えを浸透させ，全社一丸となった企業コミュニケーションに取り組んでいる。社会のマツダ車に対するイメージは格段に向上し，特徴的で魅力的な自動車を作っている企業というブランドを獲得している。苦難の時期を乗り越えながらも，地域のプロ野球球団・J リーグクラブ支援などマツダが経済，文化両方面で戦後の広島に対して果たしてきた役割も大きい。

（出典）経済広報センター web サイトより，許諾を得て掲載。ただし，脱字は補足した。

なっている。（「ナラティブ」については第8章も参照）。

　フォンブランとファン・リールは，レピュテーション調査や報道分析，経営トップへのインタビューなどにより，レピュテーション・マネジメントの観点からレピュテーションの優れた組織がもつ特徴を5つの原則としてまとめている。それは，①**顕示性**（visible），②**独自性**（distinctive），③**真実性**（authentic），④**透明性**（transparent），⑤**一貫性**（consistent）の5つであり，優れたレピュテーションを構築する原動力であると示唆している（Fombrun and van Riel, 2014a）。この5つの原則を盛り込んで，ステークホルダーとコミュニケーションを図ることが求められる。

　レピュテーションは注目度の高さをベースにしている（①顕示性）。ステークホルダーから注目もされない組織のレピュテーションは高くはならないのである。そして，組織がステークホルダーの脳裏に独自のポジションを構築した際にレピュテーションはつくられる（②独自性）。レピュテーションの高い組織には，ライバル組織と比較しても顕著な独自性がある。他者と差別化を図り，その組織がどのような組織なのかを特徴づけるように**ストーリーテリング**（story telling）ができている。

　また，強力なレピュテーションの構築は，組織がステークホルダーに対して真実を伴った独自のストーリーを，真剣に誠実にみずから提示するところから始まる（③真実性）。広告などを駆使しても，そのイメージが組織の**アイデンティティ**（identity）と乖離している場合には，高いレピュテーションは獲得できない。いくら高い評価を得たいと思っていても真実を伴っていなければ長期的には失敗するのである。それに加えて，ステークホルダーは幅広く組織の情報を発信する方が，レピュテーションが高い組織であると見なしている（④透明性）。組織がより多くの情報を提供する方が，人々の信頼感は強まるのである。反対に世間とのコミュニケーションを避ける組織は不信感を生むばかりである。

　最後に，レピュテーションの高い組織は，経営トップから組織のあらゆる層のコミュニケーションについて一貫性をもっている（⑤一貫性）。一貫性を確立していない組織では，ステークホルダーに対して，それぞればらばらなコミュニケーションを行い，レピュテーションの構築に寄与するはずの組織文化，コアバリュー，戦略的方向性などについて別々の違った解釈を広めてしまう。で

きるだけ広範囲にわたるさまざまなステークホルダーと対話し，彼らのあらゆる期待に一貫した姿勢で応えられるようなメッセージを提示するコミュニケーションが重要である。

　以前は，ステークホルダーが組織からのメッセージをどう受け取るかについて，組織はリアルタイムに認知することはできなかったが，ソーシャルメディアの登場で，ステークホルダーから組織への関心を表明することが容易になった。「メディア」が重要なステークホルダーであることには変わりないが，「メディア」だけではなく，それぞれのステークホルダーを巻き込み，「共に育成していく」対話型のレピュテーション・マネジメントが求められている。

5　負のレピュテーションへの対応

　ある食品メーカーが集団食中毒事故を起こし，謝罪のための記者会見を行った。記者会見後，事故を起こした企業の社長は，記者にもみくちゃにされながら質問攻めにあった。その際に，社長は，事故の対応に疲れていたのであろうか「私だって寝ていないんだ！」という一言を発してしまった。その言葉は，テレビの映像や新聞の見出しとなって即日さまざまなメディアで繰り返し報道された。

　事故対応に真摯に向き合うことをやめ，企業の責任を放棄したかのような発言に，メディアから批判が集中した。当然ながら，メディア報道を見た「視聴者」「読者」は，この企業は本当に反省しているのか，被害者に真剣に対応しようとしているのかと怒り，食品メーカーの不買運動にまで発展したのである。このようにメディアとのコミュニケーション上の一言が，負のレピュテーションを加速度的に増幅させ，ブランド価値を毀損させてしまった。社長が常日頃からメディアと関係を良好に維持し，メディアとはどういうものなのかを理解していれば，ダメージを最小限にとどめることも可能だったはずである。

　すでに述べている通り，レピュテーションは，ポジティブなものばかりではなく，ネガティブな悪いものも存在する。企業が不祥事・反社会的行為を犯した場合には，メディアは負のレピュテーションを加速度的に増幅させる役割を

担う。企業不祥事を経済的事件としてとらえ，日本のメディア報道の影響について社会情報学の観点から研究を行っている駒橋によれば，社会常識を逸脱した経済事象の「ゆらぎ現象」がニュース報道によって増幅し，報道が経済的な影響を与えると指摘する（駒橋，2004）。報道というメディア情報が，別の新たな報道を生み出し，負のレピュテーションが加速度的に螺旋状に増幅していくのである。このように，レピュテーションの毀損は，ネガティブなメディア報道の影響によるところが大きい。**レピュテーション・リスク**（reputation risk）を最小限にするためにも，メディアのことをよく理解し，日頃からのメディアとの良好な関係構築が欠かせない。

　また，近年はインターネット上の口コミによって，負のレピュテーションの増幅はより素早く，広範囲なものとなっている。新聞，テレビなどのマスメディアが報道するよりも前に，インターネット上で話題となり，レピュテーションを毀損するきっかけをつくるケースが増えている。

　1999年に起きた東芝クレーマー事件では，顧客対応の信じられないほどのまずさが，すぐにネット上に広がり批判が集中した。そして，ネット上での話題がマスメディアでも取り上げられ，社会的話題となり，レピュテーションを大幅に毀損する事態となったのである（第7章 Column 12 を参照）。

　これまで企業と顧客の関係は一対一の関係であった。しかし，SNS の普及により，顧客は顧客という役割だけではなく，メディアにもなりうるのである。つまり，一度起こした不祥事は，消費者の SNS によって加速度的に負のレピュテーションの拡大へと至る時代となっている。

　危機への対応について，くわしくは第12章を参照のこと。

課　題　　　　　　　　　　　　　　　　　　　　　　　　*exercises*

1　レピュテーション（評判）の低い組織（企業や団体など）を3つ挙げて，その具体的な理由を新聞記事やインターネットなどを使って調べてみよう。また，評判の低さを改善するための対策を考えてみよう。

2　あなたの身のまわりの会社やお店などを取り上げて，本章で紹介した RQ や RepTrak などのレピュテーション（評判）を測る指標を参考にして，独自の評価軸をつくり，採点してみよう。

1. C. J. フォンブラン，C. B. M. ファン・リール『コーポレート・レピュテーション』花堂靖仁監訳，東洋経済新報社，2005 年
   ▶ フォンブランとファン・リールのレピュテーション研究の翻訳書。フォンブランのコーポレート・レピュテーションの考え方について詳述している。

2. 山岸俊男・吉開範章『ネット評判社会』NTT 出版，2009 年
   ▶ インターネットの普及により，評判の重要性が増していることを社会心理学の観点から解説。ネットの実証実験により，信頼と評判の関係を説明している。

3. 本田哲也『ナラティブカンパニー──企業を変革する「物語」の力』東洋経済新報社，2021 年
   ▶ 戦略 PR の第一人者による書。実務書ではあるが，日本人にはわかりにくい「ナラティブ」についてくわしく述べており，レピュテーションを考えるうえでも読んでおきたい。

4. D. ウォーラー，R. ヤンガー『評価の経済学』月沢李歌子訳，日経 BP，2018 年
   ▶ 実務家コンサルタントとオックスフォード大学コーポレート・レピュテーション・センター創設者・所長による書。この本に出てくる「評価」は，レピュテーションのことである。

第3章　組織のレピュテーション（評判）

55

第4章

組織と広報・PR

▶ あるPRパーソンの1日

　田尻有賀里さんはリスト株式会社に勤める広報担当者。リストは不動産の仲介・販売と開発投資を行っている企業であり，売上高は226億円（2020年12月期），従業員は522名の規模で，広報担当者は田尻さんを含め2人である。広報担当者が組織のどのような位置でどのような仕事をしているのかについて理解するために，彼女の1日を追ってみよう。

　田尻さんの仕事は出勤前から始まる。朝食をとりながらテレビの話題に耳を傾け，通勤時間はスマホから最新のニュースや話題の情報を得ている。広報担当者は組織の内部と外部とをつなぐことがその役割であり，そのためにはアンテナを張りめぐらすことで，ビジネスに直結することだけではなく世の中のあらゆることに関する最新の情報に精通していなければいけない。

　9時に出社後，最初に行うのはメールのチェック。記者からの問い合わせにはすぐに反応しておく。そして，新聞や雑誌の記事に目を通すこともこの時間に行う重要な仕事である。この日の経済紙の朝刊には先日発表した新たなパートナー企業との提携の話が掲載されており，担当者としては成果が出たということで嬉しい時間を過ごすことができた。

　この日の午前中は社内調整がメインの業務である。社内の各部署で現在どのような業務が行われているかについて情報を収集し，その中でパブリック・リレーションズとして取り上げることで会社のレピュテーション向上につながる案件はないかを考える（レピュテーションについては第3章を参照）。また，記者

から依頼されている訪問取材に対応するために，現場の担当者のスケジュールを確保することもこのタイミングで行う。この日は午後に新ブランド立ち上げについてのニュース・リリースを展開する予定になっているので，リリース文案の最終の詰めを，社長を交えて行うことになった（ニュース・リリースについては第6章を参照）。

広報担当者として働く田尻さん

　ランチは同僚と近所の店でとることになったが，ここでもまわりの人たちがどのようなことを話題にしているかについては思わず聞き耳を立ててしまう。会社に戻ってからはニュース・リリース展開の最終の作業を行い，翌日の朝刊への掲載も企図して，あらかじめ用意していたメディア・リストに基づいて14時に情報を展開した。リリースの展開後はいつ記者からの問い合わせが入るかもわからない，緊張の時間である。入念な準備を繰り返したので問い合わせが1つもないということはないだろうとは思いつつも，心配になる時間帯でもある。

　夕方までにいくつかの問い合わせに対応した後，明日の仕事の準備を終え，会社を出たのは19時過ぎである。この日は他社の広報担当者との意見交換を兼ねた食事会。それがライバル企業であったとしても，同じ広報担当者と意見交換ができる時間は貴重な機会であり，時間の許す限り食事会には参加するようにしている。田尻さんみずから食事会を企画することも多い。少しお酒も入ってリラックスした環境で，最新のメディア動向や広報ノウハウについての意見を交わす時間が心地よい。生来好奇心旺盛な田尻さんにとって，パブリック・リレーションズを担当するという仕事は大変ながらもやりがいの大きいもののようだ……。

　パブリック・リレーションズは理論的・抽象的概念であるだけではなく，実際に活動としてなされるものである。そして，その実施主体として，組織の中に**広報部門**（パブリック・リレーションズ部門やコーポレート・コミュニケーション部

門とも呼ばれる）が存在し，そこで働く**広報担当者**がいる。そして，場合によっては外部の**PR エージェンシー**と協働しながら，業務を進めている。

　本章では，パブリック・リレーションズに関する組織や，そこで働く人々に焦点をあて，実際にどのような体制でパブリック・リレーションズ活動が実施されているのかを理解することを目的とする。第1節では組織における広報部門を取り上げ，その位置づけや業務内容，他部門との関係について考える。第2節では，広報部門で働く広報担当者に注目し，その専門性をどのように担保するかについて考察を深める。第3節では，組織外部の専門職である PR エージェンシーとの協働について，そのメリットとデメリット，日本における PR エージェンシーの実際について議論を行う。

1　組織における広報部門

1-1　分業と調整の体系としての組織

　まず，パブリック・リレーションズからいったん離れて，一般的に組織というものについて考えてみたい。組織とはそもそも何で，どのような原理で構成されているのかを考えたい，ということである。このことについて考えることで，組織における広報部門の理解が進むだろう。

　バーナードは，組織を「二人以上の人々の意識的に調整された活動や諸力の体系」と定義している（Barnard, 1938. 第2章，第10章も参照）。ここで注目すべきは次の2点である。

　1つは，2人以上の人間が集まっているということである。これは，集まった人々が同じ活動をしているわけではなく，共通目的に沿いながら，貢献意欲をもって，違う活動をそれぞれが行い，その集積の結果として，組織総体としての何かしらの活動を行う，ということを意味している。これがいわゆる「分業」である。分業には異なる機能をもつ集団への分割である**水平分業**と，上司・部下関係をつくり出す**垂直分業**とがある。

　水平分業の結果，さまざまな部門が組織内にできることとなるが，その機能に応じて2つのものに大別できる。1つは，**ライン部門**と呼ばれるものであり，

その組織が売り上げを立てることに直接的に関与している部門である。製造部門や販売（営業）部門がこれにあたる。もう1つは**スタッフ部門**と呼ばれるものであり，ライン部門の働きを取り巻く環境を整備する役割を担うが，逆にいえばその組織の売り上げには間接的にしか関与しない部門である。法務部門や経理部門がこれにあたり，広報部門もまたスタッフ部門の1つであるといえる。

　注目すべき点のもう1つは，分業された活動は意識的に**調整**されているということである。複数の人々がばらばらな活動をばらばらなままで行っていては，総体として最終的に1つにまとまることができない。そこで，組織内でのコミュニケーションを通じて調整活動を行う必要がある。沼上は調整メカニズムにはいくつかの種類があることを説明しているが，その中でも直接折衝，調整担当職の設置，連絡会や研究会（少人数で定期的に実施する意見交換会議）の設置，などの手段に代表される「**水平関係の設定**」が，広報部門と他部門との間での調整に用いられることが多い（沼上，2004）。本章冒頭の田尻さんの例でも，社内調整が重要な業務として遂行されていた。

1-2　組織における広報部門の位置づけ

　先にも述べた通り，分業の結果，広報部門がスタッフ部門の1つとして登場する。そしてこのことは，組織における広報部門の位置づけについて，2つのことを指し示している。

　1つ目は，水平分業に関することである。近年，広報部門をコーポレート・コミュニケーション部門として，コミュニケーション活動全体を1カ所で統括しようとする動きが増えてきている。そうしなければ，組織として一貫性のあるメッセージを提示し続けることが難しくなるためである。コーネルセンは，広報部門は，とくにそれがコーポレート・コミュニケーションを扱う部門であれば，研究開発・製造・販売の部門ごとに，または地域支社ごとに，ばらばらに部門をもつべきではなく，1つのまとまった部門としておかれるべきであるとしており（Cornelissen, 2020），この意見が実務界でも浸透してきているといえる。

　ただし，例外もある。それはマーケティングPRと呼ばれる，個別の商品やサービスについてのコミュニケーション活動である。これは広告などのその他

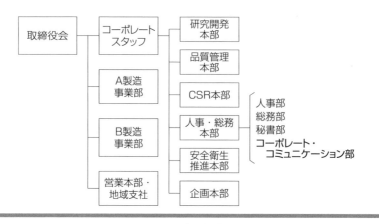

図 4-1 A 社の組織図

（出典） 経済広報センター（2013）をもとに作成。

の宣伝活動との密接な関係性が求められるため，宣伝部門の中で，あるいは各商品事業部の中で，実施されることが多い（詳細については第8章を参照）。同様の理由で，ステークホルダーごとの活動として，IR（インベスター・リレーションズ）活動が財務部門に（第9章を参照），インターナル・リレーションズ活動が人事部門におかれることもある（第10章を参照）。

　2つ目は，垂直分業についてである。近年，コミュニケーション活動全体を1カ所で統括しようとする動きと共に，その部門の責任者を取締役や執行役員レベルの人間とすることが増えてきている。コーネルセンは，パブリック・リレーションズ活動が組織の存続を左右する重要な活動であるならば，また長期的な視座で物事を考える必要のある活動であるならば，広報部門の部門長は執行役員会や取締役会のメンバーであること，ないしは CEO に直接報告できるような立場にいるべきであるとしているが（Cornelissen, 2020），この考え方も近年受け入れられ始めているようである。このような立場にいる広報部門の部門長のことを（とくに執行役員会のメンバーである場合），**CCO**（chief communication officer；**最高広報責任者**）ということがある。

　図4-1は，とある大手企業 A 社の組織図である。この会社では社内の各所に分散していたパブリック・リレーションズ機能の一元化のために，コーポレート・コミュニケーション部を立ち上げている。コーポレート・コミュニケー

ション部は人事・総務本部の下におかれており，同本部に属する他の部や CSR 本部などと共にパブリック・リレーションズ活動を遂行している。

1-3　広報部門の業務内容

　分業の結果できた広報部門においては，さまざまな業務が遂行されることになる。川北は広報部門が果たす機能として，①メディアニーズ評価，②情報伝達，③コンテンツ調整，④交渉の4つの機能を挙げている（川北，2013）。

　メディアニーズ評価とは，メディアの担当記者が現在どのようなことに興味や関心を抱いているかを把握することである。そうすることで適切な情報をメディアに提供することができるようになる。**情報伝達**とは，組織が伝えたい情報内容をメディアに伝えることである。メディアニーズ評価が情報収集であるのに対し，こちらは情報の発信に主眼がある。具体的にはニュース・リリースの配信や，記者会見の設定などの業務が行われることになる。**コンテンツ調整**とは，組織内にある「情報の種」をメディアに提供できる形に加工することである。複数の種を組み合わせることもあれば，1つの種をいかに説明するかについて，平易でわかりやすい情報にすることもある。場合によってはイベントを開催することもあるだろう。最後の**交渉**は，これらの活動を実施するにあたっての，組織内外のさまざまな人々とのやりとりを示している。

　これらの機能を果たす広報部門は，部門内でさまざまな業務グループに分かれていることが多い。ただし，組織によってその分かれ方はまちまちであり，1人でパブリック・リレーションズを担当している場合にはそもそも分かれることができない。図4-2はA社の広報部門の組織図である。A社は大阪に本社を置いているが，マスメディア向け報道対応をマスメディアの中心地である東京でも実施していることが見て取れる。

　経済広報センターは同センターならびに経団連の主要会員企業を対象としたアンケート調査を実施し，本社広報部門で対応しているパブリック・リレーションズ活動についての実態を分析している（経済広報センター，2021）。2020年度の調査結果によると，本社広報部門の業務としては報道対応（99.4%）や社内広報（92.1%）が中核を占めており，危機管理（79.2%），社外情報の収集（79.2%），CSR・SDGs・ESG広報（75.8%）と続いている。このうちCSR・

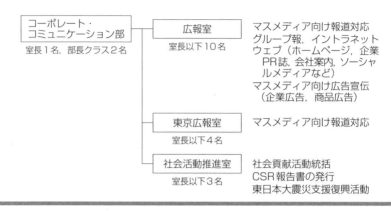

図 4-2　A 社広報部門の組織図

（出典）　経済広報センター（2013）をもとに作成。

SDGs・ESG 広報は前回調査（2017 年度）と比べて 37.3 ポイントの大幅な伸びを示しており，この業務が近年広報部門で重点的に取り組まれていることを物語っている。

1-4　広報部門と他部門との調整

　先ほど議論したように，分業の結果として誕生した広報部門は，組織総体として何らかのことを成し遂げるために，他の部門と調整しながらことにあたる必要がある。調整メカニズムには，事案が発生する前から実施できることと事案が発生してから実施するものとがあり，それぞれに具体的な活動がなされている。

　事前の調整手段としては，企業理念や経営戦略，コミュニケーション・ガイドライン，採用や人事異動がある。企業理念や経営戦略はパブリック・リレーションズ活動の範囲を規定する（第 5 章も参照）。コミュニケーション・ガイドラインは，パブリック・リレーションズ活動を実施するにあたっての手順をマニュアル化することを通じ，さまざまな人がパブリック・リレーションズ活動に関わっても一貫性を保ったアウトプットを産出するのに役立つ。採用や人事異動を通じて，広報部門外の組織メンバーであってもパブリック・リレーションズを理解したり広報的なマインドをもったりしている，という者の数を増や

すことを試みている。

　事後の調整手段としては，定期会議やプロジェクトチームの結成がある。これは沼上のいう「水平関係の設定」と同じものである（沼上，2004）。とくに，「情報の種」をもった部門との間での定期的な情報交換や，画期的な新商品が開発されたときに当該開発部門や事業部門と広報部門とが協働でチームを結成し，情報発信に努めることなどが実際になされている。ただし，これらの調整手段においては，情報の種を所持している事業部門と情報を加工し発信する広報部門という，リニアな関係が想定されている。しかし玉川は，ソーシャルメディア出現の影響により，この両者が「並び立って」コミュニケーションの対象に対峙することが肝要であると述べている（玉川，2013）。

2　広報担当者

2-1　広報部門の担当者は専門職か

　前節では広報部門で実施している業務についてその詳細を見てきたが，本節ではその部門で働く広報担当者に焦点を絞り，検討を行う。

　先にも述べた通り，広報担当者の仕事は多岐にわたっており，組織内の他部門で働く人とは異なる能力やスキルを要求されることが多い。そのため，パブリック・リレーションズ先進地域である欧米では，一般的に，広報担当者は**専門職**であると見なされている。

　専門職を形成する要素は，カトリップら（Cutlip et al., 2006）などを参考に考えると，大きく分けて次の3つにまとめられる。1つ目は**体系的な知識**である。パブリック・リレーションズの専門職は個々のスキルのみに長けているだけではだめであり，パブリック・リレーションズ活動に関する全体的かつ体系的な知識をもち，それに基づいて個々のパブリック・リレーションズ活動を展開することが求められる。2つ目は**資格制度**である。業界団体が専門職の要件を具体的に定め，それを資格試験という形で認定するという制度である。例えば米国パブリック・リレーションズ協会（Public Relations Society of America：PRSA）ではAPRという資格を，国際ビジネス・コミュニケーター協会（International

Column 4　日本におけるパブリック・リレーションズ業界団体

　米国における PRSA のように，日本においてもパブリック・リレーションズに関する業界団体が存在している。この Column ではそのうちの４つを取り上げたい。

　１つ目は，公益社団法人日本パブリックリレーションズ協会である。1964 年に結成された日本 PR 協会と 1974 年に設立された PR 業協会とが 1980 年に合併統合してできた団体であり，企業の広報担当者と PR 関連業のそれぞれに属する会員から構成されている。「PR プランナー資格認定制度」を 2007 年度より実施しているほか，各種のセミナーの開催などを通じて，会員企業の広報担当者のスキルアップと地位向上を目指している。また倫理綱領宣言を発行することを通じて，パブリック・リレーションズ業務における倫理性の向上と共に，専門職としての広報担当者の地位向上に努めている。

　２つ目は，公益社団法人日本広報協会である。こちらは行政広報担当者の全国組織であり，1963 年に発足している。セミナー・イベントの開催やコンサルティング業務を通じて，行政広報の発展に寄与している。また，1964 年からは全国広報コンクールを開催し，国内の優れた行政広報に対して表彰を行っている。

　３つ目は，日本広報学会である。1995 年に発足した日本広報学会は，その名の通り広報に関する研究を行う研究者が集まる団体であり，研究発表全国大会の開催や学会誌の発刊などを通じてパブリック・リレーションズ研究の発展を図っている。学会とはいえ大学に所属している研究者ばかりではなく，多くの広報担当者が会員に名を連ねており，「広報塾」というセミナーも頻繁に開催されている。

　４つ目は，一般財団法人経済広報センターである。オイルショック直後の 1978 年，「社会と経済界とのコミュニケーション」をキーワードに，経済界の考え方や企業活動について国内外に広く発信することと，社会の声を経済界や企業にフィードバックすることとを主たる目的として設立された。セミナーの開催をはじめとする多くの活動の中でも，「企業の広報活動に関する意識実態調査」の実施や「企業広報賞」の創設など，独自の調査，顕彰活動に定評がある。

Association of Business Communicators：IABC）では ABC と呼ばれる資格を，それぞれ認定する制度をもっている。３つ目は**倫理綱領**の存在である。専門職が専門職であると他者に認められるためには，実務スキルはもちろんのこと，その活動が倫理的に望ましいものであることが必要である。そのため，多くの業界団体は倫理綱領を制定し，それを会員が守ることを要求している。

　このうち，広報担当者にとくに求められるのは強い倫理観である。ソーシャルメディアの発展に伴い，誰もが情報の発信者になることができる時代となっ

た。「誰もが」ということは，悪意をもった者も簡単に情報発信できるようになったということでもある。また，意図せずに誤った情報（フェイクニュース）を拡散することに加担してしまうこともある。情報発信を通じて自身（あるいは自組織）にのみ有利な状況を作り出すことも容易にできてしまう（プロパガンダ，第1章や第15章も参照）。広報担当者も，これらのことに気をつける倫理観をもっておかなければ，組織のレピュテーションを毀損することにつながったり，あるいは社会の発展を阻害する要因となったりしかねない。

さて，欧米においては，これら3つの要件を満たす広報専門職とリンクする形で，広報専門職を養成するための教育が，主に総合大学のコミュニケーション・スクールやジャーナリズム・スクールにて展開されている（スクールは日本における学部と近しい関係性にある）。これらのスクールでは体系的なカリキュラムを整備しており，その卒業生は企業やNPOの広報部門，あるいはPRエージェンシーにおいて，広報担当者として働くことが多い。また，シャの研究によると，広報専門職の資格を保有していることが自身のキャリアアップに結びついていることが明らかになっており（Sha, 2011），広報担当者が資格取得を通じて専門職になるという文化が定着しているといえる。

それに対して日本では，大学におけるパブリック・リレーションズの体系的なカリキュラムは，ごく一部の例外を除き，ほとんど整備されていないといってよい。伊吹はPRエージェンシー勤務の広報担当者を対象にアンケート調査を行っているが，その多くが大学時代に体系的なパブリック・リレーションズについての授業を受講した経験がないと回答している（伊吹，2013）。また，日本においては資格制度発足から10年以上が経つが，いまだに資格取得が広報専門職の要件であるとは思わないという担当者がほとんどである。

これらのことから，日本では広報担当者が専門職としては見なされていないことがわかる。広報部門への配属も，**ジョブ・ローテーション**の一環である場合が多く，一定の時期が経てばまた他の部署に転出する担当者も多い。国枝らはこの日本特有の広報を指して「ジェネラリスト広報」と呼んでいる（Kunieda et al., 2019）。

2-2 広報担当者の分類

ドジャーとブルームは，広報担当者を大きくコミュニケーション・テクニシャンとコミュニケーション・マネージャーとに分類している（Dozier and Broom, 1995）。**コミュニケーション・テクニシャン**は，パブリック・リレーションズ活動の基礎的な部分を担当し，ニュース・クリッピング（自組織やそれと関係の深い領域の新聞記事や web 報道などを収集し整理する業務）やニュース・リリースの文案の作成，社内報作成のための取材や記者会見のための準備などを主な業務として行う。それに対し，**コミュニケーション・マネージャー**はより応用能力が求められる業務を担当する。具体的には，パブリック・リレーションズ活動の戦略策定，パブリック・リレーションズ戦略の実施にあたっての他部門の部門長との調整，記者会見や問い合わせ対応におけるスポークスマンとしての活動などが挙げられる。

これらの分類は，広報部門における上司と部下の関係，すなわち垂直分業関係を示している。また，それと同時に，広報担当者のキャリアパスを示しているともいえる。ドジャーとブルームはマネージャーとしての役割がより重要になってきていることを示しており（Dozier and Broom, 1995），このことは広報担当者が組織内でより重要な役割を担うようになってきたことを示唆している。

3　外部の専門職との協働

3-1　分業の一形態としてのアウトソーシングと PR エージェンシー

水平分業は，基本的には，組織内において主に機能別に部門がつくられることによって実現される。しかし，この考え方を拡張すると，組織外のパートナーと協働してある活動を実行する場合，それは組織の枠を越えて水平分業を行っていると見なすことができる。自組織内ですべての機能をもって活動を行うのか，必要に応じて他組織から必要な機能を「買う」ことを通じて協働してことにあたるのかということは，経済学の一分野である産業組織論において，以前から Make or Buy Decision の問題として知られている議論である（Williamson, 1975）。ある組織が活動を行ううえで必要な機能を他組織から調達するこ

とを**アウトソーシング**という。

　パブリック・リレーションズにおいてもアウトソーシングは存在する。それは，組織が外部の専門職であるPRエージェンシーと協働するという形をとって実現する。PRエージェンシーとはニュース・クリッピングやニュース・リリースの作成，またパブリック・リレーションズ戦略の立案や遂行に際してさまざまなコンサルティング・サービスを行う専門企業のことであり，数百人規模の大きな会社から1人〜数人の小さな会社まで，数多くの会社が存在している。概して，大規模なPRエージェンシーはさまざまなサービスを提供していることが多く，小規模なPRエージェンシーは，例えば危機管理広報や若年層ステークホルダー向けの戦略立案など，何らかの強みに特化してサービスを提供している会社が多い。

　日本における大規模PRエージェンシーには，電通PRコンサルティング，共同ピーアール，プラップジャパンなどがある。これらのエージェンシーは顧客（クライアント）に対してパブリック・リレーションズにまつわるさまざまなサービスを提供している。また，広告会社がPRエージェンシー部門をもっていることも多く，電通のPRソリューション局や博報堂のPR局などがそれにあたる。広告もコミュニケーション活動であり，パブリック・リレーションズ業務との親和性は高いといえる。他にも，欧米の大規模PRエージェンシーの日本支社も，東京を中心に，数多く存在している。

3-2　外部専門職との協働のメリットとデメリット

　パブリック・リレーションズ活動に限った話ではないが，何事においても「最善」というものは存在しない。すなわち，メリットとデメリットを見極めて最終的に意思決定を行うことになる。これは，パブリック・リレーションズ業務において外部の専門職と協働するかどうかを意思決定する際にもあてはまる。カトリップらは，外部の専門職と協働するにあたってのメリットとデメリットを，それぞれ挙げている（Cutlip et al., 2006）。本章の最後に，それぞれを確認する。

　外部専門職との協働のメリットとしては，①外部専門職は各種の才能とスキルをもっていること，②組織内部の政治力に妨害されにくく客観性があること，

③これまでにさまざまな経験を積んできておりいろいろな状況に対応できること，④（とくに大手の PR エージェンシーを中心として）地理的に広い範囲で活動が可能なこと，⑤組織内部の広報の実力を向上させるきっかけとできること，が挙げられる。

逆に，外部専門職との協働のデメリットとしては，①多額のコストがかかること，②組織内部で反発が起こる可能性があること（守旧派の反発や，部外者であるということそのものへの抵抗，また担当者の個人的性格との親和性などの理由による），③組織内部の広報の実力を向上させる意識が低下してしまうこと，④意思決定者と外部専門職とが直接会うことが難しく意思決定に時間がかかる可能性があること，そして⑤当該組織の課題を外部専門職が表面的にしか理解しない（あるいは，できない）可能性があること，などが挙げられる。

第
Ⅰ
部

広
報
・
P
R
の
基
本

課　題　　　　　　　　　　　　　　　　　　*exercises*

1 　自身が所属する組織（大学，企業など）の広報部門が，全体の組織の中でどこに位置づけられており，どのような業務を行っているかについて，調べてみよう。
2 　日本におけるパブリック・リレーションズの資格認定制度である「PR プランナー資格認定制度」について，どのような知識，能力，スキルが資格認定にあたって求められるのかを調べてみよう。
3 　日本においてどのようにすれば広報担当者になることができるか，複数の方策を考えてみよう。

ブックガイド　　　　　　　　　　　　　　　*book guide*

1 　経済広報センター国内広報部編『主要企業の広報組織と人材（2020 年版）──各社の取り組み事例』経済広報センター，2020 年
2 　日本パブリックリレーションズ協会編『広報の仕掛け人たち──顧客の課題・社会課題の解決に挑む PR パーソン』宣伝会議，2020 年
▶ 本章の内容は，とくにパブリック・リレーションズの実務をくわしく知らない大学生にとっては，少しピンとこないかもしれない。これらの報告書や事例集を読むことで，パブリック・リレーションズの実務に関するイメージを少しでももってほしい。

広報・PRの
戦略立案・実行・評価

▶ **村田製作所の戦略的なパブリック・リレーションズ展開**

　村田製作所は京都に本社をおく B to B 企業（企業などに向けて商品を販売する企業）である。主力商品のセラミックコンデンサは携帯電話やデジタルテレビなどあらゆる電器製品に組み込まれているが，同社はこの部品の世界シェア・ナンバーワン企業である。売上高（2022 年 3 月期）も連結ベースで 1 兆 8100 億円を超える「大企業」である。しかし同社は B to B 企業であることから，認知度，一流評価，就職意向などがけっして高くなく，企業規模でははるかに小さい B to C 企業（最終消費者に向けて商品を販売する企業）の後塵を拝することがあった。このことは優秀な人材がなかなか入社してくれないことを意味しており，そのために何らかの手を打つ必要があった。

　そこで同社の広報担当者であった大島幸男氏は，1989 年に最重要**ステークホルダー**を「将来の村田製作所を担う人材」に定め，戦略的にパブリック・リレーションズを展開していった。それまでの技術情報中心のパブリック・リレーションズ活動をやめ，「知名度浸透」「認知度形成」「親しみ向上」「一流評価形成（研究開発志向）」「一流評価形成（技術力・社会貢献）」というステップを 1 段あたり 3～5 年かけて着実に上っていくこととしたのである。就活生がよく見るテレビや新聞に絞ったアプローチを展開することで知名度や認知度の浸透を図ったほか，研究開発力や技術力に基づく一流評価の形成には社員が製作した「ムラタセイサク君®」や「ムラタセイコちゃん®」を活用しての活動を展開した。その結果，認知度，一流評価，就職意向は大幅に改善し，B to B 企業と

ムラタセイコちゃん®（左）とムラタセイサク君®（右）
（写真提供）　株式会社村田製作所。

しては国内トップクラスの地位を維持するようになった（大島，2014および同氏の講演資料より）。

　村田製作所の成功の秘訣は，**コミュニケーションの対象**の設定と，それに合わせた**メディア**の選択，そしてステップごとに明確に目標を立てて，その目標を達成するための**メッセージ**を社会に発信するという，パブリック・リレーションズの戦略的な実施にあったといえる。本章では，パブリック・リレーションズを戦略的に実施するために，どのように計画を立案し，実行し，そして結果を評価するのかという，パブリック・リレーションズの**マネジメント・プロセス**について検討を行う。

1　戦略的にパブリック・リレーションズを行うとは

1-1　戦略と戦略ではないもの

　第1章で見た通り，パブリック・リレーションズとは「組織体が社会とのよりよい関係性を構築し維持すること」である。パブリック・リレーションズを通じてみずからの存在意義を周囲のステークホルダーに認めてもらい，**レピュテーション**を獲得することが，組織がパブリック・リレーションズを行う大き

な理由である（レピュテーションとは何かについては第3章を参照）。組織の存続を左右する大きな役割を担うからこそ，パブリック・リレーションズは組織経営上重要な位置を占める活動であるといえる。

　このような重要な活動であるパブリック・リレーションズを，思いつきやその場しのぎでやっているようでは，たまたまうまくいくことはあるかもしれないが，継続的に望ましい成果，すなわち周囲からのレピュテーションを獲得することは難しいだろう。そこで求められるのが，パブリック・リレーションズを戦略的に実施することである。

　戦略とは，軍事上，勝利を目的とした戦闘資源の配分方法を決めることである。もともとは長く軍事用語として使われてきたものであるが，1960年代以降経営学の分野でも使われるようになった（大滝他，2016）。パブリック・リレーションズを戦略的に実施するとは，レピュテーションの獲得を最終的な目的として，目標の設定，手段の決定，実施，評価などのさまざまな活動を，効率的・効果的かつ計画的に行うことを意味している。

　戦略と似た用語に，**戦術**がある。戦術とは，当面の戦闘状況に対応した方策のことを意味している。この定義からわかる通り，戦術は戦略の下位概念であり，戦略と比べて短期的な方策である。パブリック・リレーションズにおいても，例えば記者会見においてどのような表現を用いれば記者に関心をもってもらえるかについての方策などのように，戦術は存在する。しかし，戦術をいくら積み重ねても，その総体が戦略になるわけではない。戦術は，あくまでも戦術であり，戦術を積み重ねればレピュテーションを獲得できるわけではない。上位概念である戦略をきちんと策定することではじめて，組織はレピュテーション獲得のためのパブリック・リレーションズ活動を効率的・効果的かつ計画的に実施できる。思いつきやその場しのぎではうまくいかないことは，いうまでもないだろう。

1-2　PDCAサイクルの活用

　では，戦略的にパブリック・リレーションズを実施するには，どうすればよいだろうか。そこで参考になるのが，経営管理論で長く使われている**マネジメント・サイクル**という考え方である（高橋，2016）。マネジメント・サイクルと

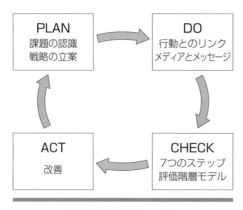

| PLAN
課題の認識
戦略の立案 | → | DO
行動とのリンク
メディアとメッセージ |
| ACT
改善 | ← | CHECK
7つのステップ
評価階層モデル |

図 5-1 PDCA サイクル

は，19世紀以降考えられてきた「目的達成のために意識的に行動する際の行動要素」を順番に並べたものを経営の現場にも当てはめようとして考え出されたものである。具体的には，計画（plan）→ 実行（do）→ 評価（check）→ 改善（act）という一連の行動を指し，評価と改善に基づいて次期の計画を策定することでより効率的・効果的に目的・目標を達成することができるようになることから，これらを円環状に配置した図として表されることが多い（図5-1）。おのおのの行動要素の頭文字をとってPDCAサイクルと呼ばれることもある。

　パブリック・リレーションズの戦略的な実施においてもこのPDCAサイクルを活用することができる。最初に行うべきは**計画**である。まず，組織にとってどのような問題点や課題が現存しているのか，組織を取り巻く環境はどのようになっているのか，これらのことを調べる必要がある。そのうえで，そのような問題に対処し，ステークホルダーからのレピュテーションを獲得するための具体的な方策，つまり戦略を立案することが求められる。第2節では，この計画のフェーズについて議論する。

　戦略の立案が終われば，次は**実行**である。ただ，実行といってもやみくもに行えばいいというものではない。どのようなタイミングで，どのようなメディアを通じて，どのようなターゲットに，どのようなメッセージを伝えればよいか，そしてその後どのようにして双方向のコミュニケーションを確立していくか，これらのことに適切に対処していくことが求められる。第3節では，この実行のフェーズについて議論する。

　実行後に待っているのは，**評価**と**改善**である。パブリック・リレーションズ活動に対してどのような評価方法をとりうるのかを適切にとらえたうえで，評価を行い，それを次期以降の戦略立案に生かす必要がある。第4節では，この

評価と改善のフェーズについて議論する。

2 パブリック・リレーションズ戦略の立案

2-1 課題の認識

　パブリック・リレーションズ活動は，PDCA サイクルに則って考えるならば，まずは計画から始まる。とはいえ，いきなり戦略を立案することはできない。戦略というものは唯一絶対のものがあってそれがアプリオリに適用されるというものではなく，その組織がそのタイミングで抱えている課題に対処するために 1 つひとつオーダーメイドでつくられねばならないものだからである。つまり，戦略を立案する前にまずすべきことは，**課題の認識**である。

　すでに十分なレピュテーションを獲得しており，今後もそのレピュテーションが揺らぐことがないのであれば，その組織にとっては，パブリック・リレーションズ活動は必要ないかもしれない。しかし，そのような組織は現実には存在しえない。盛者必衰の理の通り，ある瞬間には大成功を収めている組織であっても，時が経って取り巻く環境が変われば，同じ成功が続く保証はどこにもない。成功を継続させるためには，環境の変化に合わせてみずからも変わっていく必要がある。つまり，すべての組織にとって，何らかの課題というものは，常に存在しているのである。

　そこで，まずすべきは，課題を明確に認識することである。組織が抱えている課題には，例えば，新商品の売れ行きの鈍化，CSR 活動の認知率の低さ，寄付金募集の低調，組織運営上に大きな悪影響をもたらす法律の改正，などがあるだろう。本章冒頭の村田製作所の例では，認知度，一流評価，就職意向が低いことに起因する優秀な人材の確保の困難さが課題であった。

　そのときに重要となるのは次の 3 点である（Cutlip et al., 2006）。1 つ目は，現状の説明を現在形で短く書くことである。過去のことでもなく，未来のことでもない，現時点での課題を明確にすることに徹する，ということである。2 つ目は，現状を説明するにあたって具体的で測定可能な表現を用いて描写することである。たんに「CSR 活動の認知率が低い」と書くのではなく，「A 県にお

けるわが社の CSR 活動に対する認知率は 15% であり，目標の 50% に届いていない」と書く，ということである。このことは，この後に触れる目的・目標設定や第 4 節で検討する評価の議論と，密接に関わっている。そして 3 つ目は，解決策を示唆したり，誰かを非難したりしない，ということである。あくまで現状を説明するにとどめ，解決策は戦略の立案にてあらためて行うことにしておかないと，最初から選択肢を狭めるバイアスをかけてしまうことにつながるからである。

　課題が明確になったら，次に行うのは，状況の分析である。課題が明確になったとはいえ，それはまだ短文であるにすぎず，戦略立案のための情報が十分に揃っているとはいえない。状況分析を行うことで，戦略立案に必要な情報を網羅できるようになる。

　状況分析を行うにあたってよく用いられる方法が，**SWOT 分析**と呼ばれるものである（大滝他，2016）。SWOT 分析の SWOT とは，強み（strengths），弱み（weaknesses），機会（opportunities），脅威（threats）のそれぞれの頭文字をとったものであり，パブリック・リレーションズに限らず，さまざまな戦略立案を行う際にその前段において行われる分析である。SWOT のうち，S と W は組織内部の状況を分析することとなるため，**内部要因分析**とも呼ばれる。一方，O と T は組織を取り巻く環境についての分析であり，**外部要因分析**とも呼ばれる。S と O は内部・外部の要因のうち組織にとってポジティブなものであり，W と T は逆にネガティブなものである。

　内部要因分析においては，現在当該課題にどのように対処しているか，うまくいっている点は何か，うまくいっていない点は何か，課題解決に生かせそうな自組織の強みは何か，課題解決の障害となりそうな自組織の弱みは何か，などを挙げることが求められる。村田製作所の例では，自社の技術力の高さは強みとして挙げられていただろう。

　外部要因分析においては，経済状況の変動の現状と予測といったマクロなものから，実際に当該課題に直接関係のあるステークホルダーのニーズ把握といったミクロなものまで，さまざまな種類の情報を収集することが求められる。村田製作所の場合は，若年人口の減少により，自社が優秀な人材をとることがさらに困難になることが脅威として挙げられていただろう。外部要因分析の中

でも重要なのは，ステークホルダーの分析である（ステークホルダーとは何かについては第2章を参照）。それは，この後に立案するコミュニケーション戦略のターゲットを明確にすることと直結するからである。当該課題に直接関係のあるステークホルダーとは誰かの特定に始まり，そのステークホルダーが組織と利害を共有しているのか，それとも対立しているのか，そしてそれはなぜか，などの事柄をつぶさに挙げていくことが必要である。

　状況分析を行うにあたっては，さまざまな**社会調査手法**を駆使する必要がある。フォーマルな調査手法にはアンケート調査（郵送，オンライン）やデータベース分析，内容分析などが存在し，インフォーマルな調査手法にはインタビュー調査（個人，グループ）や「見てまわる」ことなどが挙げられる。消費者相談や投書の内容を分析することや，社内であれば会議の場で情報収集を行うこともこれに含まれる。また最近では，**ソーシャル・リスニング**と呼ばれる，ソーシャルメディア上にあるユーザーの声を拾い上げ，世の中のトレンドの把握や自組織や提供する商品・サービスについての評判などを調査する方法も出てきている。フォーマルだからよい，インフォーマルだから悪いというわけではなく，それぞれの調査手法には長所と短所があり，どのような状況分析を行いたいかによってとるべき手法は異なってくる。

2-2　戦略の立案

　課題が明確になり，その課題を取り巻く状況が分析されたら，いよいよその課題を解決するための戦略の立案にとりかかることとなる。戦略は，よく，「理想像と理想に近づくための道筋」であると称される。つまり，戦略を立案するにあたっては，理想像を明確にすることと，理想に到達するための道筋を描くことの，2つが求められることになる。

　なお，理想像を目指すにおいて，パブリック・リレーションズだけがそれを実現するうえで必要な活動であるというわけではないことは，当然のことである。例えば，生産活動や，営業活動や，人事管理活動もまた，理想像を目指すにあたって必要な活動であり，それぞれの活動にはそれぞれの戦略がある。本章では，以降，課題の明確化と状況分析の結果，パブリック・リレーションズ活動によってその課題（の少なくとも一部）が解決されるべきであるという判断

京天愛人

敬天愛人

常に公明正大　謙虚な心で　仕事にあたり
天を敬い　人を愛し　仕事を愛し
会社を愛し　国を愛する心

京セラの社是

（出典）　京セラのホームページより，許諾を得て掲載。

がなされたという前提のもとで，パブリック・リレーションズ活動に関する戦略の立案や実施について議論を進めていく。

　戦略を立案するにあたって求められる1つ目のポイントは，理想像を明確にすることである。最もわかりやすく，またパブリック・リレーションズ活動において本質的な理想像とは，明確化された課題が解決された状態である。「A県におけるわが社のCSR活動に対する認知率が50％を超えている」などが理想像の例である。理想的な姿に向かって計画を立案し，そこに至る道筋を決定し，そして着実に実行していくことが，目的達成へのプロセスであるといえる。

　しかし，「課題が解決された状態」という理想像を提示するにあたって，気をつけなければいけない点がある。それは，上位概念との整合性である。パブリック・リレーションズ活動を行うにあたっての戦略を規定する上位概念があるならば，その概念の範囲内での戦略を立案しなければ，組織として成り立たないからである（組織の定義については第4章を参照）。ではここでいう上位概念とは何か。それはその組織の**経営理念**，**社是**と呼ばれるものである。経営理念や社是は，その組織がどのような目的で結成され，どのような価値を社会に対して提供するのかを記した，いわば宣言である。例えば，写真で示した京セラ株式会社のものがある。この宣言は組織のいかなる意思決定においても判断の拠り所となるものであり，パブリック・リレーションズ活動における意思決定

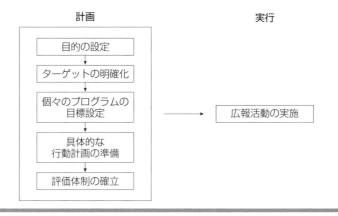

計画   実行

目的の設定

ターゲットの明確化

個々のプログラムの
目標設定   →   広報活動の実施

具体的な
行動計画の準備

評価体制の確立

図 5-2　計画策定の 5 つの要素

においてもそれは例外ではない。その課題解決が，経営理念や社是によって宣言されている組織全体の向かうべき方向と合致しているかの確認を，ここであらためて行う必要がある。当該パブリック・リレーションズ活動を行うにあたって経営トップの承認をとりつけるということも，また必要であろう。

　戦略を立案するにあたって求められるもう 1 つのポイントは，理想に到達するための道筋を描くことである。これは具体的な計画を策定することに相当する。計画策定にあたっては，図 5-2 で表される 5 つの要素について考える必要がある。

　最初の要素は，目的の設定である。パブリック・リレーションズ活動を行うことによってどのような課題を解決するのか，ということを決めることである。ここで重要なことは，最終的に目的が達成されたのかどうかをどのようにして判断するのかを，あらかじめ決めておくことである。そのためには，目的が具体的で測定可能な表現を用いて示されていることが求められる。

　次の要素は，パブリック・リレーションズ活動の対象となるターゲットを明確にすることである。個々のコミュニケーション活動があまねく人にとって有効であるということは考えにくい。社員向けのメッセージと消費者向けのメッセージはそれぞれ異なるだろうし，投資家向けコミュニケーションに利用するメディアと管轄省庁向けコミュニケーションに利用するメディアとは異なるだ

ろう。重要なことは，当該課題解決に関して，どのようなターゲットに対して
コミュニケーションを行う必要があるのかを明確にし，そのターゲットごとに
最適なパブリック・リレーションズ活動を実践することである。課題によって
は，ターゲットは複数であることもあるだろうし，「消費者」というくくりす
ら大きすぎて，地域別，年代別，性別などに消費者そのものを分けて把握する
必要があるかもしれない。

　3つ目の要素は，個々のコミュニケーション・プログラムの目標を設定する
ことである。特定のターゲット向けのコミュニケーションといっても，1回の
情報伝達で終わるわけでもなく，また一度で一気に目的が達成されるわけでも
ない。目的達成に向けていくつかのステップを設定し，そのステップごとに個
別のコミュニケーション達成目標を策定する必要がある。人は一般に「**情報獲
得**」→「**意見の変化**」→「**行動の変化**」という順に学習を行うため (Cutlip et al.,
2006)，ステップはこの順番を意識して設定される必要がある。また，目的設
定と同様，目標設定においても具体的で測定可能な表現を用いて示されている
ことが求められる。

　4つ目の要素は，具体的な行動計画の準備である。これは，ターゲット別，
目標別に細分化された個々のコミュニケーション・プログラムごとに考えられ
るべきものである。つまり，全体的なパブリック・リレーションズ戦略は，
個々のコミュニケーション・プログラム計画の積み重ね，という一面をもって
いる。具体的な行動計画には，スケジュール，予算，メッセージ内容，利用メ
ディア，タイミング，責任者の明示などが含まれる。メッセージとメディアに
ついては，第3節であらためて議論する。

　5つ目の要素は，評価体制の確立である。目的と目標が定まっており，それ
ぞれのスケジュールが定まっているのであれば，目的や目標が期日にて達成さ
れたかどうかを測定し，その結果を評価し次期以降の活動の参考にすることが
できる。そのための評価体制の確立自体は，事前に行っておくべきである。パ
ブリック・リレーションズ活動の評価については，第4節であらためて検討す
る。

　ここまでパブリック・リレーションズ戦略の立案について，課題の認識と戦
略の立案とに分けて概観してきた。しかし，とくに環境変化の著しい昨今では

ここまで述べてきたような理路整然とした順番で物事が進むとは限らない。昨今では例えばエフェクチュエーション（優れた起業家に共通する思考プロセスや行動様式）という新たな意思決定の方法論も提示されてきており，広報分野においてもこの考え方の導入が進んでいる。

3 パブリック・リレーションズ活動の実行

3-1 行動とコミュニケーションの関係

　戦略が立案できたら，次は実行である。机上で策定した計画を，実際の活動として表出させるフェーズである。戦略に規定されている事柄を，例えば記者会見を開く，ニュース・リリースを発行する，社内報を作成・配布する，ブロガー・ミーティングで質問を受け付けるなどの形で，実際に1つひとつ着実に実行していくことが求められる。

　実行にあたって最も気をつけなければならないことは，**行動とコミュニケーション**がリンクしていることである。コミュニケーションでは立派なことを言っているのに実際の行動が伴っていなければパブリック・リレーションズ活動の効果は微々たるものにとどまる。逆に行動とコミュニケーションがリンクしていれば，相乗効果がもたらされ，想定以上の成果を得ることもできるだろう。

　パブリック・リレーションズにおける世界的に有名な事例であるタイレノール事件におけるジョンソン・エンド・ジョンソンの諸活動も，行動とコミュニケーションがリンクしていた好例である（Cutlip et al., 2006）。タイレノール事件についての詳細な説明は第12章に譲るが，衛星テレビを用いた30カ所同時記者会見など，当時としては画期的なコミュニケーションを実行したことにとどまらず，市中に出まわっている3000万瓶以上もの商品の即時回収を行うなど，パブリック・リレーションズ以外の行動においても優れた取り組みを行ったため，同社へのレピュテーションは下がるどころかむしろ上がる結果となった。

図5-3　リサイクル・マーク

3-2　メディアとメッセージ

　パブリック・リレーションズ活動がどのような形をとるとしても，ターゲットとなるステークホルダーとコミュニケーションをとるにあたって考えるべき根本的な2つの要素が，メディアとメッセージである。コミュニケーションにおいて最低限必要な要素は，発信者，受信者，コミュニケーション・チャネル，コミュニケーション内容である。このうち，コミュニケーション・チャネルはメディアを指し，コミュニケーション内容はメッセージを指すこととなる。メディアについては第6章でくわしく説明するためここでは省略し，本項ではメッセージについて，そのつくり方を考えていく。

　コーネルセンは目的に応じて**メッセージのスタイル**を変えることを提案している（Cornelissen, 2020）。機能的な面を伝えることを目的としたコミュニケーションにおいては，組織から提供できる利益について理性的なメッセージ・スタイルにて伝えることが求められる。感性に訴えかけることを目的としたコミュニケーションにおいては，シンボルを活用したメッセージ・スタイルや感情的なメッセージ・スタイルが望ましい。産業界の代表者として実施するコミュニケーションにおいては，市場シェアが高い企業であれば他のどのような企業でも使えるようなメッセージ・スタイルが，トップ交代をもくろむ企業においては自身の優位点を提示するようなメッセージ・スタイルが，それぞれ好まれる。

　また，メッセージとは文章だけを指すものではなく，そのデザインや配置，同時に使われる絵や図によって，その効果が変わってくる。うまく意味を込めた**シンボル**の活用は，万の言葉よりも雄弁に語ることがある。例えば，リサイクルを表すマーク（図5-3）は，リサイクルがどのような活動であるのかをわかりやすく伝えている。

　パブリック・リレーションズ活動においては，メディア・リレーションズ活動（第6章を参照）を通じて，記者に情報を伝え，そしてそれを生活者一般に伝えるという必要がある。生活者にとって価値ある情報，すなわち，社会性の

高い情報を発信することが前提となるが，記者の注目を引き，そしてコミュニケーション対象の心をつかむメッセージには，次の6つの要素のいずれかが含まれている。それは，①効果（メッセージの内容が対象に何らかの影響を与える），②近接性（メッセージの内容が対象に深く関係している），③即時性（事象発生からほどなくしてタイミングよくメッセージが出される），④有名（メッセージの内容が誰もが知る有名な人物や事柄についてのものである），⑤目新しさ（メッセージの内容がいままで世になく革新的なことである），⑥対立（異なる2つ以上の立場の意見の相違が含まれている）の6つである（Cutlip et al., 2006）。村田製作所のキャッチコピーの1つである「恋する部品製作所」は，部品をつくっている会社であることを伝える際に，「恋する」という若者にとって重要なキーワードを織り込むことで，メイン・ターゲットへのメッセージの浸透を図っている。

4　パブリック・リレーションズ活動の評価

4-1　評価の必要性

　パブリック・リレーションズ活動は，実行すればそれでおしまい，というわけにはいかない。実行したパブリック・リレーションズが目的・目標の達成に結びついたのか，もしうまくいかなかったとしたらその原因はどこにあるのかといったことを考え，次期の計画立案に貴重な経験を生かし，パブリック・リレーションズ活動を改善していかなければならない。

　評価の必要性は，まさにこの，次期の計画立案に経験を生かす点にある。PDCAサイクルは，PDCAと1周まわればそれで終わるわけではなく，Aの次には次期のPが続いている。すなわち，組織存続のため，絶えざるレピュテーション獲得のために，マネジメント「サイクル」をまわすことが重要であり，サイクルをまわすための推進剤として評価活動が求められるのである。

　さらに，評価活動は予算獲得のためにも不可欠である。組織はタダで運営されているわけではない。そこには人件費をはじめさまざまな費用がかかり，そしてその費用以上の効果が導き出されなければ，その事業を継続する意味はなくなってしまう。これは，パブリック・リレーションズ活動とて同じである。

パブリック・リレーションズ活動を実行するにあたっては相応の予算が必要である。予算という資源を配分する以上，その資源投下に見合う成果を出さなければならず，成果が上がっているかどうかがわからないような状況では，経営者にとっては予算をかけるインセンティブがなくなってしまう。次期の予算獲得のためにも，成果を把握し，評価し，改善計画を策定して実行することが求められるのである。

4-2 評価のプロセス

評価を行うにあたっては，7つのステップを踏む必要がある。

第1のステップは，評価を行うこととその活用方法について，組織内で合意をとりつけておくことである。合意は，経営トップからも，他部門のメンバーからも，そして広報部門のメンバーからもとりつける必要がある。何のために評価を行うのかというコンセンサスがなければ，評価という行為そのものが徒労に終わる危険がある。

第2のステップは，パブリック・リレーションズ戦略の1つとして，評価を事前に組み込んでおくことである。事前に組み込んでおくことで，十分な予算確保が行え，また，評価のためのスケジュールを確保することができる。

第3のステップは，パブリック・リレーションズ戦略全体の目的や個々のコミュニケーション・プログラムの目標を，観察可能で測定可能な用語で記述することである。観察可能かつ測定可能な用語で記述されていなければ，目的や目標が達成されたのかどうかを判断することができないからである。

第4のステップは，証拠を収集する方法を決定することである。測定可能な用語で記された目的や目標を，どのようにして測定するかを決めておくということである。

第5のステップは，プログラムを記録にとり，保存することである。この記録と保存には，コミュニケーション・プログラムがいかに実施されたのかという点と，その結果，目的や目標を表す数値がどのように変化したのかという点の，双方を含んでいる。

第6のステップは，収集した情報を分析し，当該パブリック・リレーションズ活動の評価を行うことである。このステップが評価活動の中心を占める。

Column 5 効果測定

　パブリック・リレーションズの効果測定は難しい，と巷間よくいわれる。広報担当者の感想レベルにとどまらず，『広報・PRの効果は本当に測れないのか？』（Watson and Noble, 2005）と題した書籍が発売されていることからも，その難しさが一般的なものであることがわかる。

　なぜパブリック・リレーションズの効果測定は難しいのか。それには大きく分けて2つの理由が考えられる。1つ目の理由は，本来なら効果としてとらえたい「行動の変化」を調査であぶり出すことが難しく，また仮に行動の変化が観察されたとしてもそれがパブリック・リレーションズ活動のみの成果であると言い切ることができないためである。2つ目の理由は，パブリック・リレーションズ活動の成果が短期的にはなかなか出ないためである。ある広報担当者は「パブリック・リレーションズ活動の成果は活動後最低3年経たないと出てこない」と言っている。そして，一度のパブリック・リレーションズ活動ではなく複数回にわたるパブリック・リレーションズ活動の蓄積こそが成果を生むということをも，この点は意味している。

　これら2つの理由を克服するには，どうしたらよいだろうか。1つ目の理由に対しては，2つの対処法が考えられる。1つは，パブリック・リレーションズ戦略を立案する時点で，測定可能な目的や目標を決めておくことである。広告の世界にはDAGMARという考え方があるが，これは「測定可能な広告結果をもとにして広告目標を設定する」という意味の英単語の頭文字をとったものであり，コミュニケーションにおける目的や目標の測定可能性の重要性について述べているものであることがわかる。測定可能なものであれば，測定して，目的や目標と結果との間のギャップを評価すればよいのである。インターネットやモバイル・コンピューティングの世界においては，ユーザーの閲覧履歴や購入履歴を入手することが他のメディアを通じたコミュニケーションよりもはるかに容易である。そこで，とくにソーシャルメディアでのコミュニケーションのやりとりからさまざまな情報を収集するソーシャル・リスニングが，近年注目を集めている。これがもう1つの対処法である。

　2つ目の理由に対しても，2つの対処法が考えられる。1つは，短期的な目的・目標と長期的な目的・目標をそれぞれ立てることである。そうすることによって，長期的な戦略に基づいて個々のコミュニケーション活動を実行できるようになる。もう1つは，長期的な目的・目標の策定とも関連するが，経営者がパブリック・リレーションズ活動にしっかりとコミットすることである。予算策定は，多くの組織で，年単位で行われる。しかしこれでは，長期的な目的・目標のためのコミュニケーション活動を展開しにくい。そこで，経営者が「これは長期的に取り組む活動である」とコミットすることが，予算確保のうえでもパブリック・リレーションズ活動の実行のうえでも，重要となってくるのである。

「結果のよしあし」とその理由，および低評価の際にはその原因究明について，目的や目標と収集した情報とを照らし合わせる形で評価を行う。

　最後のステップは，次期の計画策定に向けた教訓を導き出すことである。評価報告書のような文書の形で教訓を導き出すことで，次期において貴重な経験を生かすことができるようになる。

　この7つのステップで注目すべきは，第4のステップまでがパブリック・リレーションズ活動の実践前に行われるべきステップである，という点である。とってつけた評価ではなく，当初より評価されることを前提にしてパブリック・リレーションズ活動は行われなければならない。そうでなければ，パブリック・リレーションズを戦略的に実行したとはいえない。

4-3　評価レベルの階層モデル

　前述の評価プロセスの6番目で，実際の評価活動を行うことになるのだが，評価をする際にどのような点に注意をして評価をすればよいのだろうか。カトリップらは評価のレベルには大きく分けて3つ，細かく分けると13のレベルがあるとしている（Cutlip et al., 2006）。

　図5-4を見ればわかる通り，評価レベルには大きく分けて，準備段階の評価，実施段階の評価，効果段階の評価がある。準備段階の評価とはPDCAサイクルのPに問題がなかったかどうかを評価するものであり，背景情報の妥当性，コンテンツの適切さ，プレゼンテーションの品質から構成される。実施段階の評価は，同様に，PDCAサイクルのDの評価に該当し，配信メッセージ数，掲載メッセージ数，受信者数，注目者数の各項目から構成される。

　効果段階の評価，これが目的・目標の達成ができているかどうかの評価となるわけだが，これは「情報獲得」→「意見の変化」→「行動の変化」という学習プロセスに沿って，計6項目が設定されている。このとき，目標が「希望通りに行動する人数」で表されているにもかかわらず，「メッセージのコンテンツを学ぶ人数」や「掲載したメッセージおよび履行した活動の数」で評価する，ということがないように気をつける必要がある。いくら掲載記事を集めても，態度変容者数はわからないのである。目的・目標に応じた評価指標をあらかじめ評価の第4のステップで決めておくことが，ここでは求められる。効果の評

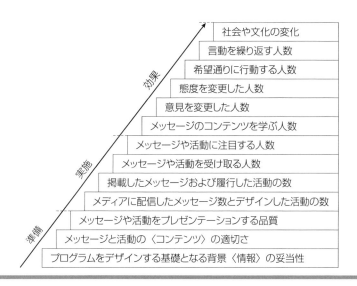

図 5-4　評価のレベル

（出典）　Cutlip et al.（2006），翻訳書より。

価を実施するにあたっては，第2節で述べた調査方法を，ここでも駆使することになる。村田製作所の事例では，日経企業イメージ調査の順位を同業者の中でトップクラスとするということを目標とし，効果評価も同イメージ調査の数値で測っている。

　なお，一般に，効果評価の階層が上位に行けば行くほど，その人数は少なくなることが予想される。

4-4　改　　善

　本節の最初で述べた通り，評価は次期の改善のために用いられる。期待通りの効果が出なかった場合，どこに問題があったのかを分析し，どうすれば同じ轍を踏まずに済むかを考える必要がある。

　期待通りの効果が評価で検出できない場合，そこにはチェック・ポイントが存在する。チェックしたうえでうまくいっていないポイントがあれば，そこは改善すべきであるということを示している。カトリップらは3つのチェック・ポイントを挙げている（Cutlip et al., 2006）。

Column 6　広告換算価値（AVEs）とバルセロナ宣言

　広報活動の成果を測定するための指標として，広報実務において，広告換算価値（advertising value equivalences: AVEs）が用いられることが多い。AVEs とは，例えば，広報活動の結果として新聞記事が掲載されたとして，その記事の価値を「同じ大きさのスペースに広告として出すと仮定して，その広告枠を購入するために必要な金額」とする，という考え方である。

　AVEs が実務で広く使われている理由として，広報活動の価値を金額として表すことができる，という点が挙げられる。広報活動はそもそもその効果（とくに「行動の変化」）を測定することが難しく，仮に何かしらの成果を把握できたとしても，それが広報活動によるものであるかどうかを確定させることが難しい（Column 5 を参照）。そうなると，広報部門の活動の意義を組織内でアピールすることができず，また，部門の活動を改善することも困難になる。AVEs は金額での表現を可能とするので，これらの難点を克服するために使われるのである。

　しかし，少し考えてみるとわかることだが，AVEs を広報活動の価値として考えるのには無理がある。広報活動の目的はレピュテーションの獲得であり，その手前にあるステークホルダーの「行動の変化」を目標として設定することになる。AVEs ではこれらの目的や目標が達成できたかどうか，すなわち当該広報活動に価値があるかどうかを判断することができない。AVEs は，せいぜい，実施評価における「掲載したメッセージの数」を金額で表現するための方法にすぎないのである。また，広報露出の「量」を把握しているのであって，広報露出の「質」について AVEs で把握することはできない。AVEs のみで広報露出を判断しようとすると，質が低くても（ときには組織にネガティブな評価を与えかねない内容であっても）広いスペースで掲載されていればそれでいいという考え方になってしまう。

　コミュニケーションの調査と評価に関する国際機関である AMEC と米国の広報に関する研究機関である IPR が 2010 年に「効果測定の原則に関するバルセロナ宣言」として 7 つの原則を発表している。そのうちの 1 つは「AVEs は広報活動の価値ではない」である。広報活動の価値はあくまで獲得したレピュテーションや実現した「行動の変化」で測られるべきものであり，国際的な賞の審査もこの原則に基づいて行われている。なお，バルセロナ宣言はその後 2015 年，2020 年と改訂されたが，この原則は（広報がコミュニケーションという語に置き換わってはいるが）不変である。

　AVEs は広報露出の評価という意味では一定の存在意義はあるが，広報活動の価値を表すものではないこと，広報露出の「質」を担保するものではないことを，しっかりと認識して正しく使うことが必要である。使いやすい評価指標だけですべてを判断するのでは，本末転倒になってしまうといえよう。

1つ目のチェック・ポイントは，戦略策定にあたっての背景情報や策定論理に間違いがなかったかどうかである。自分なりの思い込みで突っ走ると，往々にしてこのチェック・ポイントでひっかかることになる。

　2つ目のチェック・ポイントは，準備段階や実施段階における失敗である。これはコミュニケーション・プログラムが戦略通りに実施されなかったことを意味している。

　3つ目のチェック・ポイントは，目的・目標が達成されたかどうかを測定するための方法と，実際に評価で用いられた評価方法に齟齬がなかったかどうかである。ここに齟齬があっては，いくらすばらしいプログラムを実施することができても，正しい評価はなされない。

　これら3つのポイントに該当する問題点があれば，次期の計画立案に向けて，それぞれ改善活動を行うこととなる。1つ目のポイントであれば情報収集方法の再検討，2つ目であれば実施体制の再検討，3つ目であれば評価方法の再検討が，改善課題として浮かび上がる。この改善を経て，次期の計画をよりよいものにすることが求められる。

課　題　　*exercises*

1　あなたの所属する組織（大学，企業など）におけるパブリック・リレーションズ活動を1つ取り上げ，それがどのような戦略のもとで実施されたものかについて分析を行ってみよう。

2　あなたの所属する組織（大学，企業など）のおかれている状況について，SWOT 分析を行ってみよう。

ブックガイド　　*book guide*

1　山見博康『広報・PR 実務ハンドブック』日本能率協会マネジメントセンター，2008年

▶ パブリック・リレーションズの実務家として数々の経験を積んだ著者が執筆した実務のためのハンドブック。具体的なパブリック・リレーションズ活動の手法が詳細に解説されており，分厚い本ではあるが必要な箇所のみを読むという使い方もできる。

2　T. ワトソン，P. ノーブル『広報・PR の効果は本当に測れないのか？——PR 先進国の実践モデルに学ぶ広報の効果測定』林正・石塚嘉一・佐桑徹訳，ダイヤモンド社，2007年

▶ パブリック・リレーションズ先進地域である欧米における効果測定についての議論と
モデルをまとめた書籍。パブリック・リレーションズ効果とは何かを基本に戻って考
える機会を与え，またそれをどう測定するのかについてのアドバイスを与えてくれる。

③ 日本パブリックリレーションズ協会編『広報の仕掛け人たち──顧客の課題・社会課
題の解決に挑む PR パーソン』宣伝会議，2020 年

▶ 日本パブリックリレーションズ協会がまとめた，パブリック・リレーションズについ
ての成功事例集。成功したパブリック・リレーションズ事例がどのような戦略に基づ
いて実施されたものなのかを理解するのに適している。

ステークホルダーと
広報・PR

第6章

メディアと
メディア・リレーションズ

▶ くまもとサプライズ特命全権大使，くまモン

　九州新幹線全線開業を半年後に控えた 2010 年 10 月 1 日，熊本県 PR キャラクター「くまモン」は蒲島郁夫熊本県知事から「くまもとサプライズ特命全権大使」を命じられた。その辞令交付式には多くのマスコミが待ちかまえていた。そこでは，くまモンと名刺交換をする記者たちの姿があった。名刺は 32 種類あるため，複数の名刺を報道資料として希望する記者もいた。

　くまモンは，その 1 カ月前から肩書もないまま神出鬼没を続けていたのだが，ここにきてようやく，熊本県から正式な肩書とミッションを与えられた。ミッションは「出張先の大阪で 1 万枚の名刺を渡して，熊本の魅力を発信すること」であった。2011 年の春に九州新幹線が全線開業し，新大阪から乗り換えなしで熊本まで行くことができるようになる。そのチャンスに熊本県を売り出そうという狙いで行われたのが「くまもとサプライズ」キャンペーンであり，くまモンはその中で生まれた。熊本県はこの後，「くまモンを探せ大作戦！」など数々の仕掛けを行い，メディアに情報を伝えるパブリシティ活動，広告，Twitter と，さまざまな手法を通じて情報を発信していった。何かを仕掛けるときには常に報道されることを意識した。そのためそうした活動への 2010 年度の予算は 8000 万円だったが，報道された結果の広告換算費は 7 カ月で 6 億 4000 万円となった（熊本県庁チームくまモン，2013）。

　メディアの報道をうまく引き出すために，彼らはメディア・リレーションズ活動を計画的に実行してきたのであった。このような活動は，その後，多くの

くまモンの辞令交付式・記者会見

（写真提供）　熊本県。©2010 熊本県くまモン。

自治体のキャラクターを使った広報活動にも広がっていった。

　本章では，メディア・リレーションズの実際の活動とその影響過程を見ていこう。

1　企業や組織にとってのメディア

1-1　メディア・リレーションズ

　冒頭の「くまモン」の事例は，熊本県が行った PR 活動である。キャラクターを使ってさまざまな出来事を仕掛け，それらがさまざまなメディアに取り上げられることを狙い情報提供していく。その先には，受け手から熊本県の認知や好意を引き出したいという狙いがあるのだ。

　マスメディアは，「ニュースとして報道する価値がある」と判断した出来事を報道するのだが，彼らはみずからの足で情報をとりに行くだけでなく，企業や政府などさまざまな組織から提供される情報を利用している。そして，その情報提供はみずからの組織に有利な報道を引き出そうとする意図をもってなされることになる。このように企業や自治体などの組織が，自組織に対する良好なレピュテーションを獲得するために，メディアに対して情報を提供し良好な

関係を保つことを，**メディア・リレーションズ**と呼ぶ。これは，広報担当者にとって重要な仕事の1つである。なぜならば，メディアは他のステークホルダーとのコミュニケーションの間に位置する存在であるため（第2章を参照），その先のオーディエンス，つまり多くのステークホルダーへの影響力が大きいからである。また，ニュースや番組，記事といったものは，当事者から直接伝達される情報よりも，第三者からの情報であるため**中立性**が高い。そのため，当事者の都合のよい情報ばかりを伝えないと考えられ，**信頼性**が高いとされている（第8章を参照）。

　日本ではパブリック・リレーションズの実践の主な活動は，メディア・リレーションズが占めるといわれている。米国の場合，コミュニティ・リレーションズやインベスター・リレーションズ（第9章を参照）ではとくに，パブリック・ミーティングやフォーラムといった他のタイプの活動の重要性が増しており，メディアも重要だが他も重要であるといわれている（Gibson, 1998）。

　本章では，主にマスメディアの報道対応に関わることを扱う。最初にまず，広報担当者から見たメディアについて話をしよう。次にそのメディアに対して，広報担当者がどのような活動を行っているのかを見ていこう。最後に，どのようなメディア・リレーションズ活動が組織にとって有効なのかを考えるために，メディア・リレーションズの理論を使って考えてみよう。

1–2　メディアとは何か

　では，メディアとは何だろうか。メディアはさまざまな研究領域で扱われる言葉であるが，ここでは広報の視点から考えていこう。メディアとは送り手と受け手を媒介する存在である。広報担当者から見ると，送り手であるみずからの組織と受け手であるそのステークホルダーとを媒介する存在である。

　メディアにはいくつかのタイプがある。代表的なものは，「テレビ」「ラジオ」「新聞」「雑誌」の4媒体で，多くのオーディエンスをもつマスメディアである。それぞれ，どのような収入形態をとるのか，どのようなオーディエンスを有しているのかはまちまちである（くわしくは次節を参照）。

　また，近年ではインターネット上に多様なメディアが登場している。新聞社などが編集しているニュースサイト，個人が発信者となっているSNSやブロ

グなどのソーシャルメディア，多くの一般人が情報を蓄積していく動画投稿サイトや掲示板など，さまざまなメディアが現れている。

　広報部門の中には，従来のメディア（マスメディア他）担当とソーシャルメディア担当とを分けて対応している場合もある。それぞれ異なった性質をもっているため，その対応のあり方も異なっているからであろう。

2　マスメディアの特徴

　本節では，主要なマスメディアの特徴をメディア・リレーションズの対象という視点でとらえていこう。インターネットについては，第 7 章で扱う。

2-1　テ レ ビ

　テレビ媒体は，メディアの中で最も接触時間が長く行為者率（1 日の中でその行為を 10 分以上した人が全体に占める割合）も高い（表6-1）。地上波や BS ケーブルテレビなどがある。地上波の場合，放送事業者ごとに放送エリアが決められているため，自社エリア内のみの放送をすることになる。また，他の地域の放送事業者と番組を交換し，配信させることで他エリアへの放送も可能となるのである。中でも，キー局と呼ばれる民放 5 社（フジテレビジョン，日本テレビ放送網，TBS テレビ，テレビ朝日，テレビ東京）は，全国の地方テレビ局をそれぞれネットワークとしてもち，そこへ番組を配信することで全国放送を実現している。一方，地方テレビ局も独自のニュースや情報番組を制作し，そのエリア内での放送を行っている。

　メディア・リレーションズの対象としてテレビ局を考えると，関係部署は主に報道部門と制作部門となる。報道部門はニュース番組を制作しており，制作部門は情報番組やバラエティ，ドラマなどを制作している。ニュースを担当する記者は記者クラブに属しており新聞記者と似た動きをとる（後述）。一方，制作部門では社内の担当者だけでなく，社外のリサーチャーや外部ディレクター，放送作家，出演者など多くの外部のメンバーが共同で番組を制作する。

　民間放送は，その収入のほとんどを広告で得ているものの，広告収入が減少

表 6-1　日本人の情報行動

		全体平均時間（分）		行為者率（％）		行為者平均時間（分）	
		2015 年	2020 年	2015 年	2020 年	2015 年	2020 年
テレビ	テレビ放送を見る	172.8	174.0	84.9	82.4	203.4	211.1
	録画したテレビ番組を見る	21.8	25.0	21.3	22.4	102.4	111.9
ラジオ	ラジオを聴く*¹	23.2	16.6	13.5	10.4	171.5	159.7
印刷物	新聞を読む	15.1	11.3	39.4	31.2	38.3	36.1
	雑誌を読む	1.9	1.1	4.1	2.3	45.8	50.5
スマホ・携帯電話*²	ブログ・web サイトを見る・書く	8.3	14.8	14.6	25.2	68.3	58.7
	ネット動画を見る	4.1	15.0	6.8	15.0	61.0	100.3

（注）　調査対象者の 2 日間の情報行動。＊1 はネット以外のラジオ。＊2 はパソコンやタブレット端末経由は含まない。
（出典）　橋元（2021）より抜粋。

している近年，コンテンツの二次利用による収入，イベントなどの事業収入などにも力を入れてきている。

　通常，ニュースや情報番組にお金を支払い番組内で取り上げてもらうことはできないが，番組形式で広告出稿ができる場合がある。このように，費用を支払い番組や記事内で情報を発信することをペイド・パブリシティと呼ぶ。また，ドラマなどの番組内に露出させるために製品を提供することもあり，これは製品の協賛もしくはプロダクト・プレイスメントと呼ばれる。ローカル放送の情報番組などは，旬の情報，魅力的な映像が見込めるものを積極的に探しているため，企業や自治体などの広報部門は自社製品や特産品を番組に合わせた切り口で提示することで，露出機会を増やすことも難しくない。

2-2　ラ ジ オ

　ラジオ媒体も，AM ラジオ，FM ラジオ，コミュニティ FM などが多く存在している。テレビと同様に民放ラジオは広告収入で成り立っており，その広告費はバブル期以降ほぼ減少し続けている。しかし，仕事中や運転中に「ながら聴取」される点が特徴であり，行為者の平均利用時間は長い（表6-1）。聴取

者は特定の番組を選んで聴くというより，特定の局を流し続けるという聴取行動をとることが多い。そのため，局に対する愛着が高い。

テレビと同様に，ニュースと情報番組は異なった体制で制作されている。制作のコストがテレビほど多くは必要でなく，少ない人数で制作されているため，番組コンテンツの決定も現場のディレクターやパーソナリティの裁量に任される傾向にある。広報部門から番組担当ディレクターやパーソナリティへの情報提供は，報道を引き出すために有効だろう。

2-3 新　　聞

日本の新聞は，他の国に類を見ない宅配率の高さを維持しており，インターネットが普及した現在においても，主要なメディアといってもよいだろう。さまざまなステークホルダーに対して影響力があり，その記事はニュースサイトへ転載され，インターネットへも波及していく。

新聞の発行部数は1997年をピークに年々減少傾向にあり，2021年は3303万部であった。2008年から1世帯あたりの部数が1を切るようになり（日本新聞協会「新聞の発行部数と世帯数の推移」），新聞を定期購読していない世帯が増加してきている。都市部では全国紙（『読売新聞』『朝日新聞』『毎日新聞』『日本経済新聞』『産経新聞』）がシェアの上位を占めるものの，地方では地域に根づいた新聞がトップシェアを占めていることが多い。複数の県で高いシェアを占めるブロック紙（『中日新聞』や『西日本新聞』など）や1つの県で高いシェアを占める県紙（『徳島新聞』『福井新聞』『信濃毎日新聞』など）がそれにあたる。

新聞社の総収入に対する構成比率は，販売収入が57.8％，広告収入が16.6％，事業などのその他の収入が22.6％である（日本新聞協会「新聞事業の経営動向」2020年度集計）。日本全体の新聞広告費は，2005年時点で1兆円を超えていたが2020年には3688億円へと大きく減少している（日本新聞協会「新聞広告費，新聞広告量の推移」）。

新聞には一般紙以外にさまざまな業界紙があり，それらはある特定業界のステークホルダーへの**リーチ**を高めるためには大変有効な媒体である。リーチとは，特定の媒体や広告メッセージのオーディエンスへの到達率のことを指す。

記者の情報源は，記者クラブや通信社からの配信，そして個人的なつながり

をもった取材先である官公庁や政治家，企業，自治体などである。主要な新聞の記者は記者クラブに所属しており，そこで情報を一括して収集する仕組みとなっている。企業の広報担当者にとってメディア・リレーションズの相手は経済部，もしくは自社製品に関連がある科学，文化，厚生などの部署であることが多い。自治体であれば役所内に記者クラブがあり，そこに所属する記者がその対象となる。担当の記者にとって，広報担当者は有用な情報源であるため，彼らとは比較的友好的に関係をもつことができる。一方，企業や自治体の不祥事の場合などは，別の部署が担当することも多く，彼らの追及は厳しい。

2-4 雑　誌

　雑誌には多種多様なものがあるが，特定のテーマを扱う雑誌は，同じ志向をもつグループへのリーチを高めるために有効な媒体である。雑誌の販売額は1997年に，タイトル数は2006年にピークを迎え，その後減少し，2020年にはピーク時の3分の1の5576億円へと減少してきている（全国出版協会・出版科学研究所「出版指標年報」より）。雑誌の記事は，社内の編集者が制作していることもあるが，外部の編集プロダクションへ外注し制作していることも多い。

　雑誌のビジネスは，販売収入と広告収入の両方により成り立っているものがほとんどであるが，近年では無料で配布されているフリーペーパーも多い。フリーペーパーは収入のほとんどが広告により構成されることになる。一方で，ペイド・パブリシティもしくは記事広告と呼ばれる，一見広告とはわかりにくいタイプの広告出稿もさかんである。

2-5 web媒体

　現在，インターネット上には，さまざまな専門家が編集するメディアが登場してきている。1つ目が既存のマスメディアが運営するものである。新聞社や雑誌社は紙媒体を発行するだけでなく，そのニュースや記事をインターネット上でも発信しており，デジタル購読の定額課金だけでなく，紙媒体とのセット課金，記事ごとの課金などさまざまな方法で収入を得ている。テレビ局では，動画配信へのさまざまな取り組みが見られる。自社コンテンツ専門の配信サービスだけでなく，テレビ局横断的な配信の仕組み，ネット専業の動画配信サー

ビスの開始，買収，提携などである。ラジオもインターネットで聴取できるようになったり，ラジオ局がポッドキャスト番組を配信するなど，オーディオメディアも多様になってきている。

2つ目が，インターネット専業のニュース媒体やwebマガジンである。ビジネス系のBusiness Insider, SmartNews，ガジェットを扱うGIZMODOなどが挙げられる。企業がもつオウンド・メディア（第7章を参照）も，専門性の高いwebマガジンの様相を示している。このようなさまざまなサイトに情報の蓄積がなされ，ソーシャルメディアと連携しながら読者を惹きつけている。

3つ目が，有力な個人あるいはグループが運営するサイトである。独立したホームページをもたない場合でも，フォロワー（登録者）が1000万人を超えるTwitterアカウントやYouTubeチャンネルが多数存在しており，マスメディアよりも多くの人々に情報が行き渡る可能性がある。また，特定の分野に強いインスタグラマーやユーチューバーの場合，自社が情報を届けたい層に多くのオーディエンスをもっている可能性があり，非常に影響力のあるメディアといえるだろう。

2–6 記者クラブと通信社，ワイヤーサービス

メディア・リレーションズを行う日本の広報担当者にとって避けられない組織が，**記者クラブ**だろう。主要な記者クラブへは，大手メディア（主に新聞社とテレビ局）から多くの記者が派遣され常駐している。記者クラブとは，「情報や取材源に専有的立場でアクセスできる記者たちによって作られたクローズドショップ（閉鎖的な組織）」（Freeman, 2000）である。国会や省庁，警視庁や県警，業界団体，各地方自治体など公的な機関が，記者クラブ組織に場所を提供している。幹事社がもちまわりで記者会見（次節を参照）を担当し，報道協定もある。記者クラブへの加盟は大手報道機関の独占となっており，地方紙や雑誌社，外国の報道機関の加盟は限られている。そのため日本独自のカルテル（Freeman, 2000；Hall, 1998）と批判されている。少しずつ開放の動きも見られるが，いまだに排他的な側面は維持されている。

日本の記者は，数年で担当する所属クラブが変わることも多く，また，クラブつきの後は管理職になることもある。これは，情報提供する広報担当者が記

者たちとの長期的な関係を育成することが難しいことを意味する（Inoue, 2011）。米国の場合，ジャーナリストは一生同じテーマを扱う専門職であり，同時に，ジャーナリストに対峙する広報担当者も専門職である。日本と比較すると，双方ともより専門性が求められることになる。一方で，日本の場合，皮肉なことに記者クラブがあるがゆえに非常に効率的に情報が流れていく。たとえ新人記者であっても，記者クラブにさえ行けばある程度の情報を得ることができ，同様に新人の広報担当者であっても比較的容易に記者たちに情報提供することができる。

　記者が容易にニュース素材を入手する方法は他にもある。**通信社**から記事や写真を仕入れることである。通信社とは，海外など他地域の記事を仕入れることや，所属の記者が記事を収集することでニュース素材を集積し，契約した報道機関向けに記事や写真を配信する企業である。報道機関が記事を仕入れる先であるため，ニュースの卸問屋と呼ばれる。基本的に，みずから新聞などを発行しないが，サイネージ（電光掲示板）への配信や web 上のニュースサイトでの報道などは行っている。

　また，近年では，ワイヤーサービスもいくつか登場している。これは，企業や団体のニュース・リリースを，プレスに送ると同時に web サイトに公開するサービスである。

　営利企業である報道機関は，無数にある取材源を取材するために無制限に記者を雇うわけにはいかない。ましてや地方紙にとっては他地域のニュースを取材することは非常に非効率的であるし，全国紙やテレビのキー局など大手であっても海外のニュース素材をみずから取材することはそれほど頻繁には行えない。そこで，通信社と契約することによってニュースを仕入れることになる。共同通信と時事通信の2社が日本の主要な通信社であり，世界のニュースはロイターなど海外の通信社から配信される。他にも，地方紙同士がネットワークを組み，情報交換する仕組みもある。

3　メディア・リレーションズの実際

3–1　パブリシティ

　メディア・リレーションズの活動にはさまざまなものがあるが，その中心となるものが**パブリシティ**である。パブリシティとは外部から発信されメディアに取り上げられるようなニュース・バリュー（第4節を参照）をもつ情報（Cutlip et al., 2006）である。実際にはパブリシティという言葉の使われ方は多様であり，報道そのものを指すこともあれば，プレス（報道機関）への情報提供活動を指すこともある。また，マーケティングの分野では広告料が発生しないコミュニケーションとして定義されている。

　パブリシティ提供には多様なものがある。**ニュース・リリース**（または**プレス・リリース**）は，企業や自治体などの組織が，主に報道関係者に向けて情報を提供するための公式な報道発表である。現在でも，ファックスを使って各メディアに送られることが多い。また，ワイヤーサービスを使って配信することもある。

　記者クラブを通じて発表される場合，記者クラブに設置されたメディア各社のボックスに資料が配布される。大きな報道が期待される発表の場合は，組織の上層部が出席する**記者会見**が行われる。レクチャーつきといわれる広報担当者による口頭の説明がついた資料配布などもある。記者クラブを通した記者会見の場合，幹事社に連絡のうえ行うことになる。そこでは黒板協定など多くのルールがある。黒板協定とは，申し合わせた報道発表時間以前には記事を書かないという紳士協定である。幹事社が記者室の黒板に会見内容や発表時間を書き込んだ時点で効力を発揮するものである。

　一方で記者クラブを通さない**自社発表**も多くなされている。自社発表の場合は，記者クラブに加盟しない記者やリード・ユーザーなど参加者を自由に設定することができるが，記者の招待や場所の手配などすべて自社で行うことになる。他にも懇談会，工場見学，プレスツアー，プレスセミナーなど，さまざまな形での情報提供が行われている。

> ## Column 7　花の自動販売機のニュース・リリース
>
> 　花の自動販売機の設置が決まったフラワーショップの日比谷花壇は，ニュース・リリースでメディアに訴求した。そこには，1枚のスペースに必要事項が簡潔に掲載されている。早朝や閉店後でも手軽に買えること，花みくじつきの「フォーチュンフラワー」というネーミング，メディアが取材しやすい新宿駅という立地などである。また，コロナ禍という世の中の関心事に応えるポイントも提供している。時短店舗の代替であり，短時間・非接触での買い物が可能である。自宅での時間を大切にするため，外出自粛など制限を強いられる中，頑張った自分へのご褒美消費といった点も，コロナ禍らしい訴求であろう。
>
> 　設置3日前というギリギリでのリリースであったが，webメディアでの掲載やそのSNSアカウントでの投稿などで話題となり，いくつかのテレビ番組の取材が入った。YouTubeでPR動画を公開し，さらに写真などの素材をダウンロードできるようにしていたため，写真を必要としたときにも素早く利用が可能であり，メディア側も取り上げやすかったのである。結果，設置後1週間は，花の補充が間に合わない時間もあるほど好調であった（井上，2022）。

　メディア・リレーションズの現場では，提供した情報を報道につなげるためのさまざまな工夫がなされている。1つは記者や編集者の情報収集の手助けとなる**プレスキット**を準備することである。リリースだけでなく，利用可能な写真や映像，ロゴなどのビジュアル素材，ストーリー性をもった特集記事，裏づけとなる専門家による調査データなど，記事を書く際に必要となりそうな素材をまとめてパッケージ化し提供する。もう1つは，ニュース・バリューをつくり出すためのイベントや演出を行うことである。竣工式，テープカット，何万人目の来場者へのプレゼントなど，メディアが報道する価値をもちそうな演出やイベントを行う。

3-2　メディアの把握

　自社がメディアでどのように取り上げられているのかについて，さまざまな評価方法がある。報道により自社がどの程度露出したのか，それがネガティブなのかポジティブなのか中立的なのかといった報道分析，どの雑誌やどの新聞がどのようなテーマで取り上げたのかなどである。これらをもとに，どのメ

ィアにどのような情報を提供していくのかといった戦略を練ることも可能である。

　米国の場合は，その様相はかなり異なる。日本のような記者クラブが存在しないため，広報担当者は記者集団に一度にアクセスすることが難しい。そのため，どのようなジャーナリストがどのような産業をカバーし，どのようなテーマに対して興味をもち，どのような態度で執筆するのかなどを調べる必要がある（Inoue, 2011）。そして彼らと接触し，関係を築き維持することが，メディア・リレーションズ活動の主要な活動となる。そのため，広報担当者には，専門家としての経験やスキルが日本よりも要求されるといわれている。

3-3　メディア・リレーションズの原則

　良好なメディア・リレーションズのためのガイドラインとして，カトリップらは次の5つを示している（Cutlip et al., 2006）。

① フェアな取引をする：正直であること，言えないことは言わないこと，特定の報道機関をひいきにしないことが重要である。例えば，ある記者がスクープとなりそうなヒントをつかみ，関連する情報を要求してきた場合，その記者がつかんだ情報はその記者のものである。他の記者が同様にヒントをつかみ情報を要求してこない限り，提供してはならない。

② サービスを提供する：ジャーナリストが要求するときにタイムリーに情報提供する。そのため締め切り時間を知ることは必要である。

③ 懇願したり文句を言ったりしない：ジャーナリストはニュース・バリューとは何かの自分の評価に基づき記事を書く。それに対して圧力をかけてはいけない。

④ ボツにすることを求めない：これはジャーナリストにとって侮辱である。

⑤ 情報を氾濫させない：パブリシティ資料の洪水がニュース・ルームに起きている。各メディアの適切な1人にのみ送るようにすべきである。

他にも実践的なガイドラインは多く出版されているので参考にされたい。

4-1　メディア・リレーションズの影響過程

　広報部門から見ると，広報活動をいかに行えば，みずからの組織にとって有利な報道につながり，それが多くのステークホルダーである受け手に受け入れられるのかが問題となる。

　このメディア・リレーションズの流れを理解するために，企業や自治体など組織の広報部門の役割を，ニュース素材の流通という点から見てみよう（図6-1）。この図は一般的な商品の流通をイメージして作られている。企業内での出来事はニュースの原材料である。それが，広報部門に集められ，リリースなどのパブリシティへと加工され，各メディアにわたり，そこで記事や映像という商品になり，消費者に受け取られる。この図を見るとわかるように，広報部門の仕事は収集の役割が大きいのである。一般的に，広報担当者の仕事はメディアに情報を発信することが中心だと考えられがちであるが，実は自社内や業界内の情報を収集して備えておくことが，メディア側から見ると重要であることが示されている（川北，2015）。また，取材する記者や編集者への調査によって次のことが明らかになっている。放送媒体と印刷媒体とでは，どのようなニュース・バリューを重視するかが異なる。例えば，放送媒体は印刷媒体に比べて「意外性」や「鮮度の高さ」といったニュース・バリューを高く評価する。また，新聞記者などジャーナリストは，雑誌の編集者やテレビ制作者と比べると，「広報担当者の広報努力」などには反応しにくいことが明らかになっている（川北・薗部，2016）。

4-2　ジャーナリストとどのような関係をつくり出すか

　まず，広報主体のメディア・リレーションズ活動がメディアにいかに影響するかを，上述した関係の質と情報の質に関わる点から検討してみよう。

　その関係を語るにはパブリック・リレーションズの歴史を知る必要があるだろう。19世紀の末，パブリック・リレーションズの黎明期の米国では，プレ

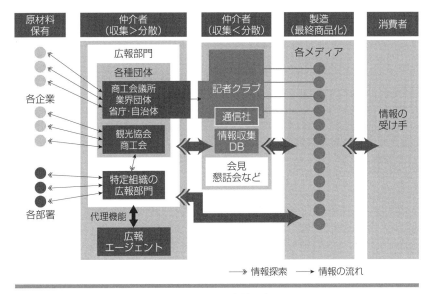

図 6-1　ニュース素材の流れ

（出典）　川北（2013）。

ス・エージェントと呼ばれる専門家が活躍していた（第1章を参照）。そこでは，自社に都合のよい情報だけを提供しようとする広報担当者と，それをあまり信用していないが必要な要素だけ利用するジャーナリストという構図でとらえられてきた。

　しかしその後，いかにジャーナリストとの良好な関係を築けばよいのかという視点に変化していく。例えば，問い合わせが来たときに反応するだけでなく，積極的に会合やイベントや自社メディアで発信する活動は，ポジティブな報道だけでなくネガティブな報道のときでもその立場が保護されるという点でも効果がある（Comrie, 1997）ことや，広報部門がすぐに反応することや24時間いつでもコンタクト可能であるといったアクセスの容易さによって，優秀なPR部門と判断される（Callison and Seltzer, 2010）といったことがわかっている。また，ハラハンは，効果的なリレーションズ活動の必要条件として，両者の間にトピックスやイシューについての共通の参照フレームが確立されていることを挙げている（Hallahan, 1999）。つまり，両者の教育的な背景が同じであること

Column 8　コロナ禍の記者会見

　2020年初頭から始まったコロナ禍では，記者会見も大きく変化した。それまでの記者会見は，会場に記者たちが集まる形での開催であった。しかし，緊急事態宣言期間中は，ほぼすべてがリモート会見となり，その後も会場での対面とオンラインとのハイブリッド方式とともにリモート会見が続いている。

　そこでの変化は，例年に比べて会見の数が多くなっていることである。リモート会見は，対面の会見よりも低予算での開催も可能であり，また，勉強会形式やシリーズ形式のものが増加したことも一因である。そのため，それほど重要な内容でなくても会見を行う例も見られる。ただし，内容が伴わないものを発表すると，その後の記者の参加が見込めなくなる可能性もあるため，安易に会見を開催することは避けたい。一方，記者の立場からすると，会見が増加したとしても移動時間が必要ないため，参加できる数も増えている。ただ，記者の執筆時間が増えるわけではないため，参加はしたもののその内容を記事にすることができない会見が増えてくることになる。

　また，外資系企業のトップが会見に参加したり，海外のメディアや投資家も参加できる時間帯に日本企業の会見を設定したりすることも，リモート会見では可能である。空間的なハンディがなくなるという点は，オンラインならではのメリットでもある。日本国内においても，全国の企業の会見に全国の記者が参加可能となる。その分，参加してもらうための工夫も必要となるだろう。

　参加申し込みについても変化があった。オンラインの場合は参加するためのURLを配布する必要があるため，事前の登録が必須である。なるべく少ないステップで申し込みができるなど，開催前の工夫が必要だろう。

　ライブ配信と事前収録の特徴を活用している会見も増えている。事前収録の場合，トラブルも避けられ，綿密につくれば効果的である。一方，ライブ配信は臨場感があり，参加者とのやりとりも含めて会見への参加の意義が大きい。そのため，この2つを組み合わせることも多い。また，オンラインでは記者による写真撮影に制限が出るため，素材提供にさまざまな工夫が必要となる。事前収録の製品説明動画，製品の写真，登壇者写真，配布資料などを，一括ダウンロードできるなどの工夫をしている企業もある（大河原，2021a, 2021b）。

　また，食品業界の場合，オンラインでは試食や試飲ができないというハンディがある。そこで，事前に商品を送付しておき，会見時に一緒に試食してもらうといった工夫も見られる。例えば，ライトアップコーヒーが「エスプレッソキューブ」という急速冷凍して真空包装をした商品の記者発表をした事例では，前日に送付しておき，午後2時というお茶の時間に会見を実施した。配送された商品を参加者が自宅で調理し，「乾杯」のコールで一緒に試飲会を行った（FoodClip, 2020）。

や，普段から親交を深めている場合は，似たような考え方をする傾向にあるため，リレーションズ活動が効果的になる。

4-3　情報の質がメディアに及ぼす影響

次に広報部門が提供する情報内容がいかに報道に影響するのかを見ていこう。ネガティブもしくは重要な性質をもったリリースは，より報道されること（Martin and Singletary, 1981），地元からの情報は他の地方から来た情報より受け入れられやすいこと（Morton and Warren, 1992）などがわかっている。

受け入れられやすいニュース・リリースの特徴としては，**ニュース・バリュー**を考えてつくられたものが挙げられるであろう。ニュース・バリューとは，人々がその情報を知ることが面白く重要であると考えるものであり，報道するに値するということである。「卓越性・重要性」「人に対する興味（人間ドラマ）」「対立や紛争・論争」「異常性」「タイムリーさ」「近接性」といった価値が挙げられている（Shoemaker and Reese, 1991）。

4-4　メディア・リレーションズはメディアのカバレージに影響するのか

メディア・リレーションズを考えるにあたって押さえておくべきなのは，**メディアの議題設定機能**（the agenda-setting function）であろう。メディアは，人々の態度の方向（例えば賛成や反対）やその強さに対してはほとんど影響を与えないが，どの争点（政治的争点でいえば TPP 問題や原発問題）が重要であるか，その認識に影響する。つまりオーディエンスの議題を設定する力をもつというものである（McCombs and Shaw, 1972）。メディア議題がオーディエンスの議題に対する重要性認知に影響するということがわかっているのであるから，広報部門は広報努力によってメディアの議題構築に影響しようとする。

例えば，ある画期的な薬が登場したというニュースがあったとき，広報部門の活動はどのように報道に影響を与えただろうか。実際に，副作用の少ない関節炎治療薬が複数のメーカーから登場したとき，広報部門の活動は新薬登場というニュースの報道量を増やしたが，その報道内容がどのメーカーに好意的かという点には影響しなかったということが指摘されている（Anderson, 2001）。

このように，メディア議題はどのように構築されているのか，その前段階の

プロセスに興味がもたれるようになってきており，そこに広報部門が関わる余地がある。メディア・リレーションズが重要視されるのは，メディアの議題構築に影響でき，その議題が受け手の議題を設定していくからである。さらに，そこには一方向の影響関係だけでなく相互作用的プロセスがあることも指摘されている（Zoch and Molleda, 2006）。

課　題　　　　　　　　　　　　　　　　　　　　　　　　*exercises*

1　大学または企業の自社サイトからニュース・リリースを探し，そのリリースがどのようなニュース・バリューがあるかを考えよう。そして，そのリリースは，どのようなメディアに送れば効果的かを考えよう。

2　同じ企業の同じトピックスのニュースを複数の新聞社がどのように報じているのかを比較し，どこが同じでどこが異なるのかなどを分析してみよう。そのニュース素材となったリリースを企業の自社サイトから探し，それとも比較してみよう。

3　あなたが所属する大学，学部，クラブなどのニュース・リリースをつくってみよう。その際に，どのようなメディアに送るのかを想定しよう。

ブックガイド　　　　　　　　　　　　　　　　　　　　　*book guide*

1　藤竹暁・竹下俊郎編『図説日本のメディア——伝統メディアはネットでどう変わるか〔新版〕』NHK 出版，2018 年
  ▶ 日本のマスメディアがネット社会を迎え，変化しつつある様を，多様なジャンルのコンテンツも含めて説明しようとする書である。

2　竹下俊郎『増補版 メディアの議題設定機能——マスコミ効果研究における理論と実証』学文社，2008 年
  ▶ メディアの議題設定機能について，くわしく論じている専門書である。マスコミ効果研究のレビューもくわしい。

第7章

インターネットと
広報・PR

▶ 学生たちのスマホライフ

　学生たちはインターネットなしの生活を考えたことがあるだろうか。彼らは
LINE などのメッセージアプリや SNS で連絡をとり，ホットペッパーでクー
ポンを入手し飲み会に行く。LINE のスタンプを入手するために，ブランド・
アカウントをフォローすることもある。テレビを見ながらツイートし，芸能人
の Instagram を見る。授業の合間にソーシャルゲームを楽しみ，YouTube で
ゲーム実況を見たり，TikTok を眺めたりすることもある。家電製品を買うと
きには価格.com や Amazon の口コミを参考にする。楽しいことが起こると，
スマートフォンで写真を撮り Instagram に投稿する。レポートの資料探しは，
まず Google の検索窓にキーワードを打ち込むことから始め，統計ソフトの使
い方は YouTube を参考にする。インターネット上の情報が，彼らの生活や認
知に大きな影響を与えていることは間違いない。

　もっとも，こうしたライフスタイルは学生だけの話ではないかもしれない。
1990 年代にインターネットが普及して以来，われわれのコミュニケーション
は大きく変化した。1993 年に商用にネットワークが開放されインターネット
が普及し始め，2000 年代に本格的なネット社会が到来し 2008 年頃からソーシ
ャルメディアが普及し始めた。

　本章では，インターネットを通して行われる広報・PR 活動について考えて
いく。

1 インターネットがもたらした変化

1-1 インターネット社会がもつ情報構造

　インターネットによるコミュニケーションの基本的な特徴は，誰でも発信できること，情報が膨大になり蓄積され残っていくこと，その伝達と拡散スピードが以前と比べられないほど速いことである。これまでの，主にマスメディアが情報を媒介していた頃の情報の流れと，インターネットが媒介する現在の情報の流れはどのように異なるのだろうか。

　マスメディアが媒介する情報は多くの人々に流れる。しかし，マスメディアの情報は，**オピニオン・リーダー**を介して人々の消費行動や購買行動に影響を与える。これを**コミュニケーションの2段階の流れ**（Katz and Lazarsfeld, 1955）と呼ぶ。オピニオン・リーダーとは，マスメディアの情報を彼らの言葉で解釈し，それをパーソナルな接触を通じて他者へと伝えていく人々である。受け手の周囲にいる一次集団（家族や友人，同僚）とのパーソナルなコミュニケーションが，マスメディアの影響においては重要な役割を果たすのだ。ただ，ここではマスメディアからオピニオン・リーダーへの一方向を想定している。

　では，インターネットが登場した後は，どのように変化したのだろうか。情報の流れが，これまでのように一方向ではなく双方向となり，さらには多対多という構造をもつようになった。マスメディアで報道されたことがSNSでも話題となることは，インターネットが普及した当時からあった。さらに，逆のことも起こるようになってきた。例えば，一個人のSNS投稿が話題となり，多くの人が拡散させる。その話題がネットのニュースに取り上げられる。すると，テレビ番組では「ネットで話題になっている」という事実として報道され，それが再びSNSで話題になるという循環的な情報の流れが起こっている。

1-2 新しいメディア分類——PESO モデル

　第6章でも触れたように，現在ではマスメディアがネット上にもメディアをもっていることは当たり前になってきている。こうなってくると，メディアを

表7-1　PESOモデルの各メディアの特徴

種類	定義	コントロール可能性	例
ペイド・メディア paid media	組織が購入可能なメディア	高い	・マスメディア広告，交通広告や屋外広告 ・SNS広告などインターネット上の広告 ・記事風の広告やタイアップ
アーンド・メディア earned media	マスメディアや専門家など第三者が発信するメディア	低い	・マスメディアへの出演や報道 ・webメディアへの出演や報道 ・専門家や芸能人による発信
シェアード・メディア shared media	消費者が発信するメディア	低い	・Twitter, Instagramなどソーシャルメディア上の口コミ ・対面での消費者の口コミ
オウンド・メディア owned media	組織がみずから所有するメディア	高い	・自社サイト，ブランド・サイト，自社のwebマガジン ・社長や社員によるブログやSNSアカウント，動画 ・企業アカウントや企業動画チャンネル ・会社案内や広報誌など紙媒体 ・店舗，企業博物館，工場見学，イベントなど

（出典）　Bartholomew（2010）をもとに作成。

紙媒体，電波媒体といった分類でとらえるだけでは，不十分である。そこで，メディアをその伝達手段ではなく，企業など広報主体から見たときの利用という観点から分類するようになってきた。その分類方法の1つが**PESOモデル**（Bartholomew, 2010）であり，メディアを paid, earned, shared, owned の4つに分けてとらえている（表7-1）。

　ペイド・メディア（**paid media**）とは，お金を支払い，媒体を購入するものを指す。テレビCM，ラジオCM，新聞広告，雑誌広告はもちろん，YouTubeの最初や途中に強制的に出現するCM動画，Google検索で「カーテン」と打ち込んだときに上部や右に「広告」という表記とともに表示される画像やリスト，Twitterの投稿の中に「プロモーション」という表記と共に登場する商品広告などもペイド・メディアである。雑誌が記事風に広告を編集してくれる記事広告や，ユーチューバーが案件と呼ぶタイアップなどもこれにあたる。お金を支払って掲載を依頼するため，その内容はある程度コントロールが可能であるが，自分で自社の製品を告知するため，第三者による信頼性という点は高く

ないかもしれない。

　アーンド・メディア（earned media）とは，マスメディアの記者や専門家が発信する，レピュテーションを獲得するためのメディアを指す。新聞記事や雑誌記事，テレビ番組に，自社製品や自社の取り組みが取り上げられること，また，ユーチューバーやインスタグラマーである専門家などが，自主的に製品を紹介してくれることも，自社製品の評判を上げることになるだろう。ただ，新聞記者にいくら自社の製品をアピールしても，取り上げてもらえるとは限らないし，ユーチューバーの製品テストで悪い結果が流布されるかもしれない。つまり，お金を支払っているわけではないため，コントロールは不可能である。しかし，第三者の立場で専門家が語る言葉は信頼性が高く，人々への影響も大きいと考えられる。そのために，企業など広報主体は，さまざまなパブリシティを提供していく活動を行う（第6章と第8章を参照）。

　シェアード・メディア（shared media）とは，消費者によって発信されるものを指し，具体的にはSNSやブログなどのネット上の口コミ，さらに対面での口コミも含まれる。企業などの広報主体にとって，口コミをコントロールすることは非常に難しい。そのため，ポジティブな口コミを誘発するために，さまざまな仕掛けを行っていくしかない。話題となる動画を発信し，SNSの自社アカウントで対話を重ねていく。あるいは，工場見学など対面イベントを丁寧に行い，それを発信してもらう方法もあるだろう。

　オウンド・メディア（owned media）とは，みずからが所有するメディアを指す。所有するため，手間はかかるがコントロールが可能である。ホームページや**ブランド・サイト**，webマガジンなどネット上に自社メディアをもつ企業は多い。SNS上の企業の公式アカウントや，社長や社員の個人アカウントやブログといったものもこれにあたる。また，ネット以外にも多くのオウンド・メディアがある。例えばミシュランガイドはタイヤメーカーが発行したオウンド・メディアであり，ドライブに行く人向けの旅ガイドとしてスタートしている。企業の広報誌，企業が主催するイベントや工場見学，企業が所有する**企業博物館**，美術館，自社店舗，自社の販売員によるデモンストレーションなど，リアルな場も重要なオウンド・メディアであろう。

　企業にとってコントロールが難しいものは，アーンド・メディアとシェアー

ド・メディアである。そのため，コントロールしやすいペイド・メディアとオウンド・メディアを駆使しながら，アーンド・メディアとシェアード・メディアへ影響していこうとする場合も多い。例えば，話題となるCMや動画コンテンツを自社チャンネルに置くことで，一般消費者のソーシャルメディアで話題となり，さらにマスメディアへの波及を狙うといったプロセスである。

1-3　インターネットによる変化に直面するパブリック・リレーションズ

　インターネットは，パブリック・リレーションズのあり方にどのような変化をもたらしたのだろうか。ここでは3つの変化を挙げよう。

　1つ目は，パブリック・リレーションズ主体が新たな発信手段を手に入れたことである。マスメディアの効果は相対的に低下し，比較的コストが低いインターネットを通じて，小さな組織であっても世界に情報を発信することができるようになった。ただし，発信には技術がいるうえリスクもある。マスメディアのようにすでにオーディエンスが獲得できているわけでもなく，情報発信にルールがあるわけでもない。運用する担当者個人の力量が問われることになる。

　2つ目は，双方向性による協働・共創へのシフトである。企業から消費者へ一方的に情報を提供していくのではなく，社会的な価値を顧客と共につくっていこうとする双方向のコミュニケーションへとシフトしてきている。例えば食品メーカーは，クックパッドでレシピを投稿するユーザーと共に，調味料の新しい使い方といった生活スタイルをつくり出すことができる。

　3つ目は，ネガティブな情報露出のリスクが増えたことである。口コミはコントロールができないため，あらゆる情報がネット上に出る可能性がある。そして企業についての悪い情報は，よい噂よりもはるかに速く拡散していくといわれている。東芝クレーマー事件（Column 12を参照）では，1人のユーザーがネット上にアップロードした音声データが話題となり，マスメディアがこぞってそれを取り上げた。他にも，アルバイトが投稿した写真投稿がもとで，店舗閉鎖に追い込まれるといった事態も起こっている。拡散の結果，情報は永久にネット上に蓄積され，それらを消去することはかなり難しい。企業など組織は，衆人環視でも耐えられるフェアな組織づくりを目指さなくてはならず，そのハードルは高いだろう。

次節からは，みずから発信するオウンド・メディアである自社サイトやブランド・サイトに，組織がどのように取り組んでいるのかをまず取り上げる。次に，双方向性の高い協働・共創の場をつくり出すソーシャルメディアについて述べる。最後にインターネットがパブリック・リレーションズに及ぼすネガティブな側面を取り上げる。

2　企業が情報を編集するオウンド・メディア

　現代社会においては，企業の公式の自社サイトは企業がもつ最も基本的な情報発信ツールであろう。オウンド・メディアには従来からある広報誌などの印刷物も含まれるが，本節では自社サイトや企業がもつコンテンツ集積サイトを取り上げる。コンテンツ集積サイトは，企業などの組織を紹介するこれまでの自社サイトとは異なり，サイトに魅力的な情報を掲載していくことでステークホルダーを誘引し，彼らとの関係を深めようとするものである。その中のいくつかのタイプを紹介しよう。

　1つ目は，消費者向けの**ブランド・サイト**である。例えば，キッコーマンの場合は，キッコーマンの消費者向けのサイトをもっている。日清食品の場合は「カップヌードル」「どん兵衛」「ラ王」「ごろっとグラノーラ」「日清やきそばU.F.O.」「カレーメシ」の6つのブランド・サイトをそれぞれ立ち上げている。ブランドごとの世界観を表現しながら，消費者との接点をもち続けるためのコンテンツを多く提供している。そこには，ソーシャルメディアを介して，ファンとつながる仕組みも多く，ファンベースやアンバサダー・プログラムの土台となるサイトである。

　2つ目は，**コンテンツ・マーケティング**と呼ばれる手法で，顧客に興味をもってもらえる情報を集積し提供することで，潜在顧客や関係者を自社サイトに誘引し，接触を図ろうとするものである。そのテーマは社会課題と自社製品とをつなぐエリアを扱うことになる（Column 9を参照）。集客だけでなく，その道の情報通もしくはエキスパートとしてのブランド・イメージを付与することもできる。消費財メーカーの場合，例えば調味料ブランドがレシピを集積し提供

することもそれにあたる。米国のプールの施工会社，リバー・プール＆スパは，自社のwebサイトでプール施工についての情報を網羅している。プールを施工するときに必要となる情報を徹底的に提供することで見込み客を誘引し，専門性の高い情報提供で消費者の選択肢として頭の中に入っていくのである。

　BtoB（産業財）企業の場合，顧客が関心をもつジャンルの知識を集積していくことで，見込み客とつながるだけでなく，その業界の関連情報のトピックスにくわしいというポジションを獲得することができるだろう。それにより，ブランドが確立し，問い合わせ先としての認知獲得や購買決定時承認を得やすくするといった効果が見込める。

　3つ目は，**ブランド・ジャーナリズム**と呼ばれるものである。コンテンツ・マーケティングにジャーナリズム的要素を加えたものといわれ，社会を批判的に見る視座を含んでいる。例えば，スターバックスの「STARBUCKS STORIES & NEWS」は，そこで働く人々に焦点をあてたストーリーを通じて人種問題を扱っている。持続可能なコーヒー栽培，コミュニティ・レジリエンスへのサポートなど，自社と社会の間をつなぐ話題が並ぶ。企業PRというよりも，その先にある社会課題について扱っているのである。

　コンテンツ・マーケティングは自社製品を買ってもらうことを目標としながら比較的自社の製品に近い分野のコンテンツを集積する。一方でブランド・ジャーナリズムは，自社の販促よりもさらに広い視座のテーマを掲げ，記事を集積していく。自社ブランドの背景までも含めて認知し愛着をもってもらうことを目的としている。

　これらの課題は，さまざま指摘されているが，一番の問題はいかに自社のカラーを出したコンテンツを発信し続けられるかといった点にあろう。集積するコンテンツや編集方針が，その企業理念や顧客ニーズと適合している必要がある。つまり，企業のミッションを表現する内容であり，かつ利用者が必要とする情報を蓄積しなければならないため，編集し発信し続けるにはそれなりの手間をかけなければならないのである。

Column 9　コンテンツ・マーケティング

　サイボウズは,「kintone」などのチーム・コラボレーションを支援するツールを開発してきた企業である。B to B 向けの製品を扱っているため, 企業のシステム担当者の間では認知されていたものの, そのシェア率の高さに反して, サイボウズという名前はメジャーではなかった。そこで, サイボウズ製品を知ってもらうという目的から一旦離れ, 世の中のコラボレーションはいまどうなっているのかを探ってみたいと, 2012 年に「サイボウズ式」というオウンド・メディアを立ち上げた。自分たちが伝えたいことではなく, 自分たちも知りたいことであり, かつ読み手が読みたい情報を載せる。自社製品についてではなく, チームやコラボレーション, 働くことに関わる記事を発信し集積していったのである。初年度でのアンケートでは, これがきっかけでサイボウズ製品の購入に結びついたとい

「サイボウズ式」の web サイト
（出典）サイボウズ式の web サイトより, 許諾を得て掲載。

う声が多く寄せられた。また, 採用場面でもサイボウズという名前を就職活動以前から知っていて入社を希望する人が出てきているという。

　記事にはソーシャルボタンがついており, 共有しやすくなっている。読んで気に入った人がいったん共有すると, そのフォロワーにも記事が届く。外部のメディアが転載してくれると, そこから新たな読者につながるのである。その結果, チームや働き方に関心のある人々に届いていくことになった。基本的に, 記事の作成には外部の記者と内部の編集者が一緒に取り組む形式である。編集部が楽しめるようにするだけでなく, 編集部以外からも会議に出てもらい企画を出してもらったりもする。

　サイボウズ式では, 読者が参加するイベントも定期的に開催しており, どのような読者からどのような反応があるのかを感じることを重視している。読者は中の人に興味をもっており, 彼らとの交流は編集者にさまざまな気づきをもたらしている。さらに 2018 年からは, サイボウズ式第 2 編集部がスタートし, 読者参加での会議や勉強会, オンラインサロン, オンライン編集部スペースなど, 多様な活動が行われている（藤村, 2019；サイボウズ, 2015；valuepress トピックス）。

3　ソーシャルメディア

　近年，非常に影響力をもっているソーシャルメディアであるが，それにはどのようなものがあり，どのような特徴や影響をもつのだろうか。そして，どのように組織の広報活動に影響してきたのだろうか。

3–1　ソーシャルメディア

　ソーシャルメディアとは，Web 2.0（継続的に更新される協働型プラットフォーム環境）的な考えと技術をベースに構築された一群のインターネット・アプリケーションである。それは UGC（user generated content：ユーザー生成型コンテンツ）の創造と交換を可能にするものである（Kaplan and Haenlein, 2010）。つまり，ユーザーがコンテンツを創り出し，共有し合うことを促進するような，協働型のインターネット上のアプリケーションの総称を指す。さまざまなタイプのソーシャルメディアについて，広報対応の視点から整理しておこう（表7–2）。

　多くの人々によって創り出される知としてとらえられる集合知型のものには掲示板と共同編集サイトがある。代表的な掲示板である「2ちゃんねる」は匿名性ゆえにノイズも多いものの，そのトピックスの当事者が投稿することもあるため，通常では露出しない正確な情報が書き込まれる可能性もある。探索努力を厭わなければ，隠された情報を見つけることができるかもしれない（川北, 2010）。共同編集型の「ウィキペディア」は誰でも編集に参加できるものの，主観に基づく評価情報は書かず事実情報のみを書くというルールにより編集作業が行われるため，その情報は比較的信頼性が高いといわれている。評価情報が掲載されないとしても，企業の公式サイトでは開示されないネガティブな事実情報も，ここに記載される可能性は高い。

　日記型にはブログが該当する。個人が日記をつけるかのように時系列にコンテンツが更新される私的なサイトがブログである。個人的な体験だけでなく，特定のトピックスについて書かれるブログも多い。

　ネットワーク型には，SNS とメッセージアプリがある。**SNS**（social network-

表7-2　さまざまなソーシャルメディア

大分類	分類	サービス例	特徴
集合知型	掲示板	・2 ちゃんねる	・スレッドという板のテーマに対してほぼ匿名で投稿される。 ・ノイズまで含めた膨大な情報量。
	共同編集	・ウィキペディア	・あるトピックスや用語について，複数の人々によって情報が蓄積され編集される。 ・情報の集積にルールがあるためノイズが削除される傾向がある。
日記型	ブログ	・Ameba ブログ ・BLOGOS ・LINE ブログ	・個人が日々の出来事や意見を綴っていく。 ・芸能人のブログ，ある店舗のスタッフ・ブログなど職業人として個人が発信する場合も多い。
ネットワーク型	SNS	・Facebook ・Twitter ・Instagram	・つながる相手を選ぶことができるインターネット上の世間である。 ・相手がリアルな友人関係にある場合もあれば，そうでない場合もある。
	メッセージアプリ	・LINE	・グループ通信ができる。
共有型	動画共有サイト	・YouTube ・ニコニコ動画	・動画を投稿し共有する。
	その他	・はてなブックマーク ・クックパッド	・ブックマーク，写真，レシピ，絵文字などを共有する。
評価型	レビュー	・Amazon のレビュー ・価格 .com のコメント ・@cosme	・商品あるいは出品者や店舗に対するユーザーの評価が集積される。 ・e コマース，バーチャルモール，予約サイトなどに付加される。

ing service）とはインターネット上に社会的なつながりを構築していくサービスである。Facebook や Twitter，Instagram など多様なサービスがある。インターネット上の自分のコミュニティの参加メンバーを，自分で選択できることが特徴である。これらはネット上の世間でもあるため，そこから情報を得るという情報的影響だけでなく，社会的なルールによる制裁や報酬といった規範的影響を受けることもあるだろう。メッセージアプリの LINE は，知人やグループでの通信に利用されている。

　共有型とは，動画，レシピ，ブックマークなど特定のコンテンツがアップロ

ードされ集積されていくサイトのことである。動画共有サイトの YouTube で
は企業のプロモーション映像がアップロードされ，企業も個人も 1 ユーザーと
して参加しコンテンツを拡散させていくことができる。

　評価型とは，Amazon の「カスタマーレビュー」や，じゃらんの「クチコ
ミ」にあるような，製品やサービスについての評価が集積されていくものを指
す。製品／サービスごとに評価が集積されるため，購入の際の手がかりとして
利用されやすい。通販の売り上げやホテル予約などに大きく影響する情報源で
ある。

3-2　ネット上の口コミ

　それではインターネットで人々がつながることを，どのようにとらえていけ
ばよいのだろうか。1 つは，受発信者個人がどのように影響し，影響されるか
というとらえ方であり，もう 1 つはネットワーク構造というとらえ方である。

　まず，影響力をもつ個人，**インフルエンサー**の存在を見ておこう。これまで
マーケティング分野では，オピニオン・リーダーや**マーケット・メイブン**（Feick
and Price, 1987）の存在が知られている。オピニオン・リーダーは特定の分野に
おいて深い知識を保有し，製品やサービスに関する自分なりの評価や意見を発
信する。そのため購買における説得的な役割を果たす。一方で市場全般の広く
浅い情報を把握しているマーケット・メイブンはオピニオン・リーダーのよう
な説得性をもたないものの，どうすればよい買い物ができるかを，他人に教え
たがっており，そして弱い紐帯（つながりのこと。Column 10 を参照）を多くも
っている（五藤，2010）。その重要性が認識されるようになってきたのは，ネッ
ト環境において彼らの発信したがる特性が，影響力をもつようになってきたか
らであろう。インターネット上に多くの読者をもつブロガーやインスタグラマ
ーは広報部門にとっての重要なステークホルダーである。

　実際に，Amazon の投稿数や平均評価が，売上順位に影響を与えているとい
われる（Chevalier and Mayzlin, 2006）ように，口コミが売り上げに影響すること
は経験からも納得がいく。ただ，その効果は受け手と送り手との関係によって
も異なることも指摘されている。例えば，受け手と送り手との属性の類似性
（性別や年齢）や好みの類似性によって，受け手の購買意図は変化する。また，

> ## Column 10　ネットワーク分析
>
> 　ネットワーク分析とは，「行為者の行為を，個人的な属性からではなく，その行為者を取り囲むネットワークによって説明する」（安田，1997）ためのものである。これは一対一の個人間の影響をとらえるだけではわからなかった社会構造の全体での影響を考慮することができる理論なのである。点（ノードとも呼ばれる）とそれをつなぐリンク（紐帯，枝，辺とも呼ばれる）とでコミュニティ構造を記述し，数理モデルでその影響構造を明らかにしようとする。
>
> 　例えばグラノヴェッターは，転職時には接触頻度の低いつながり（弱い紐帯）からの情報が利用されていることを示し，その情報の強みに言及している（Granovetter, 1973）。自分が所属しているコミュニティ（クリークと呼ぶ）にいる他者は自分と同じような情報をもっている。しかし，それほど接触頻度が高くない遠いクリークにいる他者は，自分とは異なる情報をもっていることになる。
>
> 　インターネット社会においては，ネットワーク構造が可視化されやすい。そのためこのネットワーク分析の手法が口コミの影響過程を明らかにするのに用いられるようになってきている。

1つのwebページ上の，ポジティブな口コミとネガティブな口コミの割合も，製品評価に影響する（菊盛，2020）。

　ネットワーク構造から口コミの影響をとらえようとした場合は，**ネットワーク分析**が利用される。それは人と人との関係の構造に焦点をあて，その影響を探ろうとするものである（Column 10を参照）。人と人とのつながりの強さ（例えば参照頻度，属性や好みの類似性）やつながりの数によって，その構造を理解し，何がブランドの好みに影響するかを探るのである。例えば，化粧品の口コミサイトの@cosme上のネットワークをサンプルにした分析では，どのようなお気に入りメンバーを登録しているかとブランド選好（好み）に関係があることがわかっている（山本・阿部，2007）。

4　ソーシャルメディア対応

　これまで，ソーシャルメディアの特徴を見てきたが，このようなソーシャルメディアに対して組織はどのように対応してきているのだろうか。

4-1 対話する企業アカウント

近年では企業がソーシャルメディアのアカウントをもち，それらを通じて情報発信するだけでなく，消費者をはじめとしたさまざまなユーザーと対話をするといった活動も少なくない。その活用の目的はさまざまである。広報部門が行うものとしては，対話を通してその企業やブランドへの好意を獲得するといったタイプのものが多い。他にも販促を主目的としたもの，顧客サービスを狙ったものなどがある。

2022 年の時点でその代表的な企業は，ローソン，スターバックスコーヒー，マクドナルド，セブン－イレブンといったブランドや企業であり，それらは多くのフォロワーやファンを集めている。キャンペーン情報，新商品情報などのお知らせを基本としながらブランドのファンをつくろうという試みがいくつもなされている。

ローソンの Twitter ページ
(出典) ローソンの Twitter ページより，許諾を得て掲載。

Twitter の日本語版が利用可能になったのは 2008 年であり，企業アカウントの歴史は浅い。初期の中の人 (運営者) は，ギャグややわらかい発言を織り交ぜ話題になっていたが，その仕事は公式のものではなかった。今ではソーシャルメディア運営という仕事が正式な職務となっていることも多く，チームで取り組むだけでなく，社内の複数のアカウントを統括するリーダーがいるなど，組織的に行われるようになってきた。Twitter，Instagram や LINE などいくつものサービス上でのコミュニケーションにも対応している。

ローソンの SNS に登場するクルーのあきこちゃんというキャラクターは「上京してローソンでアルバイト勤務している大学生」という設定である。専門用語は使わずに「いろいろな具が入っていてうれしい」などお勧めしてくれ，友達が勧めてくれるような親しみやすさである。セガの場合は 350 ものアカウ

ントをもっている。中の人は，セガの熱心ないちファンの立場で発信しており，ファン同士のコミュニケーションのような共感がそこには生まれている。キングジムやタカラトミーは，毎日のコミュニケーションの積み重ねがいい関係をつくり出すと，日常会話を続けることも大事にしている。リプライを読んでいくうちに，消費者が自社にどのようなものを求めているのかも，わかるようになってくるのだ（日経トレンディ・日経クロストレンド，2020）。

　また，製品についてソーシャルメディアで話題になると，マスメディアでも取り上げられることが多いという意味でも，企業アカウントは手間がかかるが効果的なツールである。

4-2　事前に手を打つためのソーシャルメディア利用

　ソーシャルメディアは企業が情報を発信するだけでなく市場の声を拾うために使われることも多い。ソーシャルメディアで発信されている声を収集し分析ツールを用いて分析する調査はソーシャル・リスニングと呼ばれる。また，積極的な顧客支援に利用する場合もある。

　ある特定のブランドやトピックスに対して人々がどのような態度（心の構え）をもっているのかを容易に入手する手段として，ソーシャルメディアは非常に利用しやすい。センチメント分析では，自社ブランド名が肯定的，中立的，否定的のどの用語と共にソーシャルメディア上で語られるかを分析することで，市場の声を聴こうとする。

　ソーシャルメディアを使った積極的な顧客支援は，アクティブ・サポートと呼ばれることもある。ソーシャルメディア上で自社ブランドや製品に言及している人を見つけては，問いかけていくという行動をとる。

　動画配信サービスの Hulu による「Hulu カスタマーサポート」というアカウントは，ハッシュタグを活用したアクティブサポートを行っている。「『#Hulu お願い』でつぶやいてください」という表示を毎週行い，映画などの配信の要望や意見を募っている。そこには，○○が見たいといったリクエストだけでなく，番組の字幕が間違っていたといった指摘や，「# Hulu ありがとう」というハッシュタグまで作られている。アカウントが，このハッシュタグを探して返事をすることで，双方向のコミュニケーションが生まれている。

Column 11 熱心なファンが伝道師となる広報

熱心なファンは，よい口コミをしてくれる。そのファンの周囲には，似た人々が集まっていることが多い。つまり，自社のファンの周辺には潜在顧客がいるのである。自社の熱心なファンに味方になってもらい，広報大使となってもらおうとすることは，マスメディア広告の有効性が下がっ

IKEUCHI ORGANIC の「今治オープンハウス」募集告知
（出典） IKEUCHI ORGANIC, 2019.

てきた現在では，ますます重要になってきている。これは，**アンバサダー・プログラム**や，**ファンベース**と呼ばれる。

「アンバサダー」とは，企業やブランドを積極的に応援し口コミをしてくれるファンを指す。そのアンバサダーを大切にし，組織化することで，企業が伝えたい情報をアンバサダーに語ってもらうのである。ここで重要なのはアンバサダーには推奨の対価として金銭的報酬を原則として支払ってはいけない。お金をもらったとたんに，その推奨の信頼がなくなってしまうからである。このプログラム化にあたっては，いくつかの形式がある。ファンの中から影響力の強い人を公認する公認型，広く応募を募るが企業側の審査が入る公募承認型，審査が入らない公募登録型，アンバサダー・プログラムを公言しないリサーチ型などである（藤崎・徳力，2017）。

今治タオルの中でもコアなファンが多い IKEUCHI ORGANIC では，赤ちゃんが口にしても安全な国際認証を取得したタオルをつくっている。倒産の危機に見舞われたときにも，ファンからの支えで奮起し自社ブランドを続けたという。「イケウチ好き」のファンからは「職人さんに会いたい」という声があがり，ファンミーティングとして「今治オープンハウス」というイベントを行った。すぐに定員の枠が埋まり，ファンが飛行機に乗って，8000 円の参加費を払ってやってくる。そして，熱心に職人の話を聴き，中にはサインをお願いするファンもいたという。また，オンラインミーティングを行うなど，顧客の声を聴くことも熱心に行っている（佐藤・津田，2020）。ファンを大切にすることで経営やマーケティングを行うファンベースの例である。

このようにファンとの関係性は，ソーシャルメディアだけでつくり出すのではない。手紙への返事を書く，工場見学で出会う，オンラインで声を聴く，自社の社員がファンになる，使っている現場へ出向くといった人と人とのつながりがその中心になっている。オウンド・メディアや SNS は，それを補完しパワーアップさせるかもしれないが，そこには人間同士のつながりがあるのである。

第7章　インターネットと広報・PR

121

ハイボールのブロガー・イベント

（写真提供）　サントリーホールディングス株式会社。

4–3　インフルエンサーとの関係構築

　前述のように，多くのフォロワーをもち，影響力のある人々はインフルエンサーと呼ばれる。インスタグラマー，ユーチューバーなど，発信で収入を得ている場合も多い。彼らは特定のテーマにくわしいオピニオン・リーダーである場合もあれば，いろいろな面白いことに反応し発信するタイプのマーケット・メイブンである場合もある。広報担当者から提示された情報が，彼らの関心をひく場合は，彼らはみずからの言葉でその話題を取り上げ，その読者たちへと影響が及び，ソーシャルメディアで波及していく。そのため，インフルエンサーとのリレーションズはパブリック・リレーションズにおいて重要な活動である。具体的にはインフルエンサー向けイベント，情報提供活動，商品提供や貸与といった活動がある。とくにネットで波及しそうな素材をもっている場合には，これらは有効な手段であろう。

　例えば，第8章で述べるサントリーのハイボールの普及活動では，ハイボールの体験イベントを全国7地区で1万人以上を相手に行っている。このような地道な活動が「ハイボールという飲み方」がネット上で話題になるトリガーとなっているのである。

　このようにマーケティング手段としてネット上の口コミを期待していこうとすることを，**バズ・マーケティング**と呼ぶ。しかし気をつけなければならないのは，口コミを誘発するためのこのような手法は，広報担当者が直接コントロ

ールできないという特徴があり，さまざまな問題をはらんでいる。実際に消費していないのに消費したという偽装や，商品を提供してもらった企業との関係を明らかにせずに記事を書くといったことがなされないように，インフルエンサーとの関係を築く必要がある。これを間違えると，**ステルス・マーケティング**（後述）として認識され，**炎上**するといったことが起こる原因となる。

5　インターネットの負の側面

　インターネットがもつ発信の容易さと速度は，それが負の力に作用した場合にはさらに強い影響力を発揮する。ネガティブな情報は露呈しやすく，いったんネット上に露出したら最後，それは急速に拡散し，そして消えずに残ることになる。組織の危機対応という視点から見ると，非常にやっかいな時代が到来したといえる。いまや組織の行動は衆人環視の状況にあるのだ。

　企業の顧客対応が最初にその危うさを認識したのは 1999 年の東芝クレーマー事件（Column 12 を参照）であろう。2000 年代に始まる本格的なインターネット時代に突入する頃であり，顧客が発信するインターネット情報への対応に，企業が慣れていなかった頃であった。

　次の局面が現れたのは 2005 年頃である。新聞記者個人のブログに対して批判コメントが集中する事態が起こり，これに対して「炎上」という言葉が使われるようになった（伊地知，2007）。それ以降，自社サイトだけでなく，社長ブログや従業員の SNS への投稿などへ批判が相ついでおり，毎年新しい「事件」が起こり話題は絶えない。

　また，江戸時代からサクラと呼ばれる手法は行われていた。これがネット上ではヤラセ，自作自演，といった表現で激しく批判されることがあり，近年ではステルス・マーケティング（ステマ）と呼ばれることもある。例えば「食べログ」は，自社サイトに掲載されている飲食店から，金銭を受け取り好意的な口コミを多く投稿する「やらせ業者」が 39 業者いることを特定し（『日本経済新聞』2012 年 1 月 4 日朝刊），口コミの捏造が組織的に行われていることを明らかにした。みずからの手でヤラセを明らかにすることで信頼を回復しようとし

Column 12　東芝クレーマー事件

　インターネット普及率が 20% を超えようとしていた 1999（平成 11）年，福岡市内の男性が「東芝のアフターサービスについて」という web サイトを 6 月 3 日に開設した。そこには東芝の渉外管理室の男性による暴言の音声データがアップされていた。それは，顧客の男性を悪質なクレーマーとして処理しようと脅すような口調で会話を続けている音声であった。それが話題となり，『週刊ダイヤモンド』（7 月 5 日発売）が取り上げたのを皮切りに，大手新聞社など多くのメディアが取り上げ，この web サイトは開設後 1 カ月半で 500 万ものアクセス数を超えることになる。7 月 8 日には東芝が公式見解を自社サイトに掲載し，福岡地裁に当該サイトの一部を削除するよう求める仮処分の申請をした。しかし 7 月 19 日には，当該サイト上でお詫びと謝罪を掲載し，仮処分申し立てを取り下げると述べている。その後，7 月 22 日に副社長など 5 名の社員が男性と面会し謝罪することで，いったん収束することとなった（金・高山，2001）。

　この騒ぎは「東芝クレーマー事件」と呼ばれ，インターネット時代における企業の顧客対応に関する教訓となっている。多くの消費財メーカーの社員たちは，この音声ファイルを聴きながら，いつこのような事態が自分の身に振りかかるのだろうかという懸念を抱いたといわれている。この事件から 20 年以上経った現在でも，インターネット上にはこの音声ファイルが残っており誰でも聴くことができる。たとえ本人が削除したとしても，ミラーサイトが次々とつくられ，音声ファイルだけが動画投稿サイトに残される。簡単に複製でき発信できるというインターネットの特性が，この不祥事を残し続けるのである。

　このようにインターネット時代には，一般消費者の誰もが世界に向けて発信できること，それがインターネット世界だけではなくマスメディアに取り上げられ，さらに注目を集めること，もみ消そうとする顧客対応はまったく逆効果であること，そして，それが消えずにいつまでも残ることを企業が思い知らされるきっかけとなった。

　その後，東芝は顧客満足度の向上に対する取り組みを充実させている。2003 年には CS 推進方針を策定し，ワーキンググループを発足させ CS 問題に取り組む体制を整えている。その後顧客満足度で評価される企業となっている。例えば日経コンピュータの顧客満足度調査では「クライアント・パソコン部門」でノートパソコンが 2005 年から 3 年連続首位を占めるなど外部からの評価も高い。

東芝の暴言を伝える新聞記事
（出典）『朝日新聞』1999年 7 月 10 日 夕刊より，許諾を得て掲載。

た広報対応であった。他にも，芸能人ブロガーに対して金銭的な報酬を提供し，自社製品やサービスをあたかもみずからお金を出して利用し，好意的な印象をもったといった投稿をさせようとする試みも見られるようになった。これらが話題となりステルス・マーケティングと呼ばれるようになる。いずれも個人がたまたま関与してしまったのではなく，比較的大規模に業者が請け負い，仕かけている点が特徴的である。依頼する企業，仕かける業者，それを受け取り発信するブロガーやアルバイト，すべてのメンバーの倫理的な意識の欠如から起こっている現象である。近年では，2019年12月3日「アナと雪の女王2」の感想漫画が7人のクリエイターから同時に投稿され，ステルス・マーケティングではないかと騒がれた。これはウォルト・ディズニー・ジャパンがPRを企画として実施したものであるが，「PR」表記が抜けおちていたと後になって謝罪した。

　インターネットでの口コミに関するマーケティング活動に関しては，WOMマーケティング協議会（2012）がガイドラインを発表している。そこでは消費者行動の偽装の禁止や，関係性明示といったガイドラインが示されている。

　炎上やステルス・マーケティングは企業のレピュテーションを毀損するため，素早い対応が求められる。まず，自社サイト上に正直に真摯な態度の声明を出すことである。素早い的確な対応は，ネット社会で好感をもたれることは多い。また，普段からの従業員の教育も鍵となる。日常的にソーシャルメディアを使いこなし，問題に対応しながら慣れていく経験が必要となる。なぜなら実際にネット上でのさまざまな問題をすべて回避していくことは難しいからである。ネット上で発信していくことは非常に高度なスキルが必要となり，よくわからないまま始めるのはリスクが高いかもしれない。ただ，今後避けて通ることは難しいのだとすれば，たとえ失敗したとしてもそれを糧とすることができるのではないだろうか。

　インターネットはパブリック・リレーションズに新たな可能性を開いたが，新しいタイプの危機に直面する危険性を同時にもたらした。

1　インターネット経由（モバイルも含む）で取得した情報を 1 日分（もしくは数時間）
書き出し，それをメディアのタイプによって分類し（SNS，ニュース，企業のオウン
ド・メディアなど）その中から自分の行動に影響を与えたものを選んでみよう。

2　自分が魅力的だと思うオウンド・メディアを探して体験し，なぜそれが魅力的なのか
考えてみよう。

ブックガイド 　　　　　　　　　　　　　　　　　　　　　*book guide*

1　濱岡豊・里村卓也『消費者間の相互作用についての基礎研究——クチコミ，e クチコ
ミを中心に』慶應義塾大学出版会，2009 年
▶ マーケティングと消費者行動の視点からネット上の口コミについて体系的にまとめて
いる。

2　久保田進彦・澁谷覚『そのクチコミは効くのか』有斐閣，2018 年
▶ クチコミを研究するうえで避けては通ることができない基礎的な理論を丁寧に扱って
いる，研究者による書である。

3　藤崎実・徳力基彦『顧客視点の企業戦略——アンバサダープログラム的思考』宣伝会
議，2017 年
▶ ファンベースと呼ばれるファンを大切にするプログラムを，どのようなステップで行
えばよいかまで踏み込んでいる，実践のための書である。

第8章

マーケティングPR

▶ サントリーが仕かけたハイボール・ブーム

居酒屋でハイボールを注文する人々を見かけるようになったのはここ十数年のことである。この「ハイボール」という飲み方の復活を仕かけたのは、サントリーだ。サントリーのブランド「角瓶」をそのまま押し出すのではなく、ウイスキーを多くの人に飲んでもらうため、「角瓶」を食事と一緒に1杯目から楽しんでもらえるように、ウイスキーを炭酸水で割って飲む「ハイボールという飲み方」をはやらせようとしたのだ。そのために、マスメディア広告だけでなく、酒屋にポスターを貼りジョッキをつくり、ブロガーたちを集めたイベントでハイボールのおいしい飲み方を伝授するという地道な活動も行った（第7章を参照）。やがて、「ウイスキー人気復活、ハイボール若者にも人気」（『朝日新聞』2009年5月26日）、「ウイスキー11年ぶりに増産」（『日本経済新聞』2009年5月28日）といった記事は、ハイボールやウイスキーの復活を世間に認知させることになった。「居酒屋で若者たちがハイボールを飲み始めた」「増産」という出来事は社会のニュースになっていったのである。

翌年には「父の日にウイスキー」という認知を創り出すために、サントリーはある調査を実施した。若い女性たちとその父親向けの調査を行ってみると、「お父さんがもらってうれしいもの」の1位がウイスキーであり、また、父親は自分たちが思っている以上に娘に尊敬されているということがわかった。これらのデータを交えてマスコミに情報提供を行った。1カ月弱でこの話題を取り上げた記事や番組は100件以上に上った（本田, 2011）。

サントリー・角ハイボールの広告

（写真提供）　サントリーホールディングス株式会社。

　本章では，顧客との関係をよくしようとするマーケティング・パブリック・リレーションズ（以下，マーケティング PR）について扱う。本章ではとくに，マスメディアを味方につけようとするマーケティング PR を考えよう。

┇1　パブリック・リレーションズにおけるマーケティング PR

1–1　マーケティング PR とは

　マーケティング PR とは，顧客との良好な関係を目指してコミュニケーションを行うことである。良好な関係とは，例えば顧客が自社商品について関心をもってくれる状態や，自社ブランドのファンとなり好意的な態度であることである。

　元来マーケティングとは，顧客に焦点をあてた学問分野である。パブリック・リレーションズではステークホルダー全体との関係を視野に入れているが，マーケティングでは中でも顧客との関係を良好にすることを目指している。

　従来のマーケティングの考え方によると，売り手は顧客をセグメンテーションし，標的市場を決め，自社製品を**ポジショニング**し，それをもとに 4P と呼ばれる**マーケティング・ミックス**を決定して実行していく。

マーケティング・ミックスとは，プロダクト，プライス，プレイス（流通），プロモーションの4つの活動の最適な組み合わせを考える枠組みである。4つの活動の1つであるプロモーションには，同様に**プロモーション・ミックス**という考え方があり，広告，販売促進，PRとパブリシティ，人的販売，ダイレクト・マーケティングといった手法の最適な組み合わせを考えていく。

つまり，マーケティング分野において，PRという言葉は，顧客に商品を売るためのプロモーション手段の1つとしてとらえられてきた。広告や販売員，販促，などのプロモーション施策と共に位置づけられてきたのである。

これに対して広報分野でのPR（マーケティングPR）は，パブリックとの良好な関係を達成することを目的する。顧客との関係を良好にするために利用される手段はさまざまある。お金を払って広告出稿すること，マスメディアにリリースを出すこと，口コミを誘発する動画チャンネルを開設すること，ファンイベントを定期的に開くことなど，あらゆる手段が利用される。

近年，予算をかけて媒体を買う広告出稿が，以前ほど効果的ではなくなってきている。人々のメディア利用が変化してきたからだ。そのため，パブリシティ提供活動や，ソーシャルメディアの企業アカウント，オウンド・メディアでの記事や動画配信など，多様な手段を統合して顧客と向き合う必要が出てきているのである。

ここでは主に，マスメディアの記事や番組へのアプローチを中心に取り上げる。その狙いは，マスメディアなどで話題になることで世間の関心を集め，自社（製品）を取り巻く環境を有利にしていこうとするものである。オウンド・メディアやシェアード・メディアを通して個々の顧客にアプローチするものは，第7章を参照してほしい。

1-2　広告とパブリシティ提供の違い

広告出稿の場合，広告主は媒体料を支払い広告スペースや時間を買う。そのためメッセージの内容をコントロールすることができるという利点がある。一方で，パブリシティ提供は，広告枠を購入するのではなくニュース・バリュー（第6章を参照）のある情報を提供することでメディアでの報道やソーシャルメディアでの波及を狙う。媒体料はかからないものの，ニュース・バリューを提

示していく必要があり，また，波及していく際の報道に対して編集権はなく内容のコントロールは難しい。その役割の違いについてさまざまな指摘があるが，その1つの考えを示しておこう。

「長年にわたり，PRは広告の補完機能として扱われてきた。(中略)しかしいまや時代は変わった。今日ではブランドはパブリシティによって構築され，広告によって維持されている」(Ries and Ries, 1998, 翻訳書より)。ニュース性を伴って登場したブランドは登場後しばらくメディアに取り上げられブランド価値を高めていく。その後，時間が経ち新しいブランドとしてのニュース性がなくなったときこそ，そのブランドを維持するための広告の出番であると彼らは主張している。

ザ・ボディショップは当初，動物実験への反対や人権擁護といったメッセージ性をもっていたため多くのメディアに取り上げられ，そのブランドを確立した。ザ・ボディショップは現在でも地道にチャリティ・プロジェクトを実施し社会問題に取り組んでいるものの，現在ではそれほどメディアに取り上げられているわけではない。

また別の例として，石川県の限界集落の話をしよう。ある公務員が考えたのは，地元の神子原米をローマ法王に献上することであった。神の子，つまりキリストを意味する名前をもつ米の献上に成功した結果，「ローマ法王御用達米」として多くの報道がなされた。その後，米の価格は3倍以上に上がった。収穫量の限られた無名の米が，みごとにブランド化された例であろう。

このように，ニュースとして取り上げられることは自社製品がブランドとして確立する時点で，大きな推進力となる。新しい魅力をもったブランドの登場というニュース性が低下していくにつれ，広告への資本投下など他の方法も必要になるかもしれない。しかし，さらに話題をつくり出す地道な活動を続けることで顧客との関係を維持することも可能である。

1–3　消費者にとっての記事やニュースの意味

ではなぜ，広告よりも記事やニュースは，消費者にとって購入の手がかりとして効果があるのだろうか。消費者にとって広告は手がかりとして重要ではないのだろうか。その理由は，売り手が訴求する広告よりも，記者や番組のパー

ソナリティなどの第三者が伝える情報の方が信頼できるからだといわれている。

そこで，**情報源の信頼性**を，その構成要素といわれている**専門性**と**中立性**という点から検討してみよう。専門性が高いとは，その製品を推奨できるだけの知識や能力をもち合わせているという能力的な信頼性の高さを指している。中立性が高いとは，売り手を擁護する立場にないか，正直であろうとしているかという意図的な信頼性に関わる概念である。広告は，その商品を扱う専門家が発信する情報という点では，専門性は高いといえるかもしれない。ただ，広告は売り手を擁護する立場にあるため，よいことしか伝えないのではないかと消費者に受け取られる可能性がある。そういう意味で，広告の中立性は低いことになる。

では記事やニュースなどの報道はどうだろう。広告と異なり中立性は高い。また記者はニュース素材についての知識がある専門家と見なすことができるなら，専門性も高いといえるだろう。専門性も中立性も高いという点からも，報道の信頼性は高いととらえられるのである。

2　マーケティング PR の役割とアプローチ

2–1　マーケティング PR の役割

近年重視されてきているマーケティング PR は，どのような役割を果たしているのだろうか。コトラーとケラーは，マーケティング PR の 6 つの役割を挙げているが，その中から日本の事例と共に 3 つの役割を挙げておこう（Kotler and Keller, 2006）。マーケティング PR は，これらの役割のいくつかを同時に果たしていることが多い。

① 　新製品発売の支援

新製品を売り出そうとするとき，その新製品が画期的なもの，または人々の生活を変える可能性があるものであるならば，ニュースとして取り上げられる可能性がある。例えば，心臓の CT 検査を導入した宝塚病院は，「心臓突然死を減らす」ことを主張し「ハートお大事に券」というギフト券を売り出した。父や母の健康を心配する家族からのプレゼントという温かいストーリーと，突

然死を減らすという社会的な意義も加わり，いくつかのニュースとして取り上げられits認知とポジティブなイメージは高まった（殿村，2010）。

② 成熟製品のリポジショニングの支援

ポジショニングとは，消費者の頭の中にそのブランドをどう位置づけていくかである。成熟した製品を，新しいものとして再び位置づけることをリポジショニングという。昔の映画館といえば，単館上映の暗く汚く不良の行く場所というイメージであった。シネマ・コンプレックスという業態が1990年代に上陸したとき，それらは，総入れ替え制と座席指定による座席保証，視界が確保されるスタジアム式の座席，国際基準の広いシート，最新の音響システムなどにより，快適な映画体験を提供した。「シネマ・コンプレックスで映画を見ることはまったく新しい映画体験である」ことをパブリシティ提供やインフルエンサー（第7章を参照）の起用で，ニュース報道や情報誌の記事を通して伝えていくことに成功した。

③ 製品カテゴリーに対する関心の構築

前述したハイボールという飲み方の普及のように，自社製品「角瓶」の認知拡大を狙うのではなく，他者のメーカーのウイスキーを使ったものも含めて「ハイボール」という製品カテゴリーをアピールしていこうという考え方である。他にも，「グラノーラ」の例を考えてみよう。カルビーは，自社の商品「フルグラ」という製品の認知拡大だけでなく，「グラノーラ」専門店ができるほど，この製品カテゴリーが受け入れられつつあるという事実をリリースに掲載し，さまざまなメディアに取り上げてもらうことができた。ある製品カテゴリーに対する注目が高まっているという事実は，社会的な関心事でもあるため，取り上げてもらいやすいのである。つまり，自社が比較的優位に立っている製品カテゴリーが流行し，世間に受け入れられているというニュースは，小売店舗からの問い合わせを増加させ，小売店舗での顧客との出会いを促進するのである。

2-2 マーケティング PR の実際

それでは，商品が売れるようになるために，どのようにパブリシティをつくりニュースを仕掛けていけばよいのだろうか。具体的には第6章で述べたよう

にマスメディアへパブリシティを提供していくことになる。

　その商品に関する出来事を，社会のニュースとして価値のあるものになるように工夫しながら情報提供するのである。例えば新製品発売という出来事をニュース素材として提供するために，ニュース・リリースを出し，新製品発表会を開催する。ニュースに取り上げられるためには，何が新しいのか，珍しいのか，面白いのか，人々の生活がどう変わるのか，といったニュース・バリューを意識しながら情報提供する必要がある。現在の社会の関心事が何かという点を考慮しながら，その出来事をニュース化することを考えてみる必要がある。梅雨のシーズンであれば，新しい雨具の開発は季節を告げるニュースになるかもしれない。少子化が社会問題になると，新しいベビーシッター・サービスは，少子化対策のニュースの１つとなるかもしれない。

2-3　自社の価値を新しい文脈に位置づけるアプローチ

　しかし，特定の商品をニュースや番組で取り上げてもらおうとしても簡単にはいかない。そこで，商品を買いたくなる風潮をつくり出すために，その商品が有利になるようなニュースや記事を仕掛けていこうというのが**戦略PR**と呼ばれる手法である。居酒屋ではハイボールという飲み方がはやり始めたらしいというニュースによりウイスキーの需要を拡大させようというものである。また，コロナ禍の運動不足によりおうちフィットネスへのニーズが拡大したらしいという社会的ニュースの文脈のうえに，オンラインヨガ教室が自社サービスを位置づけようとすることなども，戦略PRだろう。

　近年ではナラティブ経済学をベースにした**ナラティブ・アプローチ**と呼ばれる手法へと拡張している。ナラティブ経済学とは，世間のナラティブについての理解を経済事象の説明に組み込もうとするものである。感染性のある物語（ナラティブ）が人々の間で語られることにより，人々の認識の変化が起こり，それが行動の変化につながり，やがてマクロな経済に影響を与えるのだとし，人々の認識枠組みの点から経済をとらえている。例えば，「機械が人の仕事を奪うナラティブ」は，200年以上も前から続く不安を高めるナラティブであり，形を変えて繰り返し出現してきた。現在では，「AIに取って代わられる仕事」という形になっている（Shiller, 2019）。このナラティブは，人々の教育選択行

Column 13　ナラティブ・アプローチ

　ナラティブ・アプローチの例として，男性用メイクアップ製品の例を挙げよう。スキンケアをする男性は少なくないが，メイクアップに関してはいまだに女性がするものという認識が一般的なのではないか。ところが，2019 年 3 月，資生堂はメンズブランド「ウーノ（uno）」の男性用 BB クリーム「フェイスカラークリエイター」を発売した。このシリーズは，2021 年 2 月までの累計出荷個数 100 万個を突破するヒットとなった。

　実際に男性は「メイクをするのは気恥ずかしい」という認識をもっていた。しかし，大事な場面で「第一印象をよくしたい」という悩みを抱える男性は多い。そこで，「第一印象はつくれる」というコンセプトを打ち出した。男性はステップアップのための資格取得やジム通いなどに時間を割いて努力しているが，その忙しい人でも短時間で第一印象を変えられるというわけだ。そして，男性の化粧への抵抗を減らすための PR 活動を行った。起業家向けセミナー，転職セミナー，就活セミナーなどの来場者にさりげなく商品を紹介し，メディアにその様子を取材してもらうことで，男性も第一印象のためにメイクをするという社会通念を伝えたのである。「男性のメイク」を「気恥ずかしい」から「当たり前」に変化させるナラティブ・アプローチである（本田，2021）。

ウーノ フェイスカラークリエイター

（写真提供）　株式会社ファイントゥデイ資生堂

　（注）　＊は 2021 年 7 月，株式会社ファイントゥデイ資生堂へ承継。

動や職業選択行動に少なからず影響しているだろう。このような考え方をベースにした，社会通念の認識枠組みを変えるために感染性のある物語を主張しようとするのが，近年のナラティブ・アプローチである。

　また，自社ブランドがもつ価値観をベースに社会的な課題をコミュニケーションに取り入れた**ブランド・ジャーナリズム**（第 7 章を参照）と呼ばれるものなども登場している。当初はジャーナリズム的視座をもつオウンド・メディアを指して使われた言葉であるが，批判的な視座をもつ短期のブランドのコミュニケーションを指して使われることもある。例えば，パンテーンの 2018 年のキャンペーン「#1000 人の就活生のホンネ」から始まったコミュニケーションは，自由な髪型で就活ができないことへの問題提起のきっかけとなったものである。「# HairWeGo さあ，この髪でいこう」と自由な髪型で就活をしようと呼びか

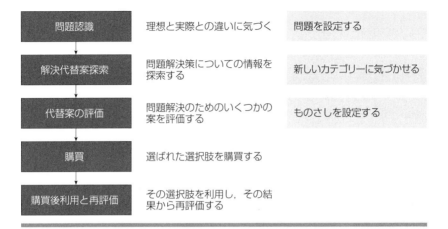

	消費者の行動		マーケティング PR のアプローチ

消費者の行動		マーケティング PR のアプローチ
問題認識	理想と実際との違いに気づく	問題を設定する
解決代替案探索	問題解決策についての情報を探索する	新しいカテゴリーに気づかせる
代替案の評価	問題解決のためのいくつかの案を評価する	ものさしを設定する
購買	選ばれた選択肢を購買する	
購買後利用と再評価	その選択肢を利用し，その結果から再評価する	

図 8-1　消費者問題解決の一般的モデルとマーケティング PR のアプローチ
（出典）Peter and Olson（2005）をもとに作成。

けるだけではなく，それに賛同する企業 139 社も集まった。その後も，茶色い地毛を黒髪に染めなければならない高校の校則への問題提起となる「＃この髪どうしてダメですか」を打ち出し，SNS 上でも話題となっている。

　いずれも，自社が提供するモノやサービスの価値を，社会性のある文脈に位置づけることを狙いとしているという点は同じである。そして，このように社会への問題提起を行うことで人々の共感を得ることが，ブランドへの共感，あるいは製品利用へとつながることを意図しているのである。

　では，このアプローチがどのように消費者の購買に影響していくかについて，**消費者の問題解決行動**の視点から検討してみたい。消費者行動，中でも消費者を情報処理する存在と見る立場では，人々の意思決定を問題解決行動と見る。現実と理想状態とが違うことに気づいた消費者は，理想状態を目標として設定することで動機づけられる。そしてさまざまな解決のための代替案を検討しながら，購買まで至る（図 8-1）。例えば，ある消費者が自動車の調子が悪いことに気づいたとしよう。同じブランドの自動車への買い替え，新しいブランドの検討，もしくは修理やリースという代替案を検討する。購買すると決めた場合も，「費用」「燃費」「トルク」「トランクの広さ」「モデルのかっこよさ」など

さまざまな**属性**（評価項目）についての情報を入手しながら，代替案を評価していく。そして購買の後，ドライブしながらその性能を評価する。消費者はこのような経緯をたどると考えられている。

　次節では，この3つのアプローチをよりくわしく述べていこう。問題を設定すること，新しいカテゴリーに気づかせること，「ものさし」を設定することの3つである。

⋮ **3　マーケティングPRを解釈する3つのアプローチ**

3-1　問題を設定する

　前述のように，理想と現実とのギャップに気づくことで，そのギャップを埋めようとすることが消費者の動機づけとなる。つまり，理想と現実とのギャップに気づかせることが1つ目のアプローチである。男性であっても，ここぞというときに「第一印象をよくしたい」のだが，実際には寝不足で目の下に隈ができていることもある。その理想と現実とのギャップに気づかせるのである。

　このように解釈枠組みを提供するメディアの効果を**フレーミング効果**という。もちろん，広告にも同じような効果があるだろう。たんに広告で特定の企業に都合のよいフレーム（解釈枠組み）を提示されても，「売りたいからだよね」と勘ぐってしまうかもしれない。そういう意味で第三者から提供されたフレームは消費者にとって非常に価値のあるものとして人々に影響するのである。

3-2　新カテゴリーに気づかせる

　近年，マーケティング努力のおかげで，多くの企業が顧客の声を聞き，似たような機能をもつ製品が多くなり，同じ**製品カテゴリー**の中に，多くのライバルが存在する状態となっている。そこで新しいカテゴリーを創り出そうとする戦略がとられ，それに一役買おうというのが2つ目のアプローチである。

　人々は商品を理解するときに，同じ機能を果たす商品群をひとくくりにして理解しようとする。洗濯機に入れて洋服をきれいにするものを洗濯洗剤として記憶するのである。1つの製品カテゴリーとして記憶し，買うときの情報処理

を行うのだ。

　人々は新しい商品に出会ったとき，これがどのカテゴリーに入るのかを決定する。これを**カテゴリー化**と呼ぶ。それが既存のカテゴリーに入らない場合は，新しいカテゴリーが創られる。例えば，「iPhone」はスマートフォン・カテゴリーをつくり出し，現在ではその最も典型的なブランドである。花王の「ヘルシア緑茶」は緑茶市場から健康茶市場というサブカテゴリーを切り取り，新市場形成に成功した。新カテゴリーにおいて一番手になることができるならば，カテゴリー・ニーズが高まるにつれ，必然的にそのブランドのニーズは高まることになる。サブカテゴリーが確立しそうなら，そこで一番手を狙う方法は有効である。

　それほど画期的でないものであっても，さまざまな新しいカテゴリーを消費者に認知してもらうことは可能である。「居酒屋で1杯目に頼む飲み物」といえば，昔はビール1択であり，他のものを頼むと「出てくるのが遅くなる」と上司に怒られたものである。しかし，現在ではハイボールもウーロン茶も，その仲間入りを果たしているだろう。つまり，分類学的には異なる製品カテゴリーであっても，同じ「居酒屋で1杯目に飲む飲み物」というカテゴリーを形成しているのである。「リングフィットアドベンチャー」「ダイエットサプリ」「サウナスーツ」は，家で身体を引き締めるという目的を達成する手段である。熊本県五木村から送られてきた「紅茶」「はちみつ」と「オンラインでのおはなし会」は，「外出できなくても旅気分を味わう」という目的を達成する手段である（Column 14 を参照）。このように消費者は，目的を達成する手段としてのカテゴリーを形成することが多い。

　カテゴリー化（categorization）とは，人々が物事を分類する過程（高橋，2011）であり，それによって消費者が自由に創造的にカテゴリーを設け，それに意味をつけてみずからの世界を解釈する情報処理行為（新倉，2005）である。なぜ，カテゴリー化がマーケティングにおいて重要なのだろうか。それは，消費者がどのように対象を分類するかによって，その選択の結果が異なるからである。

　例えば自動車を選ぶ場合を考えてみよう。関与（関心の高さ）が高い場合や知識がある場合には，属性ベースの分析的なやり方（例えば「パワー」や「静か

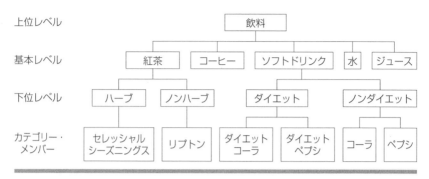

図 8-2　分類学的なカテゴリー

（出典）　Hoyer and MacInnis（2007）；高橋（2011）。

さ」といった属性）でカテゴリー化し，関与が低い場合や知識や情報に限りがある場合には包括的なやり方で（例えば「豪華な雰囲気」など抽象的な言葉で）カテゴリー化する（高橋，2011）。いずれのやり方をとるかによって，そのブランドの競合ブランドは異なることになる。

　カテゴリーには分類学的なカテゴリー（図8-2）と，状況に応じて一時的につくられるアドホックなカテゴリーがある。例えば，「ヘルシア緑茶」は分類学的にいえば，ペットボトル入り飲料の中の緑茶カテゴリーだろう。しかし，ダイエット・ツールというアドホックなカテゴリーに分類されるとすれば，そのカテゴリー・メンバーは，スポーツジム，サプリメント，通勤用自転車と分類学的には一見関連のないメンバーとなる。このようにある目的を達成するためのカテゴリーを**目的に導かれたカテゴリー**と呼ぶ。

　消費者が，どのような場合にどのようなカテゴリーをつくるのかがわかれば，自社の競合が見えてくる。そうなれば，自社のとるべきアプローチも異なってくるのである。

3-3　「ものさし」を設定する

　バブル期には「三高」という言葉があった。女性が，高学歴・高収入・高身長の男性を結婚相手に求める傾向を指す言葉である。しかし現在では「三低」という言葉がある。低姿勢，低依存，低リスクの男性が好まれるのだそうだ。このように，環境や時代によって，人々の判断基準つまり「ものさし」は変化

Column 14 「#旅するおうち時間」

2021年,「ゴールデンウィークの6日間,おうち時間に,旅先がおじゃまします」という企画が立ち上がった。第1弾は10日間で400セットが完売するほど,大きな話題を呼んだ。熊本県五木村にある地域づくりの会社,株式会社日添が企画したものだ。コロナ禍がさまざまな業種を襲ったとき,地域づくりに従事する全国の仲間が集まり,いろいろな地域の魅力を自宅にいながら楽しめる「#旅するおうち時間」というコンセプトの商品を企画したのである。6日連続でさまざまな地域から紅茶やはちみつなどとっておきのものが届く。さらに,その送り主による「オンラインおはなし会」のライブ配信が行われ,旅先で出会う地元の人々との交流との体験が,自宅にいながらにしてできるのである。地域の人々がつくりだす産品を,たんなるモノとして届けるのではなく,「とっておきの時間をつくるためのもの」というテーマで,提供している。この取り組みは,地域の人々との交流により,交流人口の増加という地域活性化の点からも期待されたが,それだけでなく,おうち時間を体験している消費者同士の交流まで生まれている(ソトコト,2021)。

「#旅するおうち時間」のwebサイト

(出典) 旅するおうち時間のwebサイトから,日添の許諾を得て掲載。

していく。

これをマーケティングの文脈で考え,世間の準拠枠を変化させようというのが3つ目のアプローチである。これは広告でも用いられる手法であるが,ニュースとして伝えた方が,より説得力がある。世の中の人はこういった属性,つまり評価項目を使って,モノを選んでいるのだというニュースは,世間に準拠したい日本人にとってはインパクトのある情報だろう。

メディアは公的な話題を扱うため,特定企業の商品の広告となる直接的なトピックスは取り扱ってはくれない。ただし,世の中の判断基準の変化といった

社会的なトピックスであれば，それはニュースとして扱う価値のあるものとなる。自社にとって都合のよい「ものさし」が世間に設定されるような情報提供が重要となる。

　1930年代後半，ネスレははじめてインスタントコーヒーを売り出した。しかし，便利で味や香りへの評価が高かったにもかかわらず，売れ行きが思わしくなかった。その原因をさぐるために心理学者に調査を依頼したところ，主婦たちは，インスタントコーヒーを買う人は「手抜き」をしているという悪いイメージを潜在的にもっていることがわかった（Haire, 1950）。そこで，「便利で香りがよい商品」としてアピールするのではなく「時間を節約する賢い主婦が買うもの」という訴求をすることで，売り上げは伸びたという。主婦からの評価は「手抜きしないか」ではなく「時間を節約できる賢さがあるか」というものさしでとらえるとよいという主張である。

　日本での冷凍食品の訴求もこの変化球にあたるだろう。味の素の冷凍餃子の「#手間抜き論争」でも，使われたものさしである。冷凍餃子を批判されたというTwitter投稿に対して，それは手抜きではなくて，手間抜きであるとアピールした。消費者は手間を省いているかもしれないけれど，工場で手間をかけて丁寧に作られているのだという動画を公開し話題になっている。

　近年ではシェアリングサービスやフリマアプリの利用が増えたことで，人々の中古への抵抗は少なくなり，リユース市場のイメージも変わってきている。学生たちは「メルカリで売れるかどうか」といった点でファッション製品を購入することも少なくないようだ。メルカリで人気がありそうなブランドであれば，少々高くても購入に踏み切る。つまり，購入の際の準拠枠が変化しているといえるだろう。

　SDGsというものさしも，さまざまな行動を変化させるだろう。「コスパがよい」から選ぶのではなく，「地球によい」から選ぶ人が増えている。また，「誰一人取り残さない」事業への寄付は，価値があると見られるかもしれない。自社製品が，どういった準拠枠，ものさしをあてると魅力的に見えるのかを考え，それを活用すべきだろう。

　次節では，これらのアプローチに利用可能な，ニュースを創り出すための方法をいくつか見ていこう。

4 ニュースを創り出す

4-1 ニュースとなる出来事の構築

　広報部門がみずからの組織に関することをニュースや情報番組で取り上げてもらうために，ニュースとなる出来事そのものを創り出すことも多い。

　記者会見やメディア訪問，表敬訪問などはその典型例である。新しい音楽ホールが完成したことはニュースであるが，それだけではテレビで取り上げてもらいにくい。そこで竣工式を計画するのである。市長や有名人を呼び「市長がテープカットする絵」を創り，動画を必要とするテレビにとっての魅力を高める。有名演奏家を招いて演奏会を行うだけでなく，地域のアマチュア音楽家を招いたコンクールを行ってもよいだろう。このように，みずからの組織にニュース性のある出来事がありそうならば，そのニュース性を高めるよう出来事を加工していくことも広報の1つの仕事である。広報担当者が仕かけるニュース素材には以下のようにさまざまなものがある。

① 調査発表

　自社が行った調査結果を発表することでニュースを創ることがある。例えば，リクルートワークス研究所の「大卒求人倍率調査」は景気を示す1つの指標としてその発表がニュースになる。銀行が行う「この夏のボーナスの使い道調査」なども消費動向を示す手がかりとして取り上げられることがある。「ボーナスの使い道は貯蓄が1位」というニュースを聞いて銀行へ預ける額が増加するかもしれない。このように関連するニュースを創り出すということは，企業や自治体の認知を上げるだけでなく，自社を取り巻く市場への関心を高めることができるかもしれない。

② 公募やコンテスト

　「サラリーマン川柳」は第一生命保険が行っている企画コンクールである。世の中のサラリーマンの世相を反映しているため，多くのメディアで取り上げられている。

　また，近年，年末になると必ず取り上げられるニュースがある。「現代用語

の基礎知識選　ユーキャン新語・流行語大賞」である。定着した言葉だけを掲載する一般的な辞書とは異なり，新しい言葉を積極的に取り上げることをコンセプトとしている『現代用語の基礎知識』（自由国民社）が 1984 年に始めた賞である。受賞した言葉に関係する人を受賞者とするため，その年の世相を代表する受賞者が受賞式に登場する。その年を振り返るためにふさわしいキーワード，そして旬な受賞者が登場し，盾をもらう映像はテレビの映像として非常に魅力的である。報道だけでなく，バラエティ番組や情報番組にも取り上げられる。そのうえ，受賞式の映像の背景には提携企業のロゴが大きく映し出されることになる。

　これらの活動の目的は，提供素材のニュース性を高めることである。ある特定の企業や商品に関するニュースではなく，世の中の動向というニュース価値を高めるために，公募やコンテストで公共性を高めている。そして，その年を振り返りたいタイミングに発表する。タイムリーさを考慮してのことである。加えてテレビというメディア特性に合わせて絵になるイベントを計画することで，テレビが扱いやすい素材を提供している。

4-2　疑似イベント，メディア・イベント

　米国の文明史家であるブーアスティンが指摘したのは，ニュースは出来事が起こった後に報道されるだけではないということであった（Boorstin, 1962）。読み手は新聞がニュースを満載していることを期待し，記者は事件がなくともニュースを見つけ出す。受け手も送り手もニュースを必要としており，たとえ重大な事件がなくとも新奇な出来事は紙面を飾っているという事実がある。つまり，ニュースは創られるのである。

　ブーアスティンは，合成された新奇な出来事を**疑似イベント**（pseudo-event）と呼んだ。ホテルの 30 周年の祝典を企画する PR 顧問の話を例に挙げ，広報専門家を疑似イベントの 20 世紀的生産者と呼んでいる。疑似イベントの特徴は，①自然発生的でなく誰かがたくらんだものであること，②本来報道され，再現されるという直接の目的のために仕組まれ，③現実に対する関係は曖昧（何が起こったかより，その意味が重要）であり，④自己実現の予言（例えば，祝典により立派なホテルが実現する）としてくわだてられる。このように彼は，広報

の専門家をニュースとなる出来事を発生させる存在として描いている。これを加速させたのがテレビの存在であった。ニュースは疑似的に創られるというこの考え方はジャーナリズムの中では衝撃であった。

　ニュースが出来事そのものに影響を与えるだけでなく，ニュース報道を主目的として出来事が創られる場合にはこれを，**メディア・イベント**と呼ぶ。例えば皇族の葬儀や結婚式などの「戴冠型」，アポロの月面着陸など人類の飛躍を示す「制覇型」，一定の規則に従って勝利を競うオリンピックなどの「競技型」などがある（Dayan and Katz, 1992）。

　このように見ていくと，広報担当者はジャーナリストにとって，ニュースのない閑散期にニュースを製造してくれる存在でもある。しかし本来のジャーナリズムの視点からいえば，発生した出来事を報道するという精神を阻害する存在であるかもしれない。元来，われわれが社会的現実だと受け止めている現象はメディアに媒介された社会的に構築された疑似環境であるといわれている。ならば，われわれが認識している出来事は，メディア，広報担当者，受け手のすべてが相互作用によって報道を創り出し，世論の反応を受けて変化していくものととらえることができるだろう。

　自社に関連する出来事をどのように解釈しニュースに加工していくのか，もしくは出来事そのものを創るのか。これらは，パブリック・リレーションズの目的をどこにおくのか，たんに報道を増加させれば成功ととらえてよいのかということにも関わってくるだろう。

　出来事を創り大きくニュースに取り上げられた例は，2009年のオーストラリアのハミルトン島の事例であろう。ハミルトン島は，半年で約1000万円の報酬を用意して島の情報発信者を募集し，その募集プロセスが「世界一贅沢な仕事」として世界各国のメディアに取り上げられている。メディアを意識して出来事を創っていくことは，広報担当者にとって，さらに高度な仕事として位置づけられるだろう。

1　あなたが最近購買した商品（またはサービス）を1つ選ぼう。なるべく時間をかけて選んだものがよい。購買にあたりどんな情報をどこから入手したのかなるべくくわしく書き出し，その中のどれがあなたにとって最も影響を与えたのか，その理由も含めて考察しよう。

2　あなたの所属している組織の商品（あるいはサービス）がどんなカテゴリーに属するのかを考え，なるべく多くのカテゴリーをつくってみよう。

1　本田哲也『戦略PR——空気をつくる。世論で売る。〔新版〕』アスキー・メディアワークス，2011 年
　▶ 戦略PRの実務家による戦略PRの実践を事例を交えて解説した1冊。
2　A. ライズ，J. トラウト『ポジショニング戦略〔新版〕』川上純子訳，海と月社，2008 年
　▶ 広告業界において最初にポジショニングを提唱した実務家たちによる書の新版である。ポジショニングの初期の考え方がよくわかる。
3　R. J. シラー『ナラティブ経済学——経済予測の全く新しい考え方』山形浩生訳，東洋経済新報社，2021 年
　▶ マーケティングPRのナラティブ・アプローチのベースとなる考え方がよくわかる。ノーベル経済学賞を受賞した著者による，物語と経済学の関係を明らかにした書である。

第9章

インベスター・
リレーションズ（IR）

▶ M&A（合併・買収）に欠かせないコミュニケーション戦略

2006 年 7 月 23 日，当時，売上高が日本最大かつ世界第 7 位の製紙会社であった王子製紙は，新潟に主要施設を有する日本第 6 位の北越製紙に対し 50.1％の株式取得を目指す敵対的 **TOB**（take-over bid：**株式公開買い付け**）を行うと公表した。歴史ある伝統的企業が他の上場企業へ敵対的 TOB を仕かける日本初のケースとして注目された出来事であった。

約 1 カ月の攻防があったが，最終的には買収は失敗に終わっている。王子製紙には，北越製紙のステークホルダーに対して，理解を得るための積極的なコミュニケーションを展開した形跡が見られず，ほぼすべてのステークホルダーを敵にまわすことになったのである。

一方，北越製紙側は，「①特化した技術的優位と経営基盤を保つには北越製紙は独立を維持しなければならない」「②北越製紙の独立維持と新潟における存在の継続は，地域コミュニティの繁栄に欠かせない」「③二大勢力が存在する製紙業界にあって，強力な第三勢力の存在は業界の健全な発展のために欠かせない」というキーメッセージを発信し，新潟地方の株主，機関投資家，他地域の個人株主などの支持を取りつけることに成功した。

井上は，王子製紙の問題点として，北越製紙のステークホルダーに対して理解を得るための明確なコミュニケーション戦略をもっていなかったと分析する。説得の対象として念頭にあったのは，北越製紙の株主と経営陣だけであり，従業員やその他のステークホルダーと積極的なコミュニケーションを図ろうとし

ていなかった（井上，2007）。

　また，一方，山村とスタックスは，北越製紙側の防衛成功のポイントとして，北越製紙自身の独立がコミュニティと業界の繁栄のためにきわめて重要である，というメッセージを明快に株主とステークホルダーに伝えることにより，王子製紙による敵対的買収からの防衛に成功したと指摘する（山村・Stacks，2013）。株式公開買い付けにはファイナンスや法的な要素が大きく影響するため，コミュニケーション活動が最終的な結果にどの程度のインパクトを与えたかを測ることは難しいが，この事例では北越製紙のコミュニケーション戦略が有効であった。

　上場企業であれば，株主・投資家は重視すべきステークホルダーであり，彼らとの良好な関係構築が必要不可欠である。そのためには前述のように従業員やその他のステークホルダーをも含めたコミュニケーション戦略が重要となる。本章では，株式会社を中心に，株主・投資家との関係づくりのための活動（IR：investor relations：**インベスター・リレーションズ**，以下 IR）について説明する。

1　組織の活動と資金調達

　本章では，IR がとくに重要な意味をもってくる株式会社を中心に，資本市場から直接金融として資金調達を行うことを前提に解説を行う。そのため，本章でいう資本市場とは，一義的に株式市場のことである。

1-1　資金調達の方法

　組織体が社会の中で事業を行っていくためには資金が必要である。ここでいう組織体として思い浮かぶのは企業を代表とする営利組織であろうが，NPOのような非営利組織であっても，資金をどのように調達するかは重要な問題となる。事業を始めるにあたって，自己資金（**自己資本**）を十分にもっていればさほど問題はないが，社会に対して大きな影響力をもつ事業を行おうと思えば，それなりに潤沢な事業資金が必要になる。事業を始めるにあたって必要な資金

を調達するためにはどうすればよいだろうか。

　資金を調達するには，大きく分けて２種類の方法がある。それは直接金融と間接金融といわれるものである。**直接金融**は，仲介金融業者（銀行）を通さずに，お金を借りたい人（借り手）が，お金を貸したい人（貸し手）から直接的に資金を調達する方法である。例えば，債券や株式などの有価証券のような証明書を発行して，資金を直接投資家から調達するやり方である。直接金融の場合，貸し手は，貸したお金が返ってこない可能性があるという資金提供に伴うリスクを負うことになる。

　一方，**間接金融**は，銀行（間接金融業者）を通じて，間接的に資金を調達する方法である。例えば，銀行が行う「貸付」や「融資」などである。銀行は多くの人からお金を預金という形で集めて，それを貸付や融資という形で借り手に資金提供する。私たちは何気なく銀行に預金者としてお金を預けているが，知らないうちに銀行の貸し手となっているのである。また，預金者はお金を預けても，そのお金を使って銀行が誰に資金提供するのかはわからない。その代わり，銀行が預けたお金を回収できないという損を出しても，預けたお金は戻ってくる。つまり，間接金融においては，資金提供に伴うリスクは仲介金融機関が負うのである。

　一般的に**上場**とは，証券取引所で**株式**（有価証券）が売買されるようになることであり，その株式を発行している企業を**上場企業**（上場会社）と呼ぶ。上場企業は，株式を発行し，投資家から市場（証券取引所）を通じて資金を調達している。直接金融を行っているのである。上場企業は，不特定多数の資本家から資金を調達することができる**株式公開企業**であり，企業の社会的な存在が強く，**パブリック・カンパニー**と呼ばれる。

1-2　信頼を獲得するコミュニケーション

　いずれの方法にせよ，資金を調達する際には，貸し手から，貸したお金は何に使うのか，貸したお金を戻せる見込み（計画）があるのかなどの説明が求められる。例えば，あなたが友達にお金を貸したら，何のためにお金を使うのか，いつぐらいにお金が戻ってくるのかなどを友達に確認するだろう。戻ってくる見込みがないような友達や，信頼関係のない友達にお金を貸すことはないだろ

う。組織も資金を調達するためには，貸し手を納得させること，つまり，貸し手の信頼を得ることが必要になる。信頼を得るためにも**レピュテーション**（第3章を参照）が重要になってくる。レピュテーションを向上させ，貸し手からの信頼を獲得するためのコミュニケーション活動は，本章で扱うインベスター・リレーションズに含まれる。

2 IRとは

2–1 IRの定義

　IRとは，よりくわしくいうと，投資家や株主など資本市場の参加者に対して，自社の事業活動に関する情報を適切に開示・提供していく活動を指す。IRは，文字通りでは，インベスター（investor）＝投資家と，良好な関係（relations）を構築するための活動である。全米IR協会（NIRI）が1988年に発表した次の定義が，日本でも多く引用され，長い間使用されてきた。

　「IRは，企業の**財務機能**と**コミュニケーション機能**とを結合して行われる戦略的かつ全社的なマーケティング活動であり，投資家に対して企業の業績やその将来性に関する正確な姿を提供するものである。そしてその活動は，究極的に企業の資本コストを下げる効果を持つ」（ゴシック体は引用者）。

　しかし，1990年代後半に立て続けに不正会計などの企業不祥事が発覚し，それに伴うサーベンス・オクスリー法（米国企業改革法）の施行を受け，2003年3月に，NIRIは，IRの定義を次のように変更した。

　「IRは，企業の証券が公正な価値評価を受けることを最終目標とするものであり，企業と金融コミュニティやその他のステークホルダーとの間に最も効果的な双方的コミュニケーションを実現するため，財務活動やコミュニケーション，マーケティング，そして証券関係法のもとでのコンプライアンス活動を統合した，戦略的な経営責務である」。

　この定義では，IRが「戦略的な経営責務」であることを明示している。株主や投資家からの信頼を得るためには，IRを経営の重要課題とすることが必要不可欠であるとの認識が示されている。

2-2 制度的情報開示と自主的情報開示

IR には，商法や証券取引法や取引所規則といった制度的な情報開示だけでなく，企業が自主的に行う情報提供活動も含まれる。制度的開示である財務データの開示は，主に過去におけるこれまでの財務成績の報告が中心となる。しかし，投資家の関心事は，投資先企業における将来の富の創出能力である。過去のことではなく，将来に関心が高い。そこで，IR ではたんなる財務データの開示にとどまらず，自主的な情報提供活動として，財務データ以外の情報（**非財務情報**）開示が求められる（岡田，2004）。例えば，研究開発の動向，経営者の能力や従業員の働き方，組織の効率性などの非財務情報が，将来の富の創出能力にどのようにつながるのかといった情報を自主的に提供することが求められる。

また，須田らの研究によれば，自発的な情報開示の水準の高さと，**資本コスト**（投資家・株主などが負うリスクに見合ったリターンであり，企業が資本を調達・維持するために必要なコスト）は負の関係にあること，自発的な情報公開を行った企業の方が証券アナリストの利益予測の精度が高いことが明らかになっている（須田，2004）。制度的な情報開示だけではなく，自発的な情報開示を含めた IR を充実させることで，投資家の的確な将来予測につながり，そのことが資本コストを低減させることにつながるのである。

しかし，ただ，やみくもに情報提供をすればよいというものではなく，適時，公平といったさまざまな市場のルールに則った活動が必要であるということはいうまでもない。IR を短期的な株価引き上げ策と位置づけるのではなく，中長期的にレピュテーションや信頼を創造するための，企業と市場をつなぐコミュニケーション活動と考えるべきである。投資されるためには，信頼の存在が前提条件であり，信頼を基礎として株価が適正に評価されることになる。信頼関係がない人間に自分の金を預けることをしないのと同じように，投資家も信頼のおけない企業には投資しようとは思わない。

3 資金調達と情報の提供

3-1 株式会社という組織

　まずは，理解を深めるためにも**株式会社**について簡単に述べる。株式会社は，株主から資本を集めて，これを運用して利益を上げて，株主に分配する企業制度である。株式会社制度のもとでは，株主が企業の所有者となる。経営者は株主の代理人（**エージェント**）でしかない。経営者は，多数の資本家の利益のために働く代理人なのである。経営者自身が企業の創業者であり，大株主となっている場合もあるが，株式市場に上場すれば不特定多数の資本家が企業を所有することとなり，創業者社長の持ち株比率も低下し，経営への影響力は低下する。

　企業の最高意思決定機関は**株主総会**である。株主総会は企業の所有者である株主によって構成されており，企業の設立，合併，改組，解散などの基本的組成，取締役・監査役の選任や解任などの人事，業績の確定と成果の配分に関する決定などを行う。企業の最も重要な事項は，株主総会の決定に従うことになる。

　株主総会で選任された取締役によって**取締役会**が構成される。取締役会は業務上の事柄を決定し，執行する機関である。株式会社における業務執行上の意思決定は，取締役会でなされる。株式会社では，所有と経営は分離されているのである。

3-2 所有と経営の分離と情報の非対称性

　資本市場と経営者の関係は図9-1のようになっている。経営者は資金を十分にもたずともビジョン，アイディア，戦略をもち，それが理解されれば資本市場から資金を調達することができる。一方，資本市場にいる投資家は経営のアイディアをもたずとも，企業の株主となりビジョン，アイディア，戦略を具現化するための資金を提供することで，その企業を所有することができる（中野・蜂谷，2004）。資金が提供されるためには，経営者は経営する会社のビジョ

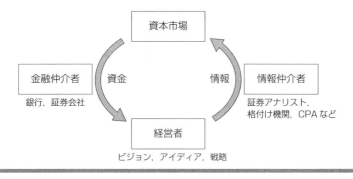

図9-1 情報と資金のフロー

(出典) 中野・蜂谷（2004）。

ン，アイディア，戦略に関する情報（**ビジネスプラン**，会計情報など）を資本市場に開示しなければならない。このような情報と資金の循環が，資本市場の成立には必要不可欠である。

　上場企業のほとんどは所有と経営が分離し，経営者と株主の間には**情報の非対称性**が存在する。アカロフが指摘したこの情報の非対称性とは，市場の取引に参加する当事者全員に必要な情報がスムーズに行き渡らず，一部に情報が偏在する現象である（Akerlof, 1970）。株主と経営者では同じレベルの情報をもつことができない。経営に関する情報は，経営者の方に蓄積されるのである。だからこそ，経営者はIRを通じて投資家・株主から信頼を獲得することが重要になる。

　アカロフは，情報の信頼性を疑うほど大きな情報の非対称性が存在すると市場は崩壊してしまうと指摘している。例えば，スーパーマーケットで商品の情報を多くもっているのは，スーパーマーケットの方である。顧客には商品の産地がどこなのかは表示を見て知ることしかできない。スーパーマーケットの牛肉の産地表示を偽装し，外国産の商品を国産と偽って販売していたことを知ったら，牛肉以外の商品の産地も大丈夫なのか心配になる。結果的には，スーパーマーケットには客足が遠のくであろう。そして，スーパーマーケットは倒産してしまう。だからこそ，あのスーパーマーケットは，嘘はつかない，よいものを安く売ってくれるというレピュテーションが，消費者からの信頼を得るためにも重要になってくるのである。

似たようなことが，資本市場でも起こりうる。悪いアイディアをもつ経営者は投資家を欺こうとする。情報の非対称性があると投資家は事業の正しい評価ができないために，よい事業も悪い事業も同じ条件で資金を供給することになる。その結果，よいアイディアの事業は本来よりも高いコストで資本を調達することになり，よいアイディアの事業にとって資本市場は魅力的でなくなる。よいアイディアをもつ経営者の市場離れが生じ，悪いアイディアをもつ経営者が市場に残ることになり，投資家はその市場を信用しなくなるのである。結果的にその市場は衰退することになる。

3-3　IR の重要性

投資家と経営者との間に存在する情報の非対称性を完全になくすことは不可能である。情報の非対称性を補完するものが信頼である。信頼を得るためにも，投資家・株主との間で適切な IR を行うことが求められる。

資本市場では，金融仲介者と情報仲介者という 2 種類の仲介者が存在し，これらの仲介者は投資家が投資機会を識別する助けとなり，市場の衰退を防いでいる（中野・蜂谷，2004）。**財務報告**は情報仲介者と金融仲介者が機能していくうえでは重要な役割を果たしている。仲介者は，財務情報をさまざまな情報で補足しながら情報の非対称性を減少させる。情報の非対称性の存在を少なくすることで資本市場は活性化されるのである。

しかしながら，財務報告は，情報の非対称性の存在を低減させるためには有用であるが，現在，企業の**競争優位**の源泉は，目には見えない経営資源としての無形資産に移ってきており，無形資産に投資すればするほど，財務報告だけでの情報開示については限界が生じる。企業が行う複雑な技術開発・研究開発などの無形資産への投資は，これらの支出を外部者が評価することは非常に難しい。

制度的な財務報告以外にも，情報開示の有用性を高める手段として，無形資産などに関する追加情報を含めて自発的に情報を開示することが重要となる。会計ルールは，最低限の開示内容を規定するが，経営者による自発的な追加情報を制限するものではない。長期戦略や経営ビジョンの理解に役立つ非財務指標，さらには将来の利益やパフォーマンスの予測など，さまざまな有用な情報

Column 15　法律で規制される不公正取引

　証券市場が成立するためには，投資家が安心して取引に参加でき，公正な価格形成ができることが重要である。投資家に不測の損害を与えるような行為や取引は不公正取引として，法律で厳しく規制されており，違法行為を繰り返した場合，懲役や罰金などの重い罰則や処分が科せられる。

　法律で規制される不公正取引には，「相場操縦的行為」「風説の流布」「インサイダー取引」などがある。

　「相場操縦的行為」は，相場を意識的・人為的に変動させたり，あるいは一定水準の価格に固定させたりして，その相場があたかも自然の需給関係が成立しているかのように，他人を誤解させることによって，その相場の変動などを利用して利益を得ようとする行為である。

　「風説の流布」は，株式の売買取引などのため，または，ある特定の株式などの相場の変動を図る目的で，虚偽の情報や根拠のない噂を流すことである。意図的に株価を操作する目的で，事実関係がきちんと確認されていない情報や，合理的な根拠がない事柄を安易にインターネット掲示板に書き込む行為は，証券投資を行っていなかったとしても風説の流布として疑われる可能性があるので注意が必要である。

　「インサイダー取引」とは，上場企業に関係する会社関係者が，その企業の株価に影響を与えるような「重要情報」を知っていながら，「重要情報」が公表される前に，株式を売買する行為である。会社関係者には，当該上場会社等の役員のほか社員，帳簿閲覧権を有する株主，法令に基づく権限を有する者，上場会社等との契約締結者などが含まれる。会社関係者から未公表の重要情報の伝達を受けた者（情報受領者）も規制の対象である。

をアニュアルレポート（年次報告書）やパンフレット，アナリストとのミーティングなどを通じて報告できる。

　目に見えず，測定することにも困難を伴う無形資産に関する情報を投資家に伝達するためには，財務数字だけを列挙するだけのコミュニケーションでは難しい。経営戦略，トップの**ビジョン**や**リーダーシップ**などの非財務情報を伝えていく**コーポレート・コミュニケーション**と連携した戦略的な IR を推進していくことが求められる。世界中の投資家からも SDGs（持続可能な開発目標）やESG（経済・社会・ガバナンス）などの取り組みへの説明は求められており，よりいっそう非財務情報の重要性は増している。IR は，情報の非対称性の存在を少なくさせ，その企業の魅力や価値を正しく伝え，適切な資金調達を可能に

するのである。

4 適正な株価に導くIR

　投資家の立場から企業価値を考える際には，**株価**がとても重要な意味をもつ。資本市場では，企業が発行する有価証券（株式）が多数の投資家の間で売買される。資本市場で株式を購入（取得）することで，投資家は株主になることができる。株価は，この株式の取引価格である。この取引価格は，商品市場の価格決定プロセスと同様に需要と供給の関係で成り立っている。ある株式に対して，その企業が将来獲得する財・サービスからの利潤（**キャッシュフロー**：cash flow）が高いと評価した投資家が多ければ，その株式への需要が増え，高い株価で取引されることになる。

　企業価値の評価は，株式会社の場合には，株式時価総額と負債（企業の借金）の市場価値の総和で表すことができる。企業を取り巻く環境が以前にも増して激変している中において，その企業が将来獲得するであろうキャッシュフローを予測することは至難の業である。将来のキャッシュフローを予測するためには，過去の財務成績だけではなく，非財務的な情報が重要になる。過去の実績も重要であるが，経営トップの人物像や組織のもつ利益獲得にかける意志力や活力，そして組織で活動する人々の行動力も将来を予測するための重要な情報となりうる。

　投資家は，将来のキャッシュフローを予測・評価するために，各人ができるだけ正しい情報を入手しようと努力している。メディアによる情報も投資家が入手するうえでは非常に重要な情報である。投資家は各自さまざまな情報に接しており，市場を出し抜くために情報を入手しようとしているといってもよいであろう。実際に市場では儲かった投資家と損失を被った投資家が存在する。

　市場に対して情報を提供しているのは，企業行動の担い手である企業（経営者）自身である。その担い手自身が，投資家に対して将来のキャッシュフローを適切に予測させるべく，情報を提供しているということになる。だからこそ，企業自身がどのような情報を発信し，投資家と適切なコミュニケーションを図

るかが重要となる。IR により，自社の株価を，適正な株価水準に近づけていくことができるのである。

▎5　情報開示制度と IR

5-1　情報開示制度の分類

　具体的な IR を紹介する前に，日本の情報開示の全体像を押さえておこう。日本の情報開示制度は，「制度的」なものか「自発的」なものかに大別できる。法律等で情報開示のルールが定められている制度による開示なのか，自発的な開示なのかによるものである。また，さらに詳細に分類すると「法定開示」「適時開示」「任意開示」の 3 つに大別することができる（表9-1）。

　法定開示は，「金融商品取引法」と「会社法」といった法律に基づく情報開示制度である。「金融商品取引法」では，企業の事業内容や財務状況を記載した有価証券届出書，有価証券報告書などの提出，株式公開買い付けに関する開示，株式などの大量保有（上場会社の発行済み株式総額の 5% 以上を保有）の状況に関する開示が求められる。「会社法」では，株主や債権者を対象にした計算書類の備置，決算公告といった開示が規定されている。

　適時開示は，時々刻々と変化する重要な企業情報を適時・適切に，投資家に対して提供するための情報開示制度である。証券取引所や日本証券業協会の定めにより，企業は，決算短信等を証券取引所または，日本証券業協会に提出しなければならない。

　現在では，企業の主な重要情報は，**EDINET**（Electronic Disclosure for Investors' NETwork）と呼ばれる「金融商品取引法に基づく有価証券報告書等の開示書類に関する電子開示システム」で公開されている。電子開示手続による開示書類はすべて，EDINET を通じて行うことが義務づけられており，主に表9-2 のような書類の開示が必要である。

　任意開示は，法定開示，適時開示といった制度の枠外にある任意のコミュニケーション活動であり，投資判断に有用な企業情報を株主や投資家に対して，適時，公平，定期的に情報提供を行うものである。

表 9-1　情報開示制度の種類

分類	種類	概要
制度的	法定開示	目論見書，有価証券報告書，四半期報告書，決算公告等
	適時開示	決算短信等の開示
自発的	任意開示	アナリスト説明会などの IR 活動，広報活動

EDINET

（出典）　金融庁 web サイトより，許諾を得て掲載。

表 9-2　EDINET での主な開示書類

有価証券報告書，訂正有価証券報告書，大量保有報告書，訂正大量保有報告書

四半期報告書，訂正四半期報告書，自己株券買付状況報告書，訂正自己株券買付状
　況報告書

半期報告書，訂正半期報告書，公開買付届出書，訂正公開買付届出書

臨時報告書，訂正臨時報告書，意見表明報告書，訂正意見表明報告書

有価証券届出書，訂正有価証券届出書，対質問回答報告書，訂正対質問回答報告書

発行登録書，訂正発行登録書，公開買付報告書，訂正公開買付報告書

発行登録追補書類，公開買付撤回届出書

親会社等状況報告書，訂正親会社等状況報告書

確認書，訂正確認書

内部統制報告書，訂正内部統制報告書

5–2 IR の具体的活動

IR の具体的活動には，大きく分けると「対面で話をする方法」と「出版物」がある。「対面で話をする方法」は，①企業説明会（経営方針や企業理念を紹介する），②スモールグループ・ミーティング（質疑応答により進められる），③決算説明会などである。株主総会はこれまで対面型またはハイブリッド型（対面＋オンライン）が認められてきたが，2021 年 6 月に産業競争力強化法が施行され，会社法の特例として「場所の定めのない株主総会（バーチャルオンリー株主総会）」に関する制度が創設され，ある一定の確認を経済産業大臣と法務大臣から受けた場合に限り，オンラインのみの株主総会の開催を可能としている。この措置も 2021 年 6 月施行後 2 年間のみの特例であるが，今後このようなオンラインやデジタルテクノロジーを活用した IR は増えていくであろう。

また，「出版物」としては①アニュアルレポート，②ファクトブック（アニュアルレポートを補完するためのデータをまとめたもの），③事業報告書といったものがある。これらの活動が，法定開示，適時開示とあわせて行われる。

いずれにせよ，IR は基本的には任意開示のため，法定開示，適時開示のように定まった様式はない。任意であるだけに，投資家や株主に対して，自社を理解してもらえるようにわかりやすく説明し，関係を構築する姿勢で臨むことが重要である。

企業活動がグローバル化しており，世界的な規模で本格的な **M&A（合併・買収）** がさかんになっている。企業は，いつ何どき敵対的買収を仕掛けられるかわからない時代となった。冒頭の事例でも述べたように，M&A の際にはコミュニケーションが非常に重要になる。M&A の際に，企業は株主以外にも，従業員，地域社会などの主要なステークホルダーに対して，その理由や目的，企業にとってのメリットなどを，適切なタイミングで伝え，積極的なコミュニケーションを図る必要がある。コミュニケーションが十分でないと，誤解を招いたり，批判的に受け取られたりして，レピュテーションを落とすなど，マイナス・イメージを招く結果となる。

経営に大きな影響を与える敵対的買収時などの高度な IR が必要な場合には，財務戦略を担う **ファイナンシャル・アドバイザー**，法務戦略を担う **リーガル・アドバイザー**，広報・コミュニケーション戦略を担う **コミュニケーション・アドバ**

イザーと連携しながら推進していくことが必要である。このような3つのアドバイザーと連携することは欧米では当たり前となっている。

新型コロナ禍で，若年層を中心に**個人投資家**が行うオンライン投資が拡大している。若年層は投資判断に関する情報源としてSNSや動画サイトなどを活用しており，個人投資家を自社のファン（安定株主）にしていくためにもソーシャルメディアを活用したコミュニケーション戦略は欠かせない。個人投資家を自社のファンとして取り込むことは，敵対的買収への防衛策としても大事なことである。また，財務データなどの説明は専門用語が多いので，非専業の個人投資家にはわかりやすさが重要である。その意味でも経営トップから投資家に対して発信されるメッセージをわかりやすく，理解しやすいものにするのも広報担当者の仕事となる。

また，通常の広報活動と連動して，経営トップがソーシャルメディアや動画を含めてさまざまなメディアで，自社の経営ビジョン，戦略を語ることはIRの一環としても重要な視点である。マスメディアからの取材時に，どのようにして将来のキャッシュフローを獲得しようとしているのかを，わかりやすく経営者みずからの言葉で語ることにより，多くの投資家から理解を獲得することができる。

6 今後のIRの方向性

6-1 企業と投資家の対話促進への流れ

日本の成長戦略として，企業と投資家の建設的な対話を促進し，投資を促して企業を成長させるため，日本版の「コーポレートガバナンス・コード」と「スチュワードシップ・コード」が策定された。コーポレートガバナンス・コードは2015年に日本ではじめて策定された上場企業の規範・行動原則である。2018年，2021年には改訂が行われている。他方，スチュワードシップ・コードは2014年に策定された機関投資家側の各種行動原則である。こちらも2017年，2020年に改訂されている。以降，企業側の規範・行動原則であるコーポレートガバナンス・コードについてくわしく見ていく。

コーポレート・ガバナンスとは,「会社が, 株主をはじめ顧客・従業員・地域社会等の立場を踏まえた上で, 透明・公正かつ迅速・果断な意思決定を行うための仕組み」(東京証券取引所, 2021)である。コーポレートガバナンス・コードは,「実効的なコーポレートガバナンスの実現に資する主要な原則を取りまとめたものであり, これらが適切に実践されることは, それぞれの会社において持続的な成長と中長期的な企業価値の向上のための自律的な対応が図られることを通じて, 会社, 投資家, ひいては経済全体の発展にも寄与することとなるもの」(東京証券取引所, 2021)と位置づけている。基本原則には, ①株主の権利・平等性の確保, ②株主以外のステークホルダーとの適切な協働, ③適切な情報開示と透明性の確保, ④取締役会等の責務, ⑤株主との対話が掲げられている。

基本原則のうち⑤株主との対話は, IRとして, まさに株主に対するコミュニケーション戦略が直接関わる領域である。コーポレートガバナンス・コードでは, 具体的に「対話を補助する社内のIR担当, 経営企画, 総務, 財務, 経理, 法務部門等の有機的な連携のための方策」「個別面談以外の対話の手段(例えば, 投資家説明会やIR活動)の充実に関する取組み」「対話において把握された株主の意見・懸念の経営陣幹部や取締役会に対する適切かつ効果的なフィードバックのための方策」(東京証券取引所, 2021)などが明記され, 株主との建設的な対話を促進するための方針として注意すべき事項が盛り込まれている。

2022年4月から東京証券取引所は, 4つの市場区分(1部, 2部, マザーズ, ジャスダック)を「プライム」「スタンダード」「グロース」の3市場に再編した。コーポレートガバナンス・コードでは, プライム市場への上場には, 取締役会の3分の1以上を独立した社外取締役で構成することや, 国際的な基準に基づく気候変動リスクの開示など, 国際基準に従った情報開示が求められている。

6-2 統合報告への流れ

米国では, 米国公認会計士協会(AICPA)の特別委員会から, 1994年に「Improving Business Reporting」いわゆる「ジェンキンス・レポート」が公表され, **非財務情報**による将来を志向する無形資産の情報開示改善の必要性が指摘

された。この流れに続き，財務会計基準審議会（Financial Accounting Standards Board：FASB）内に，ジェンキンス議長のもと「事業報告研究プロジェクト」が1998年に発足し，その中で主要8産業における無形資産の開示状況が調査されている。

これらのレポートでは，企業が競争優位の源泉の軸足を無形資産にシフトさせて，将来のキャッシュフローを得ようとしているにもかかわらず，いまだに有形資産に依存した財務報告を行っており，十分に投資家のニーズに対応できていないことが指摘された。それは，投資家自身が，環境変化が著しい現代にあって，過去の業績を表す財務情報のみならず，非財務的な情報ではあるが将来志向的な情報を求めていることの表れである。

このような世界的な非財務情報による，無形資産の情報開示の流れは日本にもやってきている。経済産業省が2004年に「知的財産情報開示指針——特許・技術情報の任意開示による企業と市場の相互理解に向けて」を公表し，知的財産報告書の作成に関するガイドラインを打ち出した。作成は任意ではあるものの，2004年度には18社が知的財産報告書を作成し非財務情報を開示した。

また，さまざまな企業不祥事が相つぎ，企業の持続可能性に対する信頼性が失われてきている。その信頼性を担保し，また市場からの信頼を確保するために，東京証券取引所などの証券取引所からは企業の情報開示に対して，さまざまな要請や義務化がなされるようになった。

1999年以降には，決算短信の添付資料の記載要領として，定性的情報といわれるものの記載の充実が要請されている。2004年には，適時開示規則の改正に基づき，コーポレート・ガバナンス情報の開示が義務化され，また，企業内容などの開示に関する内閣府令の改正に伴い，有価証券報告書などの「企業情報」の中で，事業等のリスク，財務状態および経営成績の分析（いわゆる**日本版 MD&A**），コーポレート・ガバナンスの状況といったものの開示が義務化されるようになっている。

事業などのリスクは，投資家が将来のキャッシュフローを見積もる場合には必要な非財務情報である。市場リスク，信用リスク，オペレーション・リスクなどさまざまなリスクが企業には存在しており，これらのリスク情報も織り込んで企業の将来の業績を予測するという点では，将来志向的な有用な情報であ

Column 16 IR におけるソーシャルメディア活用

　ソーシャルメディアの普及により，企業を取り巻くコミュニケーション環境は大きく変化しており，IRの世界でも，ソーシャルメディアを利用した情報発信は注目を集めている（ソーシャルメディアについては第7章を参照）。企業のIRサイトの中でも，例えば，「Twitter」を使ってIRに関する告知を行う，決算説明会などで使用するパワーポイント資料を「SlideShare」を使って提供する，「USTREAM」や「YouTube」を使い，決算説明会などの映像を同時配信するなどのケースが見られる。

　とくに海外では，IRやコーポレート・コミュニケーションにおいてソーシャルメディアの活用度は高まっており，2010年では，S&P 100採用の米国企業のうち88%，CAC 30採用のフランス企業のうち83%，DAX 40採用のドイツ企業のうち77%，FTSE 100採用の英国企業のうち62%が，自社のサイトに，自社のソーシャルメディアサイトを用意している（米山，2014）。日本でも，IRにおけるソーシャルメディア活用が，さらに加速することは間違いない。

　2013年には，米国証券取引委員会（SEC）は上場企業の重要な情報開示に際し，ソーシャルメディアの活用を認めると発表している。企業は自社のサイトだけでなく，FacebookやTwitterを通じた柔軟な情報提供が可能となった。企業がソーシャルメディアを活用する場合，アクセスに制限を設けないほか，どのサイトを使うのかを事前に投資家に伝える必要がある。ソーシャルメディアによる情報発信は，従来から存在する公平開示規則に沿ったものでなければならない。また，企業内部においては，IR情報発信時のルールや，従業員向けの注意事項など細かなガイドラインの作成や教育訓練を行う必要もある。

る。また，財務状態および経営成績の分析，コーポレート・ガバナンスの状況も，財務情報からは知りえない経営内部の情報であり，投資家にとってはそれらの情報は，企業への信頼性を図る有用な情報である。

　近年の環境意識の向上や企業の社会的責任などの要請に応えるため，**環境報告書**や **CSR レポート**，**サスティナビリティレポート**といったさまざまな形で非財務情報が開示されるようになってきている。企業の情報開示は，企業と市場の情報の非対称性を減少させ，相互理解を深めるうえで重要であるとの議論が深まってきている。

　しかし一方で，さまざまな情報が錯綜し，また同じような基準で報告書が作成されていないために，市場の参加者からは多くの問題点が指摘されていた。そこで金融資本のみならず，企業が成長していくために欠かせないすべての資

本に関する情報が統合化された報告（**統合報告書**；integrated reporting）が主流になっている。

2010年に国際統合報告委員会（IIRC）が発足し，統合報告を求める動きが加速化した。統合報告は，世界中の投資家から求められているSDGsやESGに関する取り組みや，組織の戦略，ガバナンス，パフォーマンス，および将来の見通しが，いかに長期および短・中期における価値の創造につながるかを簡潔に伝えるものである。

これまでばらばらにそれぞれ情報開示されていた財務報告書，サステイナビリティレポート，環境報告書，CSRレポートなどが，経営戦略と一体になって統合報告書として1つにまとめられたことにより，企業はSDGsやESGに真剣に向き合わざるをえない。

6-3　IRとパブリック・リレーションズの統合化

IRは投資家・株主を対象としたものであるが，近年，投資家・株主を含んだステークホルダー全体を対象としたものに進化している。実務的には，広報・IR部やコーポレート・コミュニケーション部という呼び名が示す通り，近年では，広報部門とIR部門の境目がほとんどなくなってきており，統合化されてきている。

田中は，「IRは資本市場における企業価値を高めるための株主，投資家への情報開示，コミュニケーションから，資本市場を含む社会全体での企業価値を高めるために，ステークホルダーへの情報開示によって，信頼を得るという内容へと進化してきている」と指摘する（田中，2012）。企業は，投資家・株主に限らずさまざまなステークホルダーに対して，ワンボイス化された適切なキー・メッセージを発信し，理解を得ることが求められる。

企業価値のとらえ方自体も多様化してきており，経営者は資本市場における企業価値（株主価値）だけではなく，企業のさまざまなステークホルダーが考える社会的存在としての企業価値を考えるようになってきている。資本市場での企業価値形成は，資本市場向けの情報開示が一義的に反映されるが，最終的にはステークホルダーの言動などのさまざまな情報が織り込まれて反映されるのである。

その意味で，IR は株主・投資家のみを対象としたものではなく，株主・投資家を包含するステークホルダーを対象としたものに広がりを見せている。IR と広報・パブリック・リレーションズは，統合化されていくのである。

課　題　*exercises*

1. IR 活動がなぜ必要なのか考えてみよう。
2. 上場企業のうち，特定の企業を決めて，自社サイトでどのような IR の情報が開示されているか調べてみよう。
3. インサイダー取引がなぜ悪いのか考えてみよう。

ブックガイド　*book guide*

1. 米山徹幸『新版　イチから知る！IR（インベスター・リレーションズ）実務』日刊工業新聞社，2020 年
   ▶ IR の歴史的背景から最新の IR 関連情報がまとめられている。IR をはじめて担当する実務家でも十分に活用できる。
2. 松田千恵子『サステナブル経営とコーポレートガバナンスの進化』日経 BP，2021 年
   ▶ 本章で触れたコーポレートガバナンス・コードの改訂や，東京証券取引所の市場区分変更，ESG 経営などについて，さらに深めたい方に読んでいただきたい。

第10章

インターナル・
リレーションズ

▶ 悪ふざけ投稿をインターナル・リレーションズで予防する

　アルバイトによる悪ふざけがSNS（ソーシャル・ネットワーキング・サービス）上で広がり，社会的に問題となるケースが後を絶たない（表10-1）。例えばスーパーマーケットで商品が並んでいる冷蔵ケースに横たわる，ファストフード店で不衛生な調理を行う，ホテルで誰が宿泊しているかなどの情報を流す，といった行為がなされる。それらがLINEやTwitter，Facebookなどに掲載され，世の中に広がることで「事件」になるのである。多くの場合，企業は謝罪を行い，本人に対し厳重な処分がなされるものの，一度傷ついた**レピュテーション**（評判）をもとに戻すことは難しい。中にはあるファミリーレストランのように当該店舗を閉店せざるをえないまでに，被害が大きくなることもある。

　このような「事件」が発生した後に，パブリック・リレーションズの観点から，どのように対処すればよいかについては，第12章でくわしく検討する。本章では，事後ではなく，事前にどうするかを考える際に重要となる，**インターナル・リレーションズ**という概念について検討していく。インターナル，すなわち組織構成員と円滑な関係が構築できていれば，上記のような事件は起きることはないだろう。それどころか，**組織**が**一体感**をもち，個々はばらばらな業務を担当していても全体として1つにまとまっているならば，組織は活性化し，組織の目的を達成する大きな原動力となり，社会との関係も良好なものに保たれるであろう。

　本章では，インターナル・リレーションズとは何かをあらためて定義したう

表 10-1　最近明らかになった悪ふざけ写真の炎上事例（一部）

店舗ブランド	炎上の発端	休業などの影響	その他の影響
ローソン	アルバイトがアイスケースの中に入った写真を Facebook に投稿	発覚後店舗を休業，当該店舗との FC 契約を解約	
ミニストップ	客がアイスケースの中に寝そべった写真を Twitter に投稿	アイスを撤去，ケースの入れ替え	京都府警が威力業務妨害容疑で投稿した高校生らを書類送検
バーガーキング	アルバイトが大量のパンの上に寝そべった写真を Twitter に投稿	もともと廃棄予定の食材だったため休業等はとくになし	
ほっともっと	アルバイトが冷蔵庫に入った写真を Twitter に投稿	営業を半日間停止。店内消毒，食材廃棄	
ブロンコビリー	アルバイトが冷蔵庫に入った写真を Twitter に投稿	当該店の閉店を決定	損害賠償請求を検討
丸源ラーメン	アルバイトがソーセージをくわえた写真を Twitter に投稿	営業を 3 日間停止。冷凍庫清掃	
ピザハット	アルバイトがピザ生地を頭にはりつけた写真を Twitter に投稿	発覚時，食材はすでに廃棄済み	損害賠償請求を検討
フードスクエアガーデン	客がアイスケースに寝そべった写真を Twitter に投稿	アイスを撤去，ケースの清掃と消毒を実施	警察に被害届を提出。損害賠償請求も検討
道とん堀	客が備えつけのソースなどの容器を鼻に入れた写真を Twitter に投稿	容器を新品に交換	損害賠償請求を検討
ピザーラ	アルバイトがシンクや冷蔵庫に入った写真を携帯電話向けブログに投稿	営業を 4 日間停止。食材廃棄，シンクと冷蔵庫の清掃消毒	法的手続きを検討
餃子の王将	客が全裸で店内にいる写真を撮影，Facebook に投稿	営業を停止，閉店も検討中	損害賠償請求を検討

（出典）『日経 MJ』2013 年 9 月 11 日。

えで，その目的，対象，方法について順に見ていく。

1　インターナル・リレーションズとは何か

インターナル・リレーションズとは，インターナル，つまり組織内部の人間

と，リレーションズ，つまり良好な関係を築くことである。そのために，組織内部の人間とさまざまなコミュニケーション活動を行う必要があるが，このコミュニケーションのことを**インターナル・コミュニケーション**あるいはエンプロイー（従業員）・コミュニケーションと呼ぶ。

　営利・非営利を問わず，組織が組織として存続していくためには，常に何らかの「利益」を出し続ける必要がある。例えば営利企業における利益は，金銭的なそれを指し，大きくは売り上げと費用の差として表されるものである。組織外部の人間との良好な関係の構築は，例えば顧客との関係であれば，売り上げ向上による利益の増大がその背後にある目的として考えられる。インターナルとの良好な関係の構築は，多くの場合，効率の向上による利益の増大を目指して行われるものである。組織内部の人間を「その気にさせる」ことを通じて，「同じ費用がかかるのであれば，より生産性を高くして売り上げが向上するように」ないしは「同じ売り上げしか上げられないのであれば，より生産性を高くして費用をかけなくてもすむように」組織全体の風潮を誘導する必要がある（O'Neil, 2008）。

　そのためには，組織内部の人間1人ひとりの**モチベーション**（やる気）を引き出すことはもちろんのこと，魅力的な**組織文化**を醸成することで組織を一体感をもったものにしていくことも求められる（Dutton et al., 1994；Stein, 2006）。組織に一体感があることは，外部からその組織を見たときに，組織が一貫したイメージを有していることを意味し，そのことが組織のレピュテーション構築に大きな影響を与える。組織構成員のやる気を引き出し，組織に一体感をもたせることが，インターナル・リレーションズの大きな目的であり，そのために広報部門は人事部門などと協力しながら，数々のコミュニケーション施策を展開していくことになる。

2　インターナル・リレーションズの（具体的な）目的

　インターナル・リレーションズの最大の目的は，組織にとって最も重要なステークホルダーである組織構成員との良好な関係を築き，その結果として組織

の存続や発展を担保することである。ただ，ひと口に組織構成員と良好な関係を築くといっても，もう少し考えていくと，そこにはいくつかのより具体的な目的が見えてくる。本節では，それらの目的について，1つずつ検討していきたい。以降では「組織を前に動かす」「組織外部の人間に一貫したイメージを抱いてもらう」「組織文化を醸成する」の3点について議論する。

2−1　組織を前に動かす

　インターナル・リレーションズの第1目的は，組織を前に動かすことである。活気のある組織はそうではない組織に比べてさまざまな活動を積極的に行うであろうし，問題解決のためのアイディアも多く出し合うことができるであろうし，結果として組織の目的を達成しやすいであろうことは想像に難くない。

　ところで，そもそも組織とはどのようなものを指すのだろうか。第2章，第4章でも述べたように，経営学の世界で一般的に使われている組織の定義は，バーナードによる「二人以上の人々の意識的に調整された活動ないし諸力の体系」というものである（Barnard, 1938）。組織とは，1人で実現することはできないが2人以上の人々が力を合わせて，あるときにはそれぞれが違う役割を果たして，何かを成し遂げるときに結成されるものである。

　例えば，「自動車を生産して販売する」ということを考えてみたい。もちろん，カスタムメイドの自動車をいちから自分で組み上げる趣味人は世の中にもいるだろう。しかしそれでは多くの人が自動車という発明の恩恵を享受することはできない。そこで，自動車を生産する専門の会社（つまり組織）が設立され，原材料を準備する会社や部品をつくる会社と協力しながら，ボディーを車の形に仕上げる係，エンジンを設置する係，内装を整える係などが協力しながら，そしてベルトコンベヤーをはじめとする機械の力を借りながら，自動車という製品を大量に生産する。

　さらに，生産しただけで自動車は売れるわけではない。新車が生産され発売されたことを宣伝することも必要であろうし，売り場（カーディーラー）で顧客に直接新車のすばらしさを説明することも必要であろう。そこには宣伝を担当する係や，説明を担当する係が必要である。すばらしい新車を世に送り出すためには，流体力学や機械工学の専門家をはじめとする科学者や技術者による技

術開発が必要であろうし，魅力的なデザインを実現させるデザイナーもまた必要となる。

　「自動車を生産して販売する」ということを例に挙げて，自動車製造業者という組織が「2人以上の人たちが，1人では達成できない目的達成のために，力を合わせて，そして分業をしながら，活動を行う」ために結成されることを，ここまで見てきた。ここでは企業組織を例として挙げたが，企業に限らず，大学や病院，NPOといったどのような種類の組織においても，ここで挙げた定義が成立することがわかるだろう。では，組織が組織として成り立つために必要なものにはどのようなものがあるだろうか。バーナードは組織が成立するための要素として，次の3つのものを挙げている。すなわち，**①共通目的**，**②貢献意欲**，そして**③コミュニケーション**である（Barnard, 1938）。

　まずは①共通目的である。組織は，ばらばらな目的のためにただそこにいる人々の集団とは違い，何らかの（1人では達成できない）共通目的を達成するために結成される。上述の自動車製造業者であれば，自動車の生産・販売を通じて売り上げと利益をあげ，企業の存続と従業員の生活の安定を確保しながら，世の中の発展に資することがその目的である。

　次に②貢献意欲である。目的が共通であってもその目的を達成しようと思う気持ちがある人とない人とが混ざっているようでは，組織の目的の達成はおぼつかない。それぞれに役割を分担しながら，つまり，個々の組織構成員の活動を見ると一見ばらばらなことを行っているように見えるかもしれないが，すべての組織メンバーが組織の目的を達成すべく活動しようという意欲をもち，そしてその通り活動することが求められる。

　共通の目的があり，貢献意欲があれば，では，組織は成立するのだろうか。「一見ばらばらな活動」は，文字通りばらばらに行われているのであれば，本来の組織目的達成のためには非効率であるといわざるをえない。組織目的の達成のためには，最適なタイミングで最適な活動が最適な分量で行われる必要がある。その調整役を担うのが③コミュニケーションである。つまり，組織内部におけるコミュニケーションは，組織の定義や成立条件を考えると，組織内部における分業に対する調整の役割を果たしているということができる。

　組織内部におけるコミュニケーション活動の基本は，各部署における上司と

部下との間の日常的なコミュニケーション（**マネジメント・コミュニケーション**）であるが，それを補完する形で広報担当者が中心となって行うインターナル・リレーションズが存在する。マネジメント・コミュニケーションは日々の業務に関する指示や報告がその中心を占めるが，インターナル・リレーションズではより広い範囲で組織の目的達成に役に立つ事柄，例えばすべての組織構成員の方向性の統一や，組織の意思決定への参画や活動に対する評価のフィードバックを通じたモチベーションの向上などが，その中心を占めることとなる。これらの点の詳細は第4節で考察する。

2–2　組織外部の人間に一貫したイメージを抱いてもらう

　ここまでは組織内部においてインターナル・リレーションズの果たす役割について見てきたが，インターナル・リレーションズは組織外部に対しても一定の役割を果たす。それが，組織外部の人間に対して組織についての一貫したイメージをもってもらうことである。

　第3章で見た通り，組織のレピュテーション（評判，名声）は，**ステークホルダー**がその組織に対して抱くイメージがさまざまな形で蓄積した結果である（Cornelissen, 2020）。そしてその組織のイメージは，組織が自身をどのような存在であると規定しているのか，すなわち組織がもっている**アイデンティティ**について，ステークホルダーに対してコミュニケーションを行うことで形成されるものである（図10-1）。では，誰がステークホルダーに対してコミュニケーションを行い，どのようなアイデンティティがそこで伝えられるのであろうか。

　まず，「誰が」について考えてみたい。組織のアイデンティティは，例えばテレビを通じて，新聞を通じて，インターネットを通じて，ステークホルダーに伝わることになる。このとき，組織構成員1人ひとりの顔が見えるわけではなく（例外として，組織のトップはその顔が見えることが比較的多い），組織が組織として「うちの組織のアイデンティティはかくかくしかじかですよ」と伝えている。そしてその裏側では，広報担当者や宣伝担当者が，設定された組織のアイデンティティに沿って（もし設定されていなければ設定するところから行って）組織のコミュニケーション活動の実践のための取り組みを行っている。

　しかし，では1人ひとりの組織構成員はアイデンティティ伝達とは関係がな

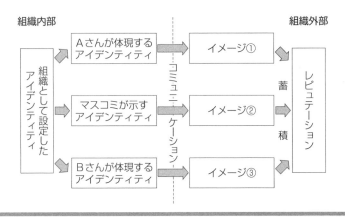

図 10-1　組織のアイデンティティとレピュテーション

いかというと，そうではない。粗暴な行動をとる人だと町内で悪名が立っている人が，ある組織に勤めているとする。すると，その町内の人々は，粗暴な行動をとるその人のイメージとその人が勤めている組織のイメージとを，別物だと認識しつつも混同してしまうおそれは十分にありうる。より直接的な例はサービス業である。あるスーパーマーケットのイメージは，そこで勤めているアルバイト店員のきびきびとした行動におおいに影響されるであろう。美容室のイメージのよしあしは，カットの担当者の腕だけではなく，サポート役のスタッフの話し方にも影響されるであろう。

　組織のステークホルダーにとっては，その組織に関わる人であれば誰でも，そしてどのような瞬間でも，その組織をイメージするにあたって影響を与える人であるといえるのである。逆の観点から考えると，組織構成員はすべからく，その組織のアイデンティティを組織外部のステークホルダーに伝える**アンバサダー**（大使）の役割を果たす。対外コミュニケーション活動の多くは個別の従業員によって行われるからである（White et al., 2010）。とくに，自動車の製造工場で働く技術者とは異なり，接客の現場で最前線のスタッフ（アルバイトやパートも含む）が顧客に直接対応するサービス業においては，その全員が，全人格を通して，顧客という重要なステークホルダーに対してアイデンティティを発信することになるのである。

　次に「どのような」について考えてみたい。ここまで見てきたように組織構

成員全員がステークホルダーに対してコミュニケーションを行うアンバサダーの役割を果たすとき，構成員1人ひとりが自分の所属している組織のアイデンティティをそれぞればらばらな形で認識していたのでは，その先にあるステークホルダーとのコミュニケーションもばらばらになり，ステークホルダーが抱くイメージもばらばらになり，結果として望ましいレピュテーションを構築しにくくなってしまう。構成員1人ひとりが，統一された組織アイデンティティを認識していてはじめて，アンバサダーとして組織外部のステークホルダーとコミュニケーションをとるにあたっても，一貫したイメージの構築が可能となるのである。

　では，構成員全員が統一されたアイデンティティを認識するためにはどうすればよいだろうか。ここでインターナル・リレーションズの出番となる。インターナル・リレーションズは2つの方法で組織構成員に統一されたアイデンティティの認識を深めさせ，その結果として一貫したイメージをステークホルダーに感じさせることが可能となる。1つは，組織として規定されたアイデンティティを，コミュニケーションを通じて，「組織内部のステークホルダー」である組織構成員に伝える，という方法である。このとき組織構成員は，伝えられたアイデンティティを，外部のステークホルダーにアンバサダーとして伝えることとなる（White et al., 2010）。もう1つは，組織内外でのさまざまな活動を情報共有することを通じて，また組織外部からの組織に対する評価をフィードバックすることを通じて，組織構成員全員が「うちの組織ってこういう組織だよな」ということを感じるという方法である（Smidts et al., 2001）。こちらは，ある決まったお仕着せのアイデンティティではなく，組織構成員の中で自然発生的に認識されるアイデンティティであるため，組織構成員1人ひとりの心身に染みついており，さまざまな場面でコミュニケーションの応用が利きやすい。広報担当者としては，そのような自然発生的アイデンティティをどのように形成させるかということを考えながら，組織内部に対して，コミュニケーションを行うことになる。

　なお，日本においては1980年代にCIブームが起こる。本来のCI（corporate identity；コーポレート・アイデンティティ）は本節で言及しているアイデンティティと同義のものであり，組織の個性や目標を明確化し，かつ統一したうえで

Column 17　東日本大震災発生時における東京ディズニーリゾートの対応

　2011年3月11日に発生した東日本大震災では，千葉県浦安市にある東京ディズニーリゾート（TDR）も大きな被害を受けた（以下，『日本経済新聞』2011年4月16日朝刊，および『読売新聞』2011年9月23日朝刊による）。発生時には約7万人のゲスト（来場客）が園内におり，一夜をそこで明かした人も約2万人に上った。これだけの規模の人数への対応ともなると，大きな混乱が起こってもおかしくはないが，TDRではけが人や大きな混乱もなく，それどころかこのときのキャスト（従業員）の対応に対して高い評価がなされた。

　発災時にTDRにいたゲストから寄せられた手紙や電話の多くは，「毅然とした態度に感心した」「大きな声での誘導に安心した」などと，キャストの対応を評価するものであった。具体的にはこんなエピソードがある。シャンデリアの下に立ったキャストが「僕はシャンデリアの妖精。何が起きても皆さんを守ります」と言って笑いを誘った。これは，余震によるシャンデリアの落下に備えるため配置されていたキャストが，機転を利かし，ゲストを近づけないようにしたものであった。

　TDRのキャストがすばらしい対応をした裏には，徹底した防災訓練があった。TDRはピーク時で約10万人が園内におり，ゲストのパニックを防ぐには約6000人ものアルバイトが重要な存在となる。訓練は開園前などに行い，避難誘導の手順などを繰り返す中で，自然と大きな声が出て動作を体で覚える。その結果として，アルバイトであるキャストも社員並みのプロ意識をもつようになり，上記のアドリブにつながったのだろう。

　TDRはそこを訪れるゲストにとっては「夢の国」であり，緊急時であったとしても，そのイメージを壊すことは長期的には組織のレピュテーションに関わる問題である。徹底した防災訓練と共に，「何がTDRのキャストとして最もふさわしい行動か」をみずから考え行動することを求める組織文化とが，約6000人のアルバイト従業員をしてアンバサダーの役割を果たさせたといえる。

それを社内外に印象づけるための組織的活動である。しかし，日本でのブームの際には企業のキャッチフレーズとロゴマークの設定という形で矮小化されてしまった。

2–3　組織文化を醸成する

　組織構成員が自然と感じるその組織のアイデンティティ，これを組織文化ということができるかもしれない。その意味では，インターナル・リレーション

ズの目的の1つとして，組織文化の醸成が挙げられよう。組織文化とは，グルーニグらによると，「一緒に働く人々の集団を組織化して統合する，共有された価値やシンボル，意味，理念，前提，期待の総体」であると定義される（Grunig et al., 2002；訳は Cutlip et al., 2006 の翻訳書による）。カトリップらは組織構成員が対等な立場で組織運営に参加するという参加型の組織文化が好ましいものであるとし，そのために組織内でのコミュニケーション活動を展開させなければならないと説いている（Cutlip et al., 2006）。コーネルセンも同様に，従業員が「話を聞いてもらえている」と感じ，意思決定時に参画していると感じるとき，組織同一視が強化されるとしている（Cornelissen, 2020）。またロビンスは，これまでの組織行動論の知見の蓄積に基づいて，従業員を自身に影響のある意思決定に巻き込むことで，自主性と労働生活に対するコントロールを高め，そのことがモチベーションの向上，組織へのコミットメントの促進，生産性と職務満足の上昇，ひいては組織市民行動（公式の職務ではないが，組織が効果的に機能していくために役立つ行動）を引き起こすとしている（Robbins, 2005）。

3 インターナル・リレーションズの対象

　インターナル・リレーションズは，具体的な目的は組織内外双方に向いているとはいえ，その名が表す通り組織内部の人間，すなわち組織構成員との望ましい関係を構築する活動である。それでは，組織構成員であれば誰でも十把一絡げに考えてよいだろうか。

　近年，**ダイバーシティ**あるいは**ダイバーシティ・マネジメント**という言葉が，新聞や雑誌，テレビなどを通じて広がっている。ダイバーシティとは多様性という意味であり，組織の内部にある多様性をどのように管理していくか，というのがダイバーシティ・マネジメントの基本的な発想である。また，その多様な人々の特性をどのようにして生かすかという**インクルージョン**についても注目が集まっている。

　組織構成員とひと口にいっても，その属性は個々人すべてばらばらである。例えば，性別（ジェンダー）や年齢といった違いに始まり，学歴や職歴といっ

新卒外国人の採用増加

東芝3割増／ローソンは2.4倍

主要企業の外国人新卒の本社採用数

（2013年は見通しも含む。カッコ内は新卒採用社員に占める割合。東芝は国内大学の留学生を含みます）

企業名	12年	13年
東芝	45	58（ー）
ローソン	21	50（29.4）
ＮＥＣ	16	47（13.4）
ＮＴＴデータ	約20	約40（約8）
ＫＤＤＩ	17	37（14.8）
ＮＴＴコミュニケーションズ	36	32（14.3）
ソフトバンク	27	30（3.1）
トヨタ自動車	14	12（0.9）
三菱化学	2	6（6）

国際展開の中核に育成

国籍の異なる社員の採用が増加していることを示す新聞記事
（出典）『日本経済新聞』2013年7月21日朝刊より，許諾を得て掲載。

外国籍住民が多い街の看板
（注）　群馬県大泉町はブラジル人が多数居住する町として知られ，2022年3月時点で町の人口の約19％が外国籍の住民である。
（写真提供）　大泉町観光協会。

たキャリアの違い，現在の雇用形態や職位・職能の違いなど，さまざまに異なる属性をもった人々が集まって組織は構成されている。

国連が主導するSDGs（持続可能な開発目標）においては，「ジェンダー平等を実現しよう」や「働きがいも経済成長も」といった項目が挙がっている。日本においても厚生労働省や経済産業省を中心に女性の活躍推進などに関するさまざまな施策を展開しているが，育児休暇の取得率や女性役員の割合などの指標において，まだまだグローバルな水準に達していない。ダイバーシティの確保には経営層の理解が必要なことはいうまでもないが，同時に組織構成員1人ひとりがダイバーシティの重要さを理解する，あるいはダイバーシティの確保は当たり前のことであるという認識をもつことが肝要であり，そのためにインターナル・リレーションズが果たすべき役割は大きい。

また，グローバル化が進む昨今においては，国籍の異なる社員を海外現地採用で雇う組織も増えており，日本国内においても外国人労働者の比率が無視できないまでに大きくなってきた地域も増えている。この国籍の違い，そしてそ

こから来る文化の違いをどのように乗り越えるかが重要な課題になってきており，そこにおいてインターナル・リレーションズは一定以上の役割を果たす。

　なお，ダイバーシティ・マネジメントは組織が一貫したアイデンティティを発信できるように「均質化」させることを意図して行うものではないことに注意が必要である。逆に，組織の中に多様性があることを認識したうえで，それらをうまく化学反応させることで，新たなイノベーションを生み出すことが求められている（谷口，2005）。組織が成立するための要素である共通目的，貢献意欲，コミュニケーションを一定なものに保ちながらいかに組織内に多様性を確保するか，言い換えれば，多様性を前提とした一体感をいかに醸成するかが重要である。

　また，インターナル・リレーションズの対象は直接的に組織に雇われている人，すなわち狭義の組織構成員だけには限らない。直接組織に雇われている人が扶養している家族も，組織の行く末がどうなるかによって，その生活が大きく左右される人たちであり，これらの人たちも含めて「インターナル」といわなければならない。

　いま1つ，インターナル・リレーションズの対象として考えなければならないのは，**労働組合**である。欧米とは違い日本の場合は主に企業別労働組合であることから，従業員へのコミュニケーションの一部は労働組合へのコミュニケーションという形をとることになる。ただし，労働組合へのコミュニケーションを広報部門が担当するケースは少なく，多くの場合は人事部門が担当することになる。

4　インターナル・リレーションズの手法

　第2節でインターナル・リレーションズの目的を，第3節でインターナル・リレーションズの対象を，それぞれ見てきた。目的と対象が決まれば，次に考えるべきは具体的な実践手法である。

　第2節で見た通り，組織内部におけるコミュニケーション活動の基本は，各部署における上司と部下との間の日常的なコミュニケーションであるマネジメ

ント・コミュニケーションである。広報担当者が行うインターナル・リレーションズは，マネジメント・コミュニケーションを補完する役割を果たす。より具体的には，組織構成員全員に一律に知らせるべき事柄についてはインターナル・リレーションズが担当し，日常業務の指示をはじめ個々人に対して伝える内容が異なるコミュニケーションはマネジメント・コミュニケーションが担当することになる。本節ではインターナル・リレーションズに焦点を絞り，その具体的な実施方法について考察する。

4-1 経営層の考えや社内の情報を共有する

　上述した通り，インターナル・リレーションズにおいては組織構成員に一律に知らせるべき事柄を，主に何らかのメディアを通じて知らせることになる。ここでいう知らせるべき事柄には，トップの考え方や組織発展の方向性に対する戦略，ある部門が行った重要な活動についての情報，顧客からのフィードバック情報などが挙げられる。これらを伝える方法には，大きく分けて，「組織内部のメディア」「組織外部のメディア」「対面・会議」という3つのものが考えられる。

　① 組織内部のメディア

　1つ目の方法は，組織内部のメディアを通じて組織構成員に情報を伝達するというものである。組織内部のメディアで最も基礎的なものは，組織の経営理念や社是，ミッション・ステートメントと呼ばれるものである。これらは，組織の経営戦略以前の，組織結成の目的そのものを表したものであり，すべての組織における活動はこれらの言葉に基づいていることが重要である（第5章も参照）。例えば，東芝グループの経営理念は「東芝グループは，人間尊重を基本として，豊かな価値を創造し，世界の人々の生活・文化に貢献する企業集団をめざします」であり，堀場製作所の社是は「おもしろおかしく」である。

　実際の組織の現場でよく使われる組織内部メディアは，**社内報**である。組織構成員がみずからの役割を果たすために必要な情報が掲載されていたり，CSR活動に対するステークホルダーからのフィードバックが掲載されていたりする，主に出版物の形をとるコミュニケーション媒体である。ICT技術の進展に伴い，イントラネット上で展開される電子社内報も多くの会社で導入されている

紙媒体で発行されている社内報

（注）　日東薬品工業とロマンライフは写真入りのカラー印刷，松栄堂は社のトレードカラーの緑色
の用紙に印刷されている。
（写真提供）　日東薬品工業株式会社（左），株式会社ロマンライフ（中央），株式会社松栄堂（右）。

が，家庭に持ち帰ることができ，それにより組織構成員の家族も読むことができるなどの理由で，現在でも紙媒体で発行している組織も多い。

　ダフトとレンゲルが提唱したインフォメーション・リッチネスという考え方に基づくと，社内報は対面コミュニケーションなどに比べて「ある時間の中で理解を変化させる情報の能力」であるインフォメーション・リッチネスの度合いは低く，複雑な事象を説明したり組織の一体感を醸成するにはあまり向いていない（Daft and Lengel, 1984, 1986 ; Stein, 2006）。しかし，日本では誌面に掲載する情報や読者からのフィードバックのシステムを工夫することにより，「経営情報の伝達」以上の役割を果たそうとしている社内報が多いことが報告されている（伊吹・川北，2011）。

　社内報以外にも，より頻度が高く，特定のトピックに絞った連絡手段として，Eメールをはじめとする「手紙」が使われることも多い。最近ではイントラネットの発達により，文章形式の手紙の代わりにトップや担当者が組織構成員に話しかけるビデオレターが使われたり，組織構成員同士が自由に意見を交換できる掲示板が設置されたりすることも多い。他にも社史や企業博物館といった，過去の組織の実績を示す媒体も，多く使われている。

　組織内部のメディアでもう1つ忘れてはいけないのが，研修教材である。組織は，一般的に，その構成員の能力開発のために，OJTやOff-JTと呼ばれる

研修を実施する。そこで示される研修教材は，能力開発のために開発されたものであることと同時に，その組織がどのような人材像を求めているかを体現しているものであるともいえる。

② 組織外部のメディア

組織内部のメディアだけではなく，組織外部のメディアもまた，組織構成員に対して情報を伝達する手段である。例えば，画期的な新技術の開発に成功した組織は，外部のマスメディアを対象に記者会見などを行い，その結果がテレビや新聞，インターネットを通じて世間の目に触れることがある。自組織の活動が高く評価されて外部のメディアで報道されるということは，組織構成員のモチベーション向上に大きく寄与することである（Smidts et al., 2001）。

他のステークホルダーと同様に，組織内部のステークホルダーも，等しく，外部のメディアを通じて発表されるさまざまな事柄を見聞きする。そこでいわれていることが，組織内部でいわれていることと大幅に異なるようであれば，組織構成員は「どちらが正しい情報なのだろうか」と混乱してしまう。また，組織構成員が組織外部のメディアを介してはじめて自組織のことを知るというのは，モチベーションの観点からすると，望ましいことであるとはいえない。どのタイミングで，どのような内容を外部のメディアに発信するかということは，組織構成員というステークホルダーの存在をも考慮に入れて，考えられるべきことであるといえる。

③ 対面・会議

メディアを介してではないが，対面で，または会議という形態を通じて，組織の一体感を高めるためのコミュニケーションが行われることも多々ある。とくに組織トップが大勢の組織構成員の前で方針を発表し，組織構成員からの自由な意見の発表を聞く場を，**タウンミーティング形式**ということがある。

4-2 「イベント」で一体感を高める

一体感を高めるためには，何も，「情報を伝達すること」がすべてではない。「同じ釜の飯を食った仲」という言い回しがあるが，何かしらのイベントを組織内部で行うことで一体感を高めることもよく行われている。

その代表が，**社内運動会**や**社員旅行**である。部署単位でチームを組んで実施

することで一体感を高めることができたり，他部署の人と業務を離れたつき合いができるきっかけを形成したりする場として機能する。近年ではワークスタイルの変化から実施率が低下しているといわれているが，逆に一体感が欠如しすぎているという危機感のもとで新たに社内運動会を開始した IT 企業も存在している（『日経 MJ』2012 年 9 月 28 日）。また，社内運動会や社員旅行は全世界的に見られるものではなく，家族との時間を（会社での時間よりも）大切にするスペインなどの諸国では，社員旅行など成立しえないという意見もある。

企業スポーツを保持することも，応援するという行為を通じて組織内部の人間の一体感を高める装置として，一定の役割を果たしてきた。しかし，こちらもワークスタイルの変化や「失われた 10 年」以降の長く続く不況の影響もあり，企業スポーツそのものが縮小傾向にあるといわれている（澤野，2005）。また，これも社内運動会や社員旅行同様，日本独自の取り組みであるといえる。

特別なイベントだけではなく，日常業務の中に何らかのイベント性をもった要素を取り入れることもできる。第 2 節で述べたような従業員の巻き込みや意思決定への参画はその 1 つである。従業員グループの代表を取締役会のメンバーとして加えることや，重要な案件を全従業員の投票によって決めるなどの例がある（Robbins, 2005）。

4-3　社内の情報を集める

リレーションズとは，そしてコミュニケーションとは，本質的に双方向性をもったものである。よって，トップから組織全体に対して情報を伝達するだけではインターナル・リレーションズとはいえず，社内の情報をいかにして集めるかということもまた，重要な課題である。みずからの意見が組織の意思決定に反映されると，言い換えれば組織の意思決定に組織構成員が参加すると，その構成員のモチベーションが向上することが知られており（Cornelissen, 2020），社内の情報を集めることはモチベーション向上という観点からも重要な施策である。

具体的には，イントラネット上の掲示板や，トップへの「目安箱」，タウンミーティングで組織構成員の発言の時間を十分にとるなどが重要な手段である。昨今では内部告発制度を整備しておくことも求められている。マネジメント・

コミュニケーションの中に情報収集の役割を規定しておくこともまた，重要なことである。

課　題　　　　　　　　　　　　　　　　　　　　*exercises*

① 自身が所属する組織（クラブ，サークル，アルバイト先など）の内部において実施されているコミュニケーションを 1 つ挙げ，そのコミュニケーションがどのような目的で行われているかについて考えてみよう。

② 東日本大震災が発生した際に企業が社員向けに行ったコミュニケーションの例を探し，それが組織の一体感を高めるのにどう寄与したかについて考えてみよう。

ブックガイド　　　　　　　　　　　　　　　　*book guide*

① 桑田耕太郎・田尾雅夫『組織論〔補訂版〕』有斐閣，2010 年
> 組織論の定番テキスト。「組織」とは何かを多面的に解説している。インターナル・リレーションズを考えるにあたっての前提の理解に。

② リクルート HC ソリューショングループ編『実践ダイバーシティマネジメント——何をめざし，何をすべきか』英治出版，2008 年
> ダイバーシティ・マネジメントの成功例が多く載っている。ダイバーシティ・マネジメントとは何か，そしてそこにコミュニケーションがどのように貢献できるかを考えるきっかけに。

第III部

現代の
広報・PRの課題

第11章

社会貢献と広報・PR

▶ **事業ドメインとの適合性が高い社会貢献──TOYOTA SOCIAL FES!!**

　トヨタ自動車は 2011 年 12 月に小型ハイブリッド車（HV）「アクア」を発売した。アクアはヒットしただけでなく，社会貢献と結びつけたプロモーションを展開したという点でも大変興味深い製品である。それが「AQUA SOCIAL FES!!」というプログラムである。アクアは同社初のハイブリッド車のプリウスではとらえられなかった，免許保有率が低下し車離れが進んでいる若年層に

TOYOTA SOCIAL FES!! 2021 web サイト
（出典）　トヨタ自動車の web サイトより，許諾を得て掲載。

社会貢献イメージと関連づけた製品訴求をした。

　2012年3月から日本全国47都道府県50カ所で，車名にちなんだ「水」をテーマに「楽しみながら自然を守るという想い」と共に水辺の清掃や水質調査，外来種の駆除など，地域によって異なる内容の環境保護活動を実施した。その後2018年に「TOYOTA SOCIAL FES!!」と名称を改め，2019年までに約9万人が参加した。「TOYOTA SOCIAL FES!!」のwebサイト（写真）には，環境に配慮したハイブリッド車であるアクアやプリウスPHV，水素自動車のMIRAIなどのサムネイルが溶け込んでいる。この事例のように，企業が事業ドメインとの適合性の高い社会貢献を選択するケースが出てきている。

　もちろん，このような事業ドメインと適合性の高いものだけでなく，事業とはあまり関係ないものも含めて企業が実施する社会貢献にはさまざまな種類が存在する。企業は営利を追求する主体であり，非営利活動である社会貢献をすることは矛盾しているように見える。本章では，企業はなぜ社会貢献を行う必要があるのか，企業の社会貢献にはどのようなものがあるのかについて考えてみる。

1　企業の社会貢献とは何か

　第2章で述べたように，企業はさまざまな**ステークホルダー**との**リレーションズ**を構築，維持して**レピュテーション**を高めるべく，社会的責任を果たすための活動を続けている。例えば，国に税金を納めたり，法律や倫理に関する責務を果たしたりしている。さらには，社会の構成員であることを表す**企業市民**として，従業員の福利厚生を充実させ，地域社会へ寄付するなどして，社会に利益を還元する企業もある。

　このように**企業の社会的責任**（CSR）の領域が多岐にわたっているため，コミュニケーションにおいても多面的に対応しなければならない。例えば，法令の遵守や倫理的配慮についての情報を開示するとともに，地域社会からの問い合わせや意見，苦情などを受けつける部署や，自社サイト上での受付窓口を設置する必要があるだろう。本章で取り上げる企業の社会貢献もCSRの一部に含

まれる。**企業の社会貢献**（コーポレート・フィランソロピー）とは，企業が慈善団体や NPO 法人に対して行う直接的な寄付などによる支援のことである（南，2010）。

　企業が地域社会と向き合うようになったのは，公害問題などで企業活動が批判を受け始めた 1970 年代以降である（井之上，2006）。その後，1980 年代には環境問題へと発展し，自然，社会，企業の**サスティナビリティ**（第 2 章を参照）が注目されるようになった。その中で，企業は自社の拠点となる地域をはじめ，取引先や対象顧客のいる国や地域に対して自社の存在感やレピュテーションを高めるために，社会貢献を重視するようになった。次節では，欧米と日本の社会貢献の歴史について見ていく。

2　企業の社会貢献の歴史

2-1　欧米における歴史

　キャロルによると，企業の社会貢献の歴史は 19 世紀半ばから後半に英国で興った産業革命に端を発する（Carroll, 2008）。当時，社会貢献に該当したのは，病院や浴場，食堂，レクリエーション施設などを設置したり，利益分配を行ったりすることであった。19 世紀後半に登場した寄付行為は，米国の石油王ロックフェラーによるものなど，個人によるものなのか，企業としてのものなのかが明確ではなかった。

　二度の世界大戦を通じて存在感を高めた大企業が実施する社会貢献は寄付行為に限らず，1960 年代には健康や労働，文化，芸術，都市・地域などに関する問題の解決に及ぶようになった。1980 年代には，多様なステークホルダーの利益や自社の持続可能性のために企業は経営されるべきだと説く**ステークホルダー理論**が注目された。そして，1980 年代後半から 1990 年代にかけて企業の社会貢献は急速に拡大していった。

2-2　日本における歴史

　日本で近代的な寄付などの社会貢献が本格的に始まったのは 1950 から 1970

年代だとされる。当時は公害や社会問題に対する非難が多く，どのように社会と向き合っていくのかは企業にとって重要な課題だった。この頃の社会貢献は寄付行為が中心であり，1946年に発足した経済団体連合会（現日本経済団体連合会。以下，経団連）が各業界団体の寄付金を自由民主党に献金する仲介役となっていた。団体ごとに割り当てられた金額をもとにメンバー各社が算定した金額を負担した。また，1965年以降には，学術，教育，文化，福祉などの分野で公益を目的とする**企業財団**が設立された（London, 1991；日本経団連社会貢献推進委員会，2008）。

　1985年のプラザ合意をきっかけに，日本企業は活動の場を世界に広げていった。1980年代後半は米国の対日貿易赤字が顕著になり，貿易摩擦が悪化した。そのため，日本企業が米国で現地生産を進めるために，地域活動を積極的に行っていく必要が生じてきた（丹下，2001）。また，当時バブル景気が追い風となり，業績が好調な企業は積極的に社会貢献活動に取り組んだ。

　1990年には経団連によって 1 ％（ワンパーセント）**クラブ**が設立された。同団体は，会員が経常利益や可処分所得の1％相当額以上を自主的に社会貢献活動に支出する企業や個人で構成されている。この前後でバブル経済は崩壊して，長期の経済不況が訪れた。1995年に発生した阪神・淡路大震災により，企業からの寄付やボランティアが行われ，NPOとの連携が進んだ（日本経団連社会貢献推進委員会，2008）。

　2003年にはCSRの概念が日本の企業にも本格的に導入され，社会貢献はCSRの一要素であるという位置づけがされてきた。従来の広報活動を実施していた部門はCSRがつく名称に変更したり，反対に広報部門にCSR担当者をおいたりするなど，広報とCSRが密接に関連づけられていった。その一方で，CSRの概念は広いため，製品の品質管理や環境配慮といった一部分だけでCSRと見なす企業や従業員もおり，社会貢献の位置づけについて日本においてまだ十分に議論されているとはいえなかった。

　しかし，2011年の東日本大震災が発生した際には，多くの企業が寄付，自社製品の無償提供，ボランティア活動などを積極的に行い，社会貢献の果たす役割の大きさがあらためて認識されるようになった（第13章を参照）。さらに，2015年に国連サミットで採択されたSDGs（第2章を参照）により，社会をよ

くすることは，慈善行為だけでなく，事業を通じても行えるという解釈がされるようになってきている。実際，SDGs の目標には貧困や飢餓，平和といったこれまで慈善事業として行われてきた領域だけでなく，エネルギーや成長・雇用，イノベーション，生産・消費などの企業の成長に関連する領域が明記されている。

　企業にとっての社会貢献は CSR に含まれる。他の納税や法令遵守とは異なり，社会貢献は行わないことによる罰則がないうえに，株主から預かった資本を本業以外に使用することが問題視される可能性もある。そのため，企業の社会貢献が正当なものなのかどうかについて長らく議論されてきた。議論の中での立場は，CSR に社会貢献的責任を含めるべきではないとする否定派と，含めるべきだとする肯定派の 2 つに分かれる。

　否定派の見解は，企業の責任には「利潤最大化のために資源を活用し，事業活動に従事する」（Friedman, 1962）目的と，「株主，顧客，従業員」（Hayek, 1960）などの範囲の限定性があるという。そして，これに該当しない社会貢献は政府か非営利組織に任せるべきだというのである。しかし，近年では企業が社会貢献を行うべきだという肯定派の主張が優勢になってきている。コトラーとリーによると，その根拠はステークホルダーとの関係において以下の効果が期待されるためだという（Kotler and Lee, 2005）。

　1 つ目は，企業市民としての責任を果たしていると見なされ，自社のレピュテーションが構築されたり，向上したりすることである。これらにより各ステークホルダーの自社および自社製品に対する好意を高め，敵意を下げる効果が期待できる。また，メディアから好意的な報道がされやすくなり，自社製品や経営者，社員，組織などの認知度が高まったり，世間の話題に上ったりすることで取引先の流通業者や販売員の販売意欲につながる。

　2 つ目として，製品ブランド価値の向上が挙げられる。社会貢献の資金提供先との関係を強固にすることによって，その支援先が自社の取り組みへの評価

や，自社に対する信頼を高めてくれる効果が期待される。例えば，がん保険に関する商品を取り扱う東京海上日動あんしん生命保険は，認定 NPO 法人 J. POSH を通じて乳がんの早期発見，治療などの啓発を行う「日本乳がんピンクリボン運動」を支援している。この活動を生活者が知ることによって，がん保険のブランド価値の向上が見込まれる。

上述のように，企業の社会貢献がレピュテーションやブランド価値の向上につながると考えられている。そのことから，近年ではマーケティング手法として社会貢献を活用する企業も出てきている。このような社会貢献のマーケティング的活用については次節で詳述する。

3つ目は従業員の倫理観の形成である。従業員たちに倫理観が醸成されれば，社内での不正行為が減少し，レピュテーションの毀損を防ぐことができる。従業員の士気が高まって離職率が下がってくる。また，企業が社会貢献に積極的な姿勢を見せることで，社会や倫理，環境などに関して批判を受けるリスクは下がる。それにより，企業の所在地近隣に住む住民との良好な関係が構築され，企業行動を監視する投資家の離脱を阻止し，新規投資家の獲得に結びつくことなどにつながる。そうなると，就職志願者が増加することによってさらなる従業員の獲得につながる。

4　社会貢献の種類

4-1　長期的利益と短期的利益

もともと，社会貢献の効果は企業の売り上げや利益の拡大に直接的・短期的に結びつくというよりも，間接的で長期的なものが多かった。これは**啓発された自己利益**（enlightened self-interest）にも通じる考え方である。啓発された自己利益とは，自身の目標へ近づくために社会的責任に則った方法で活動すること（Stormer, 2003）であり，社会への奉仕が巡り巡って自分の利益に結びつくことを示すものである。例えば，社会貢献を通じて企業理念や哲学を伝えることによってレピュテーションを高めることは，長期的利益につながるものでもあろう。

表 11-1　企業の社会貢献の種類

分類	名称		定義
長期的利益追求型	寄付	企業単体によるもの	金銭を慈善活動・団体に無償で提供する行為
		マッチングギフト	従業員の寄付額に応じて企業が寄付すること
	金銭以外の経営資源提供	物品寄贈	自社製品や自社で購入した物品を贈る行為
		技術供与	特定の社会的課題の解決のために自社技術や従業員労働力を提供すること
		従業員ボランティア	従業員が無報酬で奉仕活動に携わること
		工場見学・企業博物館	無料あるいは営利を追求しない入場料をとることで，自社の工場や自社にちなんだ博物館を開放すること
短期的利益追求型	スポンサーシップ		企業やブランドに対するレピュテーションを高めるために，スポーツ，芸術，教育などに対して支援をすること
	コーズ・プロモーション		社会的な主張に対する世間の意識を高めるために，企業が実施するコミュニケーション活動
	ソーシャル・マーケティング		社会的課題を改善させる目的で，企業が行動改革キャンペーンの企画や実施を支援する活動
	コーズ・リレーテッド・マーケティング		顧客が製品を購入するときに一定の金額を特定のコーズに寄付するという手法
	社会的提携		企業と非営利組織が経営資源を共有して相互利益を図ること
	ライセンス契約		企業が非営利組織の名称やロゴを使用する代わりに利益の一部を手数料として支払うこと

　一方で，企業や製品のプロモーションやイメージを創るために行う社会貢献は，製品の売り上げ増につなげる短期的利益を期待して行われるものである。そこでは，社会貢献について訴求する主なステークホルダーが顧客や消費者であり，性別や年齢などのデモグラフィック変数の絞り込みを行って，彼らが関心をもつようなイベントを支援する。

　企業の社会貢献は厳密に区分することが難しい。しかし，大きく分けると，このように旧来から存在する長期的利益を期待した活動と，比較的新しい短期的利益を期待した活動がある。以降では，社会貢献の種類を寄付や自社技術の供与などの長期的利益追求型と，スポンサーシップやコーズ・リレーテッド・マーケティングなどの短期的利益追求型に分けて説明していく。これらは表11-1のように整理できる。

4-2　寄　付

　経営資源の寄付は短期的な利潤を生み出すというよりも，レピュテーションや信頼を築いていくという長期的なスタンスでとらえられているものが多い。このうち，金銭を慈善活動に無償で提供する行為を**寄付**という。寄付は伝統的な社会貢献の手法であり，広義には現金によるものだけでなく，物品や技術供与なども含まれる。

　寄付の期間については，1年に一度など一定期間ごとに寄付先を選定する場合と，寄付先を固定して長期間支援する場合に分けられる。前者の例として，パナソニックでは従来から行っていた「NPO サポートファンド」という名称を「Panasonic NPO/NGO サポートファンド for SDGs」に改め，SDGs が掲げている貧困のない社会づくりに向けて，「海外助成」「国内助成」の2つのプログラムで選定した NPO/NGO の組織基盤強化を一定期間応援している。また，災害などが発生した場合に臨時で行う寄付も多い。

　一方，寄付先が長期間固定されている場合，支援金額は大きく，事業ドメインとの適合性が高い傾向がある。例えば，製薬会社のエーザイでは，寄付金によって自社の事業ドメインと適合性が高い医療科学研究所を運営している。この場合，寄付自体には経済性を追求する要素が弱いとしても，支援先が事業と関連していて，かつ，固定されていることで，継続的にステークホルダーの記憶に残りやすい。

　キユーピーでは，参加従業員が毎月 100 円を1口として寄付金を給与天引きし，会社からも同額を上乗せして寄付を行うキユーピース（QPeace）という制度がある。このように自社従業員が非営利組織に寄付したときに企業が上乗せして寄付をすることを**マッチングギフト**という。この場合，従業員が主体的に支援先を決定するため，従業員の志気が高まったり，全社的な取り組みであることが伝われば，社内外ステークホルダーからのレピュテーションが高まるなど，パブリック・リレーションズに関する効果が期待できる。

4-3　金銭以外の経営資源供与

　物品の寄贈は，さまざまな企業が行っている。例えば，セブン－イレブン・ジャパンでは，2017 年から店舗の改装時などに発生する在庫商品の一部をフ

ードバンク団体のセカンドハーベスト・ジャパンに寄贈している。同じ物品の寄贈でも，顧客から預かった物の場合もある。そごう・西武は「こども靴下取り」コーナーを常設し，公益財団法人ジョイセフを通じて，顧客から預かった靴をザンビア共和国の子どもたちに寄贈している。

　シューズメーカーのティンバーランドでは，1992年以来**ボランティア活動**を実施し続けている。これは「社会貢献への道」（Path of Service）というプログラムであり，従業員は年間1人あたり40時間のボランティア活動を行うための有給休暇が与えられていて，毎年春と秋に社会貢献活動を行う日を設定し，全世界でボランティア活動を開催している。このように社員として会社の技術を伝えるのではなく，みずから無報酬で奉仕活動に携わるというやり方がある。

　他方，自社技術および従業員労働力の提供と従業員ボランティアの中間的存在が**プロボノ**である。プロボノとはラテン語で「公共のために」という意味で，ボランティア社員が専門的に保有する知識や技術を生かすことによってNPOを支援することをいう。従業員が日々の業務では役に立っていると実感しにくい状況に陥っているときに，外部との接点をもつことによって，自分の技術が感謝されることを直接肌で感じることが可能となる。

　例えば，パナソニックでは2011年から「Panasonic NPO サポート プロボノ プログラム」を実施している。同プログラムの参加者は4〜6名がチームを組んで週に5〜7時間程度，約6カ月間取り組み，最終的には成果物を納品する。2019年度までに37団体を支援し，webサイトの構築や重い病気の子どもに付き添う家族向け宿泊施設のデザイン，クラウドファンディングのためのノウハウ面でのサポートなどをしてきた。

　企業によっては，無料あるいは営利を追求しない程度の入場料で**工場見学**などの形で施設を提供することがある。また，工場のような製造現場とは別に**企業博物館**を所有・運営しているケースもある。企業博物館とは，企業が自社の保有する経営資源を広く一般に公開するために設立された施設のことである。自社保有の経営資源とは，技術や情報，あるいは，創業家が所有する美術品などを指す。企業博物館を運営することの狙いは，歴史や伝統があり，技術のある企業だということをイベントや体験という形で強く印象づけることができるところにある。

> ## Column **18**　職業体験をビジネスに
>
> 　日本では 2000 年代半ば以降に，子ども向け職業体験型テーマパークのキッザニアが，企業に自社の技術を伝える場を提供するビジネスを展開している。その提供の場として，2006 年にキッザニア東京（東京都江東区）が，2009 年にキッザニア甲子園（兵庫県西宮市）がそれぞれ開業した。各キッザニアには子どもの視線に合わせて約 3 分の 2 のサイズで再現されたおよそ 60 から 70 のパビリオンが設置されている。
>
> 　園内では「キッゾ」という仮想通貨を使用し，職業体験をすると「給料」としてキッゾがもらえ，それで各店で買い物もできる。子どもへの教育的側面の高さから，パビリオンへの協賛を社会貢献の一環と位置づける企業も多い。例えば，ANA がスポンサーとなっている飛行機パビリオンでは本物の飛行機の機体を用いて，パイロットやキャビンアテンダントの職業体験ができる。また，任天堂が提供する「ゲーム会社」では，ゲームクリエイターとして身の回りのアイテムを活用して，自分で考えたプログラムと組み合わせてテストプレイし，ゲームをつくりあげることで，発想力やチャレンジする大切さを学べるという。

4-4　スポンサーシップ

　スポンサーシップは社会貢献の発展形として始まった。これは企業が**ターゲット・オーディエンス**に自社名と貢献対象を直接結びつけさせることができるものである。寄付や物品寄贈，ときにはボランティアを行うなどして，自社名と関連づけたい**イベント**を支援する。支援先には**スポーツ**，**芸術**，**教育**などがある。例えば，スポーツではサッカー日本代表の国際親善試合をサポートするキリンチャレンジカップのようなイベント支援型と，プロ野球のようなクラブチーム所有型に分けられる。

　これらのイベントはテレビや新聞などのマスメディアで取り上げられる機会も多い。そのため，ターゲット・オーディエンスがすでに高い価値を感じているイベントとブランドを結びつけ，企業の存在をステークホルダーに認知してもらうなどして，企業や製品ブランドの価値を知覚的に高める効果が期待される。一方で，スポンサーシップの中でも，より自社製品やサービスに強く関連した活動も見られる（Column 18 を参照）。いずれにせよ，これらのスポンサーシップは宣伝・広告関連用語として，製品やサービスを直接訴求するハードセルと対比的に，ソフトセルと呼ばれることがある。

スポンサーシップのうち，とくに芸術，科学および文化活動を支援することを**メセナ**という。1980 年代のバブル期に大手企業を中心にメセナがさかんに行われ，その後，バブル経済の崩壊に伴って支援が途絶えたケースが多く見られた。そうした景気の変動に左右されない形で，実直にメセナを続けている企業もある。そうした企業の 1 つにトヨタ自動車が挙げられる。

トヨタは 2020 年に自社のミッションを幸せの量産と定義し，これまで培ってきたメセナ活動のリソースを活用した。「トヨタ青少年オーケストラキャンプ」で全国各地のサテライト会場をオンラインでつなぎ，日本を代表するプロによるレッスンを行ったり，コロナ禍において発表の場を失ったアーティストに無償でサントリーホールを提供する「夢をかなえるコンサート」を企画・実施したりした。こうした取り組みが評価されて，トヨタ自動車はメセナアワード 2021 メセナ大賞を受賞した（企業メセナ協議会 web サイト）。

4–5 コーズ・プロモーションとソーシャル・マーケティング

ザ・ボディショップは，web サイトなどで「私たちのバリューズ」というコミュニケーションを行っている。ここでは一切動物実験をしないことや，顧客と原料生産者に利益をもたらす公正な取引（**フェアトレード**）を行っていること，人権尊重キャンペーンを実施していることなどを積極的に伝えている。社会的な主張に対する世間の意識を高めるために企業が実施するコミュニケーション活動を**コーズ・プロモーション**という（Kotler and Lee, 2005）。コーズというのは社会的信念・主張のことである。

ソーシャル・マーケティングには，社会的課題を改善させる目的でさまざまな組織が行動改革キャンペーンの企画や実施を支援していく**狭義のソーシャル・マーケティング**と，病院や学校，行政などがマーケティング手法を取り入れる**非営利組織のマーケティング**（第 14 章，第 15 章を参照），企業が自社だけでなく消費者や社会の利益も考慮して，社会的責任を果たすために実施する**ソサイエタル・マーケティング**がある。

このうち，コーズ・プロモーションと類似するのが狭義のソーシャル・マーケティングである。異なる点は，コーズ・プロモーションが社会意識を高めるために行われるのに対して，ソーシャル・マーケティングが社会行動を変革さ

せることを目的にしていることである。社会全体での人々の行動について見てみると，まずは情報を得て，世間での注目が高まるにつれて人々の気持ちに変化が起こり，実際の行動が変わっていくという，認知，情動，行動という順番がある。

　例えば，コーズ・プロモーションとして，地球温暖化を避けるために2005年に環境省が節電の重要性を訴えた。その後，ソーシャル・マーケティングとしてアパレル業界が夏の節電を促すためにクールビズの衣服を訴求した。こうしたコミュニケーションを通じて，社会でクールビズが浸透し，ビジネスシーンでのネクタイ着用率が低下するなど，人々の行動が変わっていった。さらに，ビール・メーカーや自動車メーカーが飲酒運転の撲滅のために適正飲酒のキャンペーンを行うなど，自社製品が社会問題を引き起こさないようにするために人々の行動に変化を促すものもソーシャル・マーケティングに含まれる。ただし，これらの場合には，自社の利益のみを追求しているのではないかと社会から懐疑的にとらえられる可能性もあるため，誠実に取り組む姿勢をきちんと伝えていく必要がある。

4-6　コーズ・リレーテッド・マーケティング

　1983年にアメリカン・エキスプレスは，自社カードが新規発行されると1ドルを，カードが米国で使用されるごとに1セントを自由の女神・エリス島財団に寄付した。これにより，同社のカードは前年比で28％ 使用率が上昇して新規加入者を相当数増加させるとともに，同社による最終的な寄付額は170万ドルに及んだ。顧客が製品やサービスを購入するときに決まった金額を特定のコーズに寄付するという特徴をもつ，マーケティング活動の策定と実行のプロセスを**コーズ・リレーテッド・マーケティング**（CRM）という（Varadarajan and Menon, 1988）。大規模な事例としてはこれが最初だとされる。

　ただし，この事例のおよそ80年以上前に日本でも寄付つき商品が存在していた。1900（明治33）年にライオンの前身である小林富次郎商店は，慈善券が印刷された「ライオン歯磨　慈善券付袋入」を発売した。慈善券の印刷された袋を販売店に持参すると，支援したい慈善団体へ寄付された。その後1960年にベルマーク運動が創設された。これは製品に貼付されたベルマークを切り取

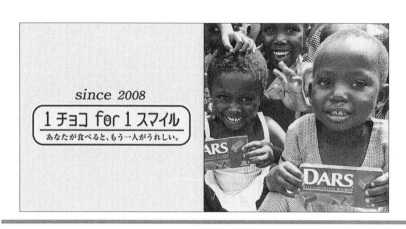

森永製菓「1チョコ for 1スマイル」キャンペーン

（写真提供）　森永製菓。

って集めてベルマーク財団に送ることにより，教育施設などで使用される教材や備品が寄贈される仕組みである。もともとは朝日新聞社が創設したものであるが，現在では多くの企業が協賛している。

　近年では，2008年から森永製菓が「1チョコ for 1スマイル」キャンペーンを続けている。ダース〈ミルク〉や森永ミルクチョコレートなど，同社の売り上げの一部を使って，ガーナなどのカカオ産出国の子どもたちが安心して教育を受けられるように支援している。年間を通じて行う寄付に加えて，特別期間には対象商品1個につき1円を寄付する特別キャンペーンを実施している（森永製菓webサイト）。このように売り上げの一部が寄付されることが記載されたものを**寄付つき（寄付型）商品**という。

4-7　社会的提携とライセンス契約

　ピンクリボン運動は1980年代に米国で発祥し，日本では2000年頃からさかんになってきた。乳がん検診の早期受診を呼びかけるために行政，市民団体，企業などがピンクリボン・マークを掲げて啓発活動を行っている。全国の都道府県で異なるNPO法人が企業と提携して寄付や参加を募っている。こうした資金，知識，技術などの資源の共有によって非営利組織と企業が協力し，相互利益や長期的な連携をしていくことを**社会的提携**（ソーシャル・アライアンス）

という。一方，WWF（世界自然保護基金）では，年間100万円以上の使用料（ロイヤルティ）を支払う企業の製品に，名称やロゴを使用することを認めている。**ライセンス契約**とは，企業が非営利組織の名称やロゴを使用する代わりに，利益の一部を手数料として支払うというものである。

5　企業の社会貢献の課題

　最後に企業の社会貢献の課題について考えていく。第1に，企業の社会貢献に関する具体的な情報が広範なステークホルダーから見えにくいことである。その理由は2つ考えられ，1つ目に古くから日本には善行は人知れず施すのがよいという陰徳の考えが根づいており，社会貢献に関する情報を開示することをためらったり隠したりする企業が多かったことが挙げられる。

　2つ目は，一部のステークホルダーが，企業が自社の利益のために社会貢献活動をしていることに不信感をもっているのではないか，もしくは，企業が善行を宣伝などのコミュニケーションに用いることに対して，社会から懐疑的な目を向けられるのではないかと，企業が懸念しているためである（Mohr et al., 1998）。消費者に実施した小売店に関する調査によると，CSRに懐疑的であるほど，小売店の価値や口コミをしたくなる程度，ネガティブ情報に対する受容性などにマイナスの影響を及ぼしてしまうという（Skarmeas and Leonidou, 2013）。

　一方で，消費者から開示を求める声も多い。米国ハリス・インタラクティブが実施した調査（2001年）では，「企業が社会貢献への取り組みについて広告や宣伝をすべきか」という質問に対して「はい」と回答したのは，米国では91％，デンマークでは80％であった（Fombrun and van Riel, 2004）。また，企業のグローバル化が進んできていることから，さまざまな国や地域の株主や従業員，消費者への**説明責任（アカウンタビリティ）**を果たしていくために，今後は社会貢献に関して積極的に伝えていくことが期待される。

　第2の課題として，長期的なコミットメントを求められる活動の場合，途中で中止しにくいということがある。例えば，長期的に支援することが求められるスポンサーシップなどは，資金が尽きたのですぐにやめるということは簡単

にできない。とくにスポーツ支援の場合には，大会の冠スポンサーになるよりもチームを所有する方が，長期的コミットメントを求められ，維持費も莫大なものとなりやすい。

このことから，企業はできるだけ長く続けられる活動を選定するべきである。例えば，少数の社会問題に絞る，事業ドメインとの適合性の高い，あるいは，従業員，ターゲット市場，企業が所在する地域社会などさまざまなステークホルダーが関心をもつ領域に取り組むことも，有益な選択肢として挙げられる（Kotler and Lee, 2005）。一方で，事業ドメインとの適合性が高くない社会貢献の方が，かえって企業に肯定的な影響をもたらす可能性も示唆されている（Column 19 を参照）。企業が社会貢献を中長期的に計画し実行する場合，自社にどのような影響をもたらすのかを検討し，確認をしていくことが重要であろう。

第3に，有効性評価の問題である。有効性評価とは，企業の取り組みがどれだけ社会に対してよい影響を及ぼしうるのかを意味する。例えば，植林をした結果どの程度 CO_2 排出削減効果が得られるのかを説明することなどが該当する。とくに，環境意識や倫理意識などが高く，消費を通じて社会的課題の解決を行う人々である**ソーシャル・コンシューマー**（大平他，2013）に対して，自社で行う社会貢献活動が社会にもたらす効果を伝えていくことが求められる。そうすれば，企業の製品やサービスのファンになる，SNS などを通じて情報を発信するスポークスパーソンにもなることなどが期待できるだろう。

一方で，有効性評価を偽った報告をする，すなわち，実効性のある本質的な環境保護活動を行っておらず，実質的成果が乏しいのにもかかわらず，報告書は立派な内容に取り繕うような企業行動を**グリーンウォッシュ**という（白石，2017）。たしかに，写真や報告内容で自社の活動の見栄えをよくして，ステークホルダーに与える印象を操作することは可能だろう。しかし，そうした活動は，たとえ法に触れていなかったとしても，倫理的責任を果たしているとはいえない。むしろ，関係者や第三者によってグリーンウォッシュをしていることが露呈すれば，企業のレピュテーションが大きく損なわれることになるだろう。

第4に，企業利益に関する効果測定の問題である。企業が社会貢献をすることによる社会への効果だけではなく，企業自体にどのような利得があるのかを測定する必要がある。社会貢献が企業評価や購買意図に影響するという研究結

Column 19　社会貢献における本業との関連性とビジネス上の意義

　企業が社会貢献を選定するときに，自社の事業ドメインとの適合性（関連性）を考慮することがある。例えば，自社製品を寄贈したり，自社の従業員が業務上の知識や技術を使って非営利組織の活動を手伝ったりするプロボノなどが挙げられる。もしも事業ドメインとの関連性が高ければ，その企業特有の製品，サービス，技術やノウハウを提供することができる。

　また，関わった社員もそこで得た経験を自分の仕事に直ちにフィードバックさせることができる。さらに，社会貢献の受益者からのレピュテーションが上がることが期待できるだろう。このように，企業が事業ドメインと関連する社会貢献を行えば，事業の利益に直結しやすい。その点だけを考えると，「企業はビジネスに関連する社会貢献だけやることこそが重要だ」ということになる。

　しかしながら，事業ドメインと関連性が低い社会貢献にも，企業の事業にプラスに作用する可能性はある。世界のビジネスエリートが美術や芸術を好む傾向があり，経営者の美意識が企業の競争力に影響するという指摘がされている（山口，2017）。また，芸術支援によって従業員が活動に深く関わり，芸術に触れる機会や芸術家とのコミュニケーションを通じ芸術鑑賞能力を高めることも考えられる。それによって，自分たちがこれまでもっていなかった新しい着想を得るための技術を身に付けられることも，経験的に指摘されている（川北・薗部，2022）。

　このように考えると，事業領域との関連性の高低それぞれに，ビジネス上のメリットが考えられる。これは科学研究の応用分野と基礎分野になぞらえることができる。すなわち，事業との関連性が高い社会貢献は「応用分野」として事業利益に直結しやすく，関連性の低い社会貢献はすぐに役に立たないかもしれないけれども，企業に新しい視座ひいてはイノベーションをもたらす「基礎分野」と考えることができるのである。

果が得られている（Brown and Dacin, 1997；Sen and Bhattacharya, 2001）ほか，ブランド価値やレピュテーションなどの指標も開発されている（第3章を参照）。だが，社会貢献はセールス・プロモーションや製品価格の値下げのように，即時的に製品の売り上げが伸びるということはない。そのため，今後さらなる測定尺度の精緻化や体系化が必要となってくるだろう。

1 　企業の社会貢献について，欧米と日本の歴史を比較して類似点と相違点を挙げ，それ
　ぞれの理由を考えてみよう。

2 　広報部門の担当者として，自社の社会貢献を誰にどのように伝えていけばよいのか。
　業界を選んで社会貢献の種類ごとに考えてみよう。

3 　企業が社会貢献に関する情報を発信する際に，グリーンウォッシュのように，実態の
　ない活動を報告したり，活動内容を誇張して伝えたりする状況が起きる原因が何かを考
　えてみよう。そのうえで，グリーンウォッシュが起きないようにするにはどうしたらよ
　いのかについて，さまざまな立場から整理してみよう。

1 　P. コトラー，N. リー『社会的責任のマーケティング──「事業の成功」と「CSR」を
　両立する』恩藏直人監訳，早稲田大学大学院恩藏研究室訳，東洋経済新報社，2007 年
　▶ 企業の社会貢献が 6 つに分類されており，それぞれに詳細な事例が記載されている。

2 　P. コトラー，K. L. ケラー『コトラー＆ケラーのマーケティング・マネジメント〔第
　12 版〕』恩藏直人監修，月谷真紀訳，ピアソン・エデュケーション，2014 年
　▶ 第 22 章「ホリスティック・マーケティング組織のマネジメント」で社会的責任マー
　ケティングについて詳述している。

3 　川北眞紀子・薗部靖史『アートプレイスとパブリック・リレーションズ──芸術支援
　から何を得るのか』有斐閣，2022 年予定
　▶ 企業による芸術支援の事例を通じて，企業が芸術の場から得られるコミュニケーショ
　ン上の効果について学ぶことができる。

第 12 章

危機への対応

▶ **タイレノール事件──危機におけるパブリック・リレーションズ**

　米国ジョンソン・エンド・ジョンソン（J&J）の鎮痛薬であるタイレノール
は，当時，鎮痛剤市場の 37%，粗利面では 20% を占めていた主力商品であっ
た。1982 年 9 月，米国シカゴ郊外でタイレノールを服用してすぐに数名が死
亡した。また，翌日にも同じくシカゴの住民が死亡し，2 日間で 7 名死亡した。
いずれも死因はシアン化合物であり，犠牲者はタイレノールを服用しているこ
とが判明した。何者かがタイレノールにシアン化合物を注入したことも考えら
れ，どれだけの商品ロットに毒物を注入されているのかわからなかった。

　これに対し，J&J は素早く対応した。仮に製品への毒物注入であれば，J&J
は被害者であり何ら責任はなかったが，消費者の安全のために全責任を負い，
小売価格で総額 1 億ドルに達する約 3100 万本のビンを回収した。米国食品医
薬品局（FDA）と FBI は，もし製品の全面回収を行った場合，それが類似犯
罪をあおるおそれがあるので，製品の回収は行わないようにと強く勧告したに
もかかわらず，J&J は，製品の回収を決断したのである。加えて J&J は，そ
の際に，「メディアに対してオープンにコミュニケーションを行う」「メディア
を通じて，全米の消費者に対してタイレノールを服用しないように警告する」
「全米の医者，病院，流通業者にタイレノールを使用・販売しないように電報
で通知する」「犯人の逮捕に直接役立つ情報提供者に 10 万ドルの賞金を提供す
る」「新聞広告でタイレノールのカプセルをタブレットに交換すると消費者に
呼びかける」「国会議員を訪問し，薬物混入罪の法制化に向けて支持を呼びか

ける」など危機におけるさまざまなコミュニケーション対応を行っている。

3100万本に及ぶタイレノールの回収によって，J&Jの売り上げは13%にまで下落した。しかし，その後，12月には67%，3カ月後には90%にまで回復。同社の鎮痛剤市場におけるシェアは，事件発生直後の6%から半年後には32%まで回復している。消費者の安全を第一に考えた同社の危機対応が消費者の支持を得たのである。このような危機時のJ&Jの対応は，2代目社長が掲げた経営理念「Our Credo」が行動の基準とされており，その経営理念と共に高い評価を得ている（危機マネジメント研究会，2002）。

┋ 1 危 機 と は

複雑な社会システムの中で事業を行う組織に，**危機**（クライシス）は必ず訪れる。危機に遭遇しない組織は存在しないだろう。組織が行う事業が社会的にも影響力をもつものである場合には，実際に起こってしまった危機について，社会に対してどのように対応を行うのか説明する責任が生じてくる。**ステークホルダー**が納得するような危機への対応が求められる。

事故，事件，不祥事などの危機が発生した際，さまざまな対応が要求されることになるが，**説明責任**という観点からも，広報対応がパブリック・リレーションズにとってはきわめて重要である。世の中は，発生した危機そのものよりも，危機への対応に関心を集めており，その対応如何では，危機がさらに拡大し，組織が存続することができない状態に追い込まれることもある。

1-1 クライシス，リスク，イシュー

本章で取り扱う危機（クライシス）という言葉について整理を行い，コミュニケーション理論やマネジメント理論についても触れていく。クライシスと似た言葉であるリスク，イシューもあわせて解説する。

① クライシス

セルブストによれば，**クライシス**（crisis）は「組織の機能，目的の達成，人間の生存や存在を妨げる行動もしくは，多くの従業員，顧客が好ましくないと

認める人的影響」と述べている（Selbst, 1978）。クライシスは，組織の存続が危ぶまれる事象が発生している状態であるといえよう。自然災害によるクライシスも当然含まれるが，本章では人間の関与によって引き起こされるクライシスを中心に取り上げる（災害への対応については，第13章を参照）。

　人間の関与によって引き起こされるクライシスには，犯罪行為，破壊活動などに代表される人間の意図的な行動によって引き起こされる類のものと，偶発的に起こってしまう類のもの（事故）がある。クライシス発生時の批判は，事故で起こったクライシスよりも，人間の意図的な行動によるクライシスの方が厳しいものとなる。

　しかし，ミトロフらによれば，事故であっても，人間が関与していて事故を避けることができたが，生じてしまったクライシスの場合には厳しい批判を受けると指摘している（Mitroff and Anagnos, 2001）。地震，洪水，台風などの自然災害で起こってしまった損害は避けようがないものであり，誰を責めることもできないものである。しかし，クライシスを予知・予測できた事柄に対して，対策をとらなかったことが原因で損害が出てしまった場合（例えば，対応の遅れによる被害の拡大など）は，人災によるクライシスとなる。

　自然災害であっても，人災によるクライシスによってもたらされる損害（ダメージ）は，組織にとって非常に大きなものになることを認識しておかなければならない。

　クライシス・コミュニケーションに関する理論としては，センスメイキング理論（sensemaking theory），イメージ回復理論（image repair theory），状況適合理論（contingency theory of accommodation），修正ディスコース理論（discourse of renewal），シチュエーショナル・クライシス・コミュニケーション理論（situational crisis communication theory），出し抜き理論（stealing thunder）などがある（くわしくは国枝・伊吹, 2021 を参照）。

　② リ ス ク

　リスク（risk）の定義としては，次のようなものがある。「組織の収益や損失に影響を与える不確実性」（経済産業省, 2005），「目的に対する不確かさの影響（期待されていることから，好ましい方向／又は好ましくない方向に乖離すること）」（日本規格協会, 2010），「リスクとは，被害の生起確率と被害の重大性の積とし

て定義される」(吉川, 1999),「リスクは, 事件・事故の「発生確率」と「発生衝撃度」」(大泉, 2006)。

このようにリスクとは, 一般的には組織に不利益な影響を与える危機 (事件, 事故) の発生する**確率**と, その**影響度**の積や組み合わせのことである。つまり, どのくらいの影響を及ぼすものが, どのくらいの確率で発生するのかという可能性である。リスクは不確実なものであり, できれば起こってほしくない事柄を考える未来概念である。

危機にはさまざまなものがあり, その発生可能性を検討しようとすれば, 何百ケースもの**リスク・シナリオ**を作成することが可能である。しかし, そのリスクすべてに対策を立てることは莫大なコストと時間がかかり, 現実的には難しい。想定するリスクに対して, 優先順位をつけて, 優先度の高いものから対策を立案して, マネジメントを行う必要がある。

リスク・マネジメントとしては, 想定される事件, 事故のリスクを「発生確率」と「影響度」という変数で評価し, 分析を行う。ここでいう想定するリスクは未来, 将来のことである。起こる可能性が考えられるリスクを検討し, そのリスクが将来, どのくらい発生する可能性があるのか (確率) と, 実際にそのリスクが事件, 事故といった危機になった際の被害損額 (影響度) から共に高い想定リスクを見積もって将来への対策や備えがなされる。

リスク・コミュニケーションに関する理論としては, リスク認知理論 (theory of risk perception), リスクの社会的拡大 (social amplification of risk), 並行処理モデル (extended parallel process model) などがある (くわしくは国枝・伊吹, 2021 を参照)。

③ イシュー

クライシスが, 組織の存続を危ぶませる事象だとすると, リスクはクライシスに発展しそうな「危機の芽」の状態であり, 問題が顕在化しつつある状態といえよう。リスクが「危機の芽」だとすると, **イシュー** (issue) はリスクやクライシスに発展する可能性のある「危機の種」である。種は土の中に埋もれていれば目に見えないものであるが, その種がリスクの芽を出して, クライシスに発展していく可能性がある。イシューとは, 現時点ではリスクと特定できないものの, すでに具体的に進行しており, 今後, 経営に大きな影響を及ぼす可

能性が高いと評価でき，速やかに対処しなければ，重大なクライシスに発展するおそれのある問題である。

　例えば，ある水産加工会社の「ずわいがにコロッケ」が公正取引委員会から排除命令を受けたケースがある。このケースでは，商品を企画した時点のJAS法では「原材料は一般的な名称を使用すること」となっており，「かに」を種（科）名で表示するのか，属名で表示するのかの規定は存在していなかった。商品企画時点では「ずわいがに」と「紅ずわいがに」は，いずれも「クモガニ科ズワイガニ属」に属しているため，原料には「紅ずわいがに」を使用していたが，商品名を「ずわいがにコロッケ」としていた。

　しかし，その後，農林水産省から生鮮魚介類の名称ガイドラインが出され，水産品の販売においては「ずわいがに」と「紅ずわいがに」は分けて表示することが規定された。商品は生鮮品ではなく，加工食品であるとの認識で「ずわいがにコロッケ」の商品名をそのまま使用してもよいと誤解していた。そして，公正取引委員会から景品表示法違反として「排除命令」を受けることになったのである。命令を受けて商品パッケージを変更せざるをえない状況になった（「排除命令」とは，公正取引委員会が事業者に対して，不当景品類および不当表示防止法〔景品表示法〕違反の行為をやめ，今後繰り返さないよう命じる行政処分である。主に商品の品質や効能，価格が実際より優良，有利であると消費者に誤認させる不当な表示が違反の対象となる。排除命令は，官報に告示される）。

　このケースでは，公正取引委員会から景品表示法違反として「排除命令」を受けたこと自体がクライシスなのであるが，農林水産省からの表示に関するルールが変わり，「かに」を種（科）名で表示するのか，属名で表示するのかのガイドラインの規定が明確になったことが問題の契機となった。このような競争ルールの変更は，その対応を誤ればクライシスに発展する大きなイシューである。

　イシューが大きなクライシスに発展しないうちに未然にマネジメントすること，すなわちイシュー・マネジメントが重要である。**イシュー・マネジメント**とは「組織が公共政策（public policy）分野のモニタリングを行って，組織にとって重要なイシューを選別し，イシュー分析を行ってインパクトを評価し，トップ・マネジメントに対し，イシューに向けての対応策を提案し，その対応プ

ログラミングを実行する試み」（Heath and Nelson, 1986）である。自社における競争環境に影響をもたらす法制度の変更や，社会的関心の高い健康や環境などに関する社会動向など，**ソーシャル・イシュー**を**モニタリング**しておき，組織への影響度を予測し，対策を講じる必要がある。

　ゆえに，イシュー・マネジメント範囲は，公共政策分野だけではなく，環境保護団体・消費者運動などの組織行動も含まれる。パブリック・リレーションズ部門の業務は，情報を発信することばかりではなく，情報を収集・分析して，経営陣に対して適切な経営判断を行うためのサポートを行うことも大事な仕事である。イシュー・マネジメントは，パブリック・リレーションズに密接に関わる概念である。

　イシュー・マネジメントに関する理論としては，システム理論（systems theory），触媒理論（catalytic theory），エンゲージメント理論（engagement theory）などがある（くわしくは国枝・伊吹，2021 を参照）。

1-2　不祥事

　組織が事業活動を行っていれば，さまざまなクライシスが発生する。**不祥事**は，マスメディアから批判されるような社会的に関心の高いテーマであり，組織の社会的信頼を損なわせるような事象である。

　不祥事の社会的影響が大きければ大きいほど，組織へのダメージの大きさも深刻なものとなる。最も避けなければならないものは「死傷者の発生を伴う不祥事」であり，「消費者の生活の安全や健康を脅かす不祥事」である。これらは最も社会的信頼を損なわせる事態につながる。不祥事により死傷者が発生した場合，メディアによる取り上げ方は非常に大きなものとなり，組織の存続が困難になるほどの組織への信頼低下は免れない。近年，消費者の組織に対する監視の目は厳しくなってきている。とくに，消費者自身に被害が及ぶような不祥事への関心は非常に高い。

　不祥事には，さまざまなものがあり，一概にまとめることはできないが，大きく分類して例示すると図 12-1 のように 4 つに分類できる。横軸は意図的なものであるのか否かで分類ができる。また，縦軸は，不祥事を起こしたことで悪い影響が最終消費者に及ぶか否かという軸で分類できる。

製品・サービス

Ⅱ	Ⅰ
・欠陥商品回収 ・特許訴訟 ・顧客情報流出　等	・表示偽装 ・品質偽装 ・社会的倫理逸脱　等
Ⅲ	Ⅳ
・生産拠点の損壊（火災等） ・環境汚染　等	・総会屋利益供与 ・有価証券報告書虚偽記載 ・談合 ・社会的倫理逸脱　等

対策不備　　　　　　　　　　　　　　　　　　　　　不正行為

企業・組織

図 12-1　企業不祥事の分類例

（出典）　北見（2010）を参考に作成。

　第 1 象限や第 4 象限の不祥事（I, IV）は，意図的に「不正行為」を伴う不祥事である。利益追求や自己保身といったことを引き金に，意図をもって法律・法令を逸脱した不祥事である。明らかに社会的規範を逸脱している。コンプライアンス（法令遵守）の意識が低下した際に発生する場合がほとんどである。

　また，第 2 象限，第 3 象限の不祥事（II, III）は，意図的ではないが「対策不備」が原因で発生する不祥事である。対策がしっかりとできていれば防ぐことができたであろう部類のものである。「対策不備」の場合は偶発的な事件が多いが，事象が発生した際の初動や対応の不手際が，社会的信頼をいっそう毀損させることにつながる場合が多い。なお，不正行為型の不祥事の方が，対策不備型の不祥事よりも株価が低下する傾向にある（北見，2010）。

2　危機のマネジメント

2-1　危機管理広報の 3 段階

　危機は，必ず起こりうるものであるが，危機に対してマネジメントすることは可能である。組織の危機管理モデルとして，ミトロフは，①「危機前兆・シグナルの発見」，②「準備と予防」，③「封じ込め／ダメージの防止」，④「平

常への復帰」，⑤「学習（教訓を得る）」の危機管理の5段階を示した（Mitroff, 1988）。危機管理広報のマネジメント・モデルとして，大泉は危機管理広報には，「危機発生の事前対応段階」「危機発生中の対応段階」「危機終了段階」の3つの段階があると指摘している（大泉，2002）。

　大泉が指摘する危機管理広報の3段階に，ミトロフの危機管理モデルをあてはめると，「危機発生の事前対応段階」には，①「危機前兆・シグナルの発見」，②「準備と予防」が，「危機発生中の対応段階」では③「封じ込め／ダメージの防止」が，「危機終了段階」では④「平常への復帰」，⑤「学習（教訓を得る）」が，それぞれ含まれている。

　「危機発生の事前対応段階」はイシューやリスクを予測，特定化し，クライシスを防ぐことが求められる。イシュー・マネジメントやリスク・マネジメントと呼ばれる領域である。「危機発生中の対応段階」は，発生したクライシスによって被るレピュテーション上の被害を，いかに最小限にするかが求められる。クライシス・マネジメントと呼ばれる領域である。「危機終了段階」は，クライシスによって毀損した信頼やレピュテーションをいかに早期に回復するかが求められる。

　危機管理においては「被害の最小化」「早期修復」よりも「未然防止」にその重点がおかれる。未然にクライシスの発生を防止することが重要になってくる。

2–2　未然防止のためのマネジメント

　クライシスを未然に防止するためには，あらかじめ事故や事件の予兆を「予知・予測」し，保険やBCM（business continuity management：事業継続マネジメント）などさまざまな対策などでダメージ吸収力を高めておく「予防・回避」の行動がとくに重要である。

　東日本大震災の津波による被害で原子力発電所の事故が引き起こされたのは，地震，津波といった「想定外」の予知・予測できない出来事であり，電力会社はある意味で被害を受けた側であることを主張していた。しかし，社会からの批判は本当に「想定外」であったのか，そして起こったことへの対応がどうだったのかという点であった。予見可能性と対応策がポイントなのである。

表 12-1 イシュー・リスクマネジメントにおける実務

項目	概要
予知〈モニタリング〉	
リスクアセスメント	可能性のあるリスクを洗い出し，リスクに優先順位づけを行う。
ステークホルダー調査	各種ステークホルダー，従業員に対して定性，定量で調査を行う。
世論調査	一般市民に対して世論動向を聴取する調査。
他社事例研究	同様の事件，事故情報の収集を行い，経緯，対応について研究。
報道状況分析	自社，競合，ベンチマークなどを設定し，報道上での論調等を分析。
メディア・ヒアリング	メディアの記者，編集者などへのヒアリングを行う調査。
海外メディア調査 海外生活者調査	海外メディアにおける報道状況，論調分析，海外メディアの記者に対するヒアリング調査。海外の生活者に対する意識調査。
ソーシャル・リスニング	ブログ，BBS，SNS 等のネット上のモニタリングを行い，風評を把握する。
予測〈情報評価，危機予測〉	
特定イシューの評価・分析	収集した情報をもとにイシューを特定，評価・分析を行う。
外部による特定イシュー評価	外部オピニオン（例えば，記者，弁護士，大学教授，専門家等）によって，収集した情報をもとにイシューを特定，評価・分析を行う。
リスク・シナリオ作成	リスクによる望ましい結果と，最悪の結果を予測し，シナリオ化する。
予防・回避	
イシュー対応策の策定	イシューへの対応策（低減，回避，保有，調和等）を策定。
対応方針の文書化	ステートメント（声明文章），ポジションペーパー（案件に関する事実を整理した文書），想定 QA，マニュアル（危機が発生した場合の行動ガイドライン），事業継続計画の策定などの対応方針について文書化する。
トレーニング	メディア・トレーニング，模擬対策本部，防災訓練など，クライシス発生を疑似体験し，対応実践力を強化する。
パブリック・アフェアーズ	パブリック・アフェアーズ（社会的合意形成に向けたアドボカシー・コミュニケーションズ）の立案と実行。

（出典） 電通パブリックリレーションズ作成。

　ワトキンスとバザルマンは，クライシスを**予見可能な危機**と呼び，それは「認識の不足」「注目の不足」「対応の不足」によって生じると示唆している（Watkins and Bazerman, 2003）。
　第 1 の「認識の不足」は，組織のトップが迫り来る危機や問題にそもそも気

づかない場合である。第2の「注目の不足」は，組織のトップが危機に気づきながらも，いまあわてる必要はないと判断して，真剣に考えなかった場合である。そして第3の「対応の不足」は，組織のトップが迫り来る問題に気づき，それなりの注意を払っていながらも，効果的に対応できなかった場合である。

　これらの3つの不足のいずれかがあっても，それらは「予見可能な危機」であったとして，組織トップの責任が問われることとなる。つまり，クライシスは予見できる類のものであり，組織トップがクライシスに対し「認識」「注目」「対応」を怠らなければ，クライシスは未然に防げるのである。万が一，クライシスが発生した場合でも，被害を最小限度にとどめることができる。

　実務的には，クライシスを未然に防止するためのイシューおよびリスクのマネジメントとしては，表12-1のようなものがある。

　組織トップの役割は，組織デザインを率先して行うことであるが，組織トップは，社内外の情報を容易に入手することができ，組織の予見能力を高めることができる組織デザインを行うべきである。これらの未然防止のマネジメントは，ボトムアップで行うのではなく，組織のトップこそが率先してトップダウンで全社的に行うべきことである。

3　危機におけるメディア対応

3-1　危機とメディア

　レピュテーションは，前述のようにステークホルダーからの評価である。だからこそ，ステークホルダーに事実情報を適切に提供し，正しく理解してもらうことが重要である。それは，パブリック・リレーションズの基本である。レピュテーションを獲得することで，効率的な経営基盤をもとに競争優位を得ることができる。

　組織のまわりにはさまざまなステークホルダーが存在する。それぞれのステークホルダーと個々に良好な関係を構築することはとても重要である。しかしながら，すべてのステークホルダーに対して個別にコミュニケーションを行うにはコスト（**取引費用**）がかかりすぎる。例えば，組織の潜在顧客すべてに個

別に郵送する，あるいは営業担当者が個別に一軒一軒訪問してコミュニケーションを行うとすると，莫大なコストがかかり，予算がいくらあっても足りない事態となる。

　ステークホルダーには，投資家，政治家グループ，顧客，地域社会，従業員，業界団体，供給業者，政府などさまざまな対象が想定される。しかし，パブリック・リレーションズにおいて最も重視すべきは，すべてのステークホルダーを「読者」「視聴者」として背後に抱える「メディア」という対象である。メディアは，コミュニケーションを行うためには最も効率性の高い社会インフラといえるだろう。パブリック・リレーションズでは，その影響力の高さから，とくに**メディア・リレーションズ**が重視されている（第6章を参照）。

　メディア・リレーションズによるメディアとの良好な関係構築は，世論を味方にし，組織の環境要因を有利に展開させる意味をもつため，メディアはきわめて戦略性の高い対象である。メディアから流れる自社の良好な報道や編集記事は評価情報である。広告主自身の情報として発信される「広告」とは異なり，メディアの判断という第三者的な客観的なフィルターを通すために，より信頼感や信憑性をもって各ステークホルダーに受け入れられる。さらにメディアによって情報は拡散し，加速度的にレピュテーションが広まっていくのである。しかし，組織が不正行為を犯して，社会の信頼を傷つけた場合には，メディアの信頼性，信憑性が，負のレピュテーションを増幅させることになる。

　不祥事を起こした際に，謝罪や釈明を行うために記者会見を行うことがある。記者会見での対応準備が不足すると，不用意な発言などでさらに批判を浴びることがある。記者会見での誤った対応による批判は，テレビカメラの映像や新聞の見出しとなって即日さまざまなメディアで繰り返し報道され，「視聴者」あるいは「読者」としての消費者のさらなる怒りを買うことになる。不用意な発言がさらなる不信を生むのである。こうしたメディアのニュース報道が負のレピュテーションを増幅させ，取り返しのつかないところまで信頼を毀損させる。だからこそ，クライシス時において，メディア対応は，非常に重要な戦略的取り組みなのである。

　また，近年では**インターネット**および**ソーシャルメディア**の爆発的な普及により，メディアによる情報流通構造は激変している。クライシス時のネガティ

ブな批判はネット上の口コミによって瞬時に，そして世界中に拡散する。新聞・テレビなどのマスメディアが報道するよりも前に，組織への批判が先にネット上で炎上し，それがマスメディアで取り上げられて，レピュテーションを毀損するきっかけをつくるケースも増えている。組織は，ネット，ソーシャルメディア上で展開されるリスク（**ソーシャルメディア・リスク**）にも注視する必要がある。

1999年の東芝クレーマー事件では，顧客対応のまずさは，すぐにネット上に拡散し，批判が集中した（第7章 Column 12 を参照）。ネット上での話題がマスメディアでも取り上げられ，社会的話題となり大きな批判を浴びた。これまで組織と顧客は一対一の関係にあった。しかし，ネットの登場により，顧客は顧客という役割だけではなく，情報の発信者にもなりうるのである。一対一の単純な関係構築ではなく，ステークホルダーが情報の発信者にもなりうることを念頭に対応策を検討しておく必要がある。

3-2 クライシス・コミュニケーション

クームスの**シチュエーショナル・クライシス・コミュニケーション理論**（situational crisis communication theory：SCCT）で示唆されるように，危機への対応がレピュテーションを左右する（Coombs, 2007。Column 20 を参照）。レピュテーションへのダメージを最小限にするために，危機の状況を見極め，パブリックと最適なコミュニケーションを図る必要がある。

クライシスが発生した場合に，そのクライシスが社会的関心や影響力が高いものであれば，メディアから取材が殺到し，これまで経験したことのないメディア対応を迫られる。クライシス時のメディア対応を含めたコミュニケーション活動が，**クライシス・コミュニケーション**である。

クライシスが発生した際には，顧客，取引先，行政，株主，地域社会，従業員などステークホルダーに対してさまざまな対応が要求される。とくに社会的な関心を呼ぶクライシスでは，社会への「説明責任」という観点において，あらゆるステークホルダーを背後に抱えるメディアとのコミュニケーションはきわめて重要である。

前述のように，起こしたことそれ自体よりも，どのように対応したかが重要

Column 20　シチュエーショナル・クライシス・コミュニケーション理論

　シチュエーショナル・クライシス・コミュニケーション理論（SCCT）とは，クームスにより提唱されたクライシス・コミュニケーション理論である。クライシス時に組織のレピュテーションの毀損を最小限にさせるためのフレームワークを提供している。SCCT は，**帰属理論**（attribution theories）に基づき，危機管理担当マネージャーは，危機の責任と，危機により毀損する可能性のあるレピュテーションのレベルによってとるべき対応を考慮する必要があると示唆している。

　SCCT では，最も戦略的に危機対応を意思決定するためには，危機の責任や危機の対応によってどの程度評判が毀損されるかというレピュテーショナル・リスクを見積もることが重要となる。リスクを見積もるための要素は，①危機に対する責任の度合い，②同様な危機対応についての履歴，③従前からの組織の評判の３つである。これらをもとに危機の責任とレピュテーショナル・リスクを把握し，それぞれに対応する効果的なクライシス・コミュニケーション戦略を実践するのである。

　クームスは，危機が起こったときには，ステークホルダーを被害から守るという危機管理プランを，どのような組織であっても第１の目的にすべきだと強調している（Coombs, 2007）。

であり，メディア対応の成否が，組織の社会的信頼の毀損を最小限にできるかどうかに関わる。

　緊急事態発生時における記者会見などのメディア対応は，広報スタッフに任せるばかりではなく，組織トップが率先してメディアとのコミュニケーションを行わなければならない。「説明責任」の観点では，組織の最終責任者はトップであり，責任者でないと責任をもった発言ができないからである。しかし，不慣れな組織トップが緊急時のメディア対応を間違うと，認識の欠如や対応の遅れなどが不要な批判を招くことにつながる。だからこそ，用意周到な準備が必要不可欠なのである。

　①　メディアの特性を知っておく

　第６章のメディア・リレーションズでも説明したが，通常時から組織はさまざまなメディアとコミュニケーションを図るべきである。企業組織を考えた場合，通常コミュニケーションを図るつき合いのある記者は，経済部や産業部所属の記者が中心である。しかし，緊急時に取材に訪れる記者は，社会部の記者であり，経済部，産業部の記者とは視点が異なる。

経済部，産業部所属の記者の場合は，組織の取り組みや業績，財務数字など，数字やデータなどのアプローチが中心となる。社会部所属の記者は，被害者への対応，社会的責任の追及といった正義感に基づいた真実に迫るアプローチが中心である。記者の関心が異なるからこそ，クライシス・コミュニケーションは非日常的な空間，関係の中で行われることになる。

緊急時におけるメディアの関心事は，（A）クライシスは「組織ぐるみ」によるものか，「個人的な過失」か，（B）その原因は組織の「構造的」な要因によるものなのか，はたまた「偶発的」な要因によるものなのか，（C）記者会見の言葉に「嘘」や「隠蔽」はないのか，（D）クライシスが起こったことを公表する「発表のタイミング」は遅くないのか，（E）その組織では，これまで同様のことは起きていないか，（F）組織トップの状況の認識，判断，指示に問題はなかったか，といったことである。

緊急記者会見で記者に質問され，クライシスが，（A）組織ぐるみであり，（B）原因は構造的なものであり，（C）クライシスの説明に嘘や隠蔽があり，（D）発表のタイミングが遅く，（E）何度も同じようなことが繰り返されており，（F）組織トップの対応に問題があるといったことが1つでもあれば，大きな社会的批判を浴びることになる。

緊急記者会見で，クライシスを起こした組織を非難するか否かの分かれ目には3つのポイントがある。1つ目は，会見で説明する「情報・発言内容の正確性，信頼性」である。起こしたクライシスにおける説明が，わかりやすく納得できるものであるのかが問われる。2つ目は，「情報開示・発言・対応のタイミング」である。例えば，健康被害をもたらすような製品の品質不良があった場合には，健康被害を拡大させないためにも，迅速で素早い情報開示が求められる。最後に，「スポークスパーソンの誠実性，信頼性」である。記者は，多くの人間を取材しており，質問のプロである。会見で謝罪し，説明を行っているスポークスパーソンが本当に心から社会に対して謝罪し，説明をしようとしているのか，この場だけ切り抜けようとしているのかは表情・態度を見れば，すぐに見破られてしまうのである。

② 素早い初動の公表が大事

クライシスが発生した場合には，組織として迅速な公表が求められる。迅速

な公表は，被害を拡大させないために必要であり，情報の錯綜や誤報を避けるという意味でも大事なことである。危機管理において，素早い公表という初動対応がきわめて重要となってくる。しかし，やみくもに素早く公表すればよいというものでもない。公表するためには「ワンボイス」(one voice) が重要である。

「ワンボイス」は，ステークホルダーに対して1つの声で，1つのメッセージを届けるようにすることである。クライシス時には，対メディア，対ステークホルダーへの説明が求められる。対象ごとに発言内容が異なっていては，説明の信頼性を失うことになる。通常は，メディアの取材対応は，広報部門に説明窓口を一本化し，公表する文言，言い方を統一することが求められる。

また，公表に際しては徹底した情報管理が必要不可欠である。公表する前に情報が漏れてしまうと情報の錯綜が起こり，予期しない風評が立ってしまい事態の収束を遅らせる結果となる。風評被害を防止するためにも，公表する前の情報は必要な者だけに伝え，必要ない者には伝えないことが肝心である。

公表時の説明が，クライシス・コミュニケーション上はきわめて重要であるが，情報を公表していく際に，ⓐ情報収集が不十分，ⓑ公表の遅さ，ⓒ情報の出し惜しみがあると，余計な批判を浴びることになる。

ⓐ情報収集が不十分であると，情報が二転三転して，マスコミの不信感が募る。記者会見のたびに違った説明がなされて話が食い違うと，説明されたことへの信頼が揺らぐこととなり，説明してもなかなか理解を得られない。情報を収集できる体制をしっかりと整備することが重要である。ⓑ公表が遅いと，何かを隠そうとしていたのではないか，結果的に被害を拡大させたのではないかなどの批判を受けることになる。また，ⓒ情報を出し惜しみして，情報を小出しにしてコントロールしようとすると，何度も釈明のための緊急記者会見を開催せざるをえない状況になり，レピュテーションへのダメージが長引く結果につながる。

公表にあたっては，情報収集体制を整備したうえで，理解を得られるように情報をしっかりと収集し，迅速に，なるべく一度に出せる情報を提供することを心がけるべきである。

③　公表時に伝えるべき内容

公表時には，謝罪表明，現状説明，原因究明，責任表明，再発防止策の5つ
の要素に留意して，最大限に説明を行いたい。これらのポイントは緊急記者会
見時には記者が質問してくる内容である。

　謝罪表明では，日本においては，まずはお詫びする姿勢を示すことがきわめ
て重要である。まだ原因がわからず，法的責任が不明の段階であっても，社会
的に影響が大きいクライシスを起こし，世間に心配をかけたことに対して，ま
ずは謝罪することが肝心である。クライシス発生時には，日本では誠意ある姿
勢を示すことが，社会的信頼を得る第一歩である。外資系の組織などでは，こ
の点が日本文化に根差していることを理解できず，初期対応で失敗するケース
が多い。

　現状説明は，クライシスが発生してから公表に至るまでの経過や行ってきた
対応策をすべて説明することである。「何が起こって，どのように対応したの
か」をできる限り詳細に説明する。なるべく詳細に必要な情報を整理して開示
することが，不安感や憶測，疑惑などの発生を防止することにつながる。起こ
った事象と対応について時系列にまとめ，詳細に事実を整理したファクトシー
ト，自分たちの組織の立場や紛争相手の立場を客観的に説明したポジショニン
グ・ペーパーなどを活用して説明することで，正しい情報を伝えることができ，
誤報を防止することが可能である。

　原因究明では，なぜそのクライシスが発生したのかをできる限り詳細に説明
すべきである。まだ原因が特定化されていない段階であっても「原因究明に取
り組んでいる」「原因究明に着手した」など，原因を明らかにしようとする意
思を表明することが大事である。

　責任表明では，起こったクライシスに対し，納得のいく責任を表明すること
である。責任表明というと，組織トップといった責任者が辞任することが思い
浮かぶが，それだけが責任のとり方ではない。もちろん，クライシスの原因が，
組織の構造的要因によるものであり，組織の責任者が変わらなければ，組織が
変わらないことが明らかな場合は，責任者が辞任することは社会的な理解を得
ることができる。社会的な理解を得ることができる責任のとり方が肝心である。

　再発防止策は，一度起こったクライシスを二度と発生させないように防止策
を表明することである。組織に外部の目を入れて組織改革を図るために「第三

者委員会」を発足させる，不祥事を起こさせない社内制度を整える，コンプライアンスの研修を強化する，災害時の対応策を強化するなど，再発防止策・改善策を具体的な制度，組織で示すことが重要である。

これらの5つの要素を，公表時に迅速に説明できるか否かが，初動対応としてはきわめて重要であり，これらを準備しておかないと対応が後手にまわり，社会的信頼を損ねる結果となる。これらの5つの要素は，想定Q&Aとしてしっかりと整理して準備しておくことが求められる。

④　ノンバーバルにも注視する

メラビアンによれば，人の印象は「言葉」以外の要素に大きく左右されるという（Mehrabian, 1971）。話し手の印象は，言葉で伝えられる伝達情報は7％，表情などの見た目である視覚情報は55％，声の大きさ，テンポなどの聴覚情報は38％で構成されるという（これらは**メラビアンの法則**と呼ばれる）。これを踏まえれば，**ノンバーバル・ランゲージ**の部分も，社会的な信頼を獲得するためには重要な要素となる。

緊急会見では，派手な眼鏡，時計などの装飾品は控えるべきであるし，服装は地味に，適度な身だしなみを心がけるべきである。とくにテレビのカメラは動画であり，すべてを狙っているので，不必要な動作は極力避けるべきである。視線が過剰に動く，貧乏ゆすりをする，しきりに汗をふくなどは，心証が悪く，本当に謝罪しようとしているのか信頼性を損ねる。脚を組むなどはもっての外である。緊急会見は，2〜3時間以上の長時間に及ぶケースも多い。そこで一瞬でも疲れた態度を見せれば，誠意を疑われる。

このような心証を害するノンバーバル面は一瞬のことであっても，それを押さえた映像や動画は繰り返しメディアで使用され，ビジュアルの面から社会的信頼を毀損することにつながるので，注意が必要である。

課　題　　　　　　　　　　　　　　　　　　　*exercises*

1　気になった企業不祥事を1つ取り上げて，何が起こったのか，何が問題であったのか概要を調べてみよう。

2　また，そのときに企業がどのような広報対応を行ったのか調べてみよう。

③ そして，その企業の対応について，新聞，雑誌，インターネットなどの記事をまとめてみよう。

ブックガイド　　　　　　　　　　　　　　　　　　　　　　　　*book guide*

① 田中正博『実践 危機管理広報〔改訂版〕』時事通信出版局，2011 年
▶ 危機管理広報に関する実践的な本。組織の広報担当者が行う危機管理広報を知ることができる。
② 齋藤憲監修『企業不祥事事典――ケーススタディ 150』日外アソシエーツ，2007 年
▶ 戦後から 2007 年 1 月までの代表的な企業不祥事の事例 150 件を収録。事件の背景，発端，その後の経緯，会社の対応，警察・検察の動き，裁判などが詳述されており，事例研究として役立つ。
③ 大泉光一『クライシスマネジメント――危機管理の理論と実践〔三訂版〕』同文舘出版，2002 年
▶ 危機管理に関する本格的な研究書。危機管理の理論がまとまっている。
④ 北見幸一『企業社会関係資本と市場評価――不祥事企業分析アプローチ』学文社，2010 年
▶ 不祥事を起こした企業の市場評価を分析した，不祥事の影響に関する研究書。クライシス・コミュニケーションの有用性についても示唆されている。

第13章

災害時の広報・PR

▶ 東北地方太平洋沖地震

　2011 年 3 月 11 日 14 時 46 分，東北地方太平洋沖地震が発生した。気象庁は，直後に「緊急地震速報」（警報）を宮城県，岩手県，秋田県，山形県，福島県に発し，3 分後の 14 時 49 分，「津波警報（大津波）」を発表した。この警報はテレビ，ラジオなどの放送で伝えられるとともに，多くの沿岸自治体では防災行政無線で伝えられた。そしてほぼ同時に，沿岸自治体においては「**避難勧告**」「**避難指示**」ないし避難の呼びかけが発せられている。

　同日 19 時 3 分に枝野幸男官房長官は，記者会見にて「**原子力緊急事態宣言**」を発し，21 時 23 分には，東京電力福島第一原子力発電所 1 号機の半径 3 km 以内の住民に「避難指示」，半径 3 km から 10 km 圏内の住民に対し「屋内退避」が指示された。12 日以降「避難指示」は 10 km，20 km と拡大されていった。

　このように，災害が発生すると，行政は住民の生命，身体および財産を災害から保護するため必要な体制を確立するとともに，警報・注意報，避難指示など災害に関する情報を伝える。

　だが，災害に関する広報は緊急時の情報伝達だけに限らない。災害後も，流言を防ぐための正確な情報の周知，復旧・復興のための周知広報，また緊急時に災害情報を適切に理解してもらうための平時における普及啓発活動などの広報活動が行われる。本章では，災害多発国である日本で，行政や企業などの組織は災害に関してどのような広報を行うべきかを考えていく。

1　行政の災害広報・PR

　平時の行政広報，パブリック・リレーションズは，あくまで住民と行政の間の「関係性」を構築し，維持することが最終的な目標であり，そのためのコミュニケーションそれ自体が目的とされる。

　しかしながら，災害に関する行政広報は通常の広報とは若干異なる。関係性の構築を超えて，住民の生命，被災後の生活を守るため，第一義的に情報提供そのものが最大の目的，目標となる。流言の発生を防ぐために被害情報などを正確に周知することなども，この流れの中で重要になる。

　ある程度，時間が経過すると，災害後の住民の困難・不安を解消するための**生活情報**の提供，住居など復旧・復興施策の周知広報が重要になる。災害後は住民の不安感が強まり，復旧・復興が進まないことについて行政への不信感やいらだちが募る。よって周知広報が重要となっていくのである。では，順にこれらについて見ていくことにする。

1-1　緊急時の広報業務

　緊急時の広報は，公式なもの，非公式なものを含め，警報など災害の危険性に関する情報，緊急安全確保や避難指示，高齢者等避難や呼びかけなどの情報を住民に周知することが主たる目的である。

　例えば，気象庁は，災害が起こるおそれのあるときに「**注意報**」を，重大な災害が起こるおそれのあるときに「**警報**」を，また警報の発表基準をはるかに超える豪雨や大津波等が予想され，重大な災害の危険性が著しく高まっているときには「**特別警報**」を発表し，注意や警戒を呼びかける。これらは都道府県や市町村へ伝達され防災活動等に利用されるほか，市町村や報道機関を通じて地域住民へ伝えられる。

　気象に関しては，警報には大雨警報，大雪警報，暴風警報，暴風雪警報，また他にもさまざまな警報，注意報がある。警報・注意報以外にも，住民の安全確保のために，台風情報や記録的短時間大雨情報などさまざまな情報が提供さ

れる。

　河川に関しては，国土交通省もしくは各県において定められた水位周知河川について，氾濫危険水位，避難判断水位，氾濫注意水位，水防団待機水位などの情報が周知される。また洪水予報として，氾濫危険水位を目安に洪水警報が，氾濫注意水位を目安に洪水注意報が，状況に応じて水防関係者への情報として水防警報が発表される。

　なお，現在はこれら避難，防災気象情報，河川情報をまとめて警戒レベルとして整理されている。

　海象に関しては**大津波警報**，**津波警報・注意報**，波浪警報・注意報，高潮警報・注意報が，地象に関しては，火山については**噴火警報・注意報**が，地震については緊急地震速報が，土砂災害については土砂災害警戒情報が伝えられることになっている。

　これら，さまざまな災害情報は直接的には，**防災行政無線**や**広報車**，メール配信などを通じて住民および関係機関に対して広報が行われる。ただし，雨の日には防災行政無線の屋外拡声器や広報車の音が聞こえないこと，近年，住宅の遮音性が向上していること，複数の拡声装置が近接する場合に音の干渉があるためゆっくり音声を出さねばならず危機感を感じさせにくいこと，防災行政無線の**戸別受信機**の電源を平時に入れていない世帯が多いことなど，課題も多い。携帯電話のメールやさまざまな情報システムを用いた開発も行われているが，輻輳（一斉に多くの人が通信を行うことで，通信が混雑して通じなくなること）や停電の問題など脆弱性があり，災害時の情報伝達の手段としては決定打と呼べるツールはないのが現状である。ゆえに報道機関との連携やさまざまな工夫が求められている。

1-2　災害後の広報業務

　また災害が発生すると，多くの人は不安になる。これゆえに，流言飛語が発生したり，混乱を引き起こすことがある。よって避難者や被災者に対して被災の状況，生活情報，復旧に関する施策を周知することなどが重要となる。

　1923年，関東大震災においては政府の臨時震災救護事務局の情報部は『震災彙報』という広報誌を発行した。これは流言飛語が流布したので，それを防

止するため，また当時の主たる報道機関である新聞社が被災し，報道を補填するためという２つの意味をもっていた。

　災害時に情報が途絶したり，正確な情報を得にくくなったりするという点は，現在においても変わってない。現在では，災害直後に**臨時災害放送局**（コミュニティFM）が設置されることが多いし，行政機関のwebサイトやソーシャルメディアなどを通じた情報発信がなされることもある。だが，災害直後は，激甚な災害であると被災者は停電などにより通常の情報伝達手段が利用できないし，また広域な災害で被災者が多くなると人海戦術で周知をするというのも困難である。そこで旧来通り，広報紙，避難所への張り紙などによって，行政の施策を周知することが行われる。東日本大震災では，停電も長く続き，通信状態も悪かったこともあり，また東京電力福島第一原子力発電所事故により広域に避難した人も多かったことから，被災県のみならず広域な範囲の避難所やスーパーマーケット，コンビニ，郵便局などに政府広報として「壁新聞」が張られた（写真）。

　被災地域の自治体は仮設住宅，融資，福祉などについての自治体の対策の情報提供を行う。例えば，阪神・淡路大震災の後，神戸市災害対策本部の発行した「こうべ地震災害対策広報」では，仮設住宅入居の受付，生活福祉資金・災害援護資金の特別貸付，家屋の解体・廃材回収，家屋の応急修理，建築制限，義捐金配分，見舞金・援護金の交付方法，社会保険の減免措置，災害弔慰金の支給，合同慰霊祭，被災企業用の工場貸付，共同仮設店舗の建築・借受補助など，行政の復旧・復興施策に関する情報が広報された。

　東日本大震災においては，これらに加え，津波危険区域の設定，警戒区域に関する情報，賠償に関する情報，放射線情報，原子力損害賠償，**避難者情報システム**の登録方法など，さまざまな生活再建・事業再建に関する情報などが広報紙，ハンドブックなどで提供された。

　また行政以外が発行するチラシやミニコミ誌では，商店街，医療，入浴，ボランティア，無料サービスなどの情報が載せられることが多く，役割分担がなされている。

　なお大規模災害になればなるほど避難場所を離れる人への情報伝達の方策も考慮する必要がある。親戚や知人の家に疎開をすることが可能な状況なのに，

東日本大震災における政府広報（壁新聞・第3号）

　被災後は避難所を通じた広報により行政から復旧に関するさまざまな情報が伝えられるため，これらの情報を得られなくなることから避難所を離れることをためらう人は少なくない。

　東日本大震災においては，原発事故の影響もあり，自治体そのものが避難する一方，住民も自治体が移動した場所以外の地域に避難している人も多かった。そのため経済産業省の補助事業「暮らしサポート事業」（2012年度からは福島県の事業）として当該自治体から半月に1回，避難を強いられている人に広報誌が送られている。

　被災者に，この復旧・復興に関する情報が伝わらないと，不安が増すことになり，地元自治体との関係性は悪化し，求心力を失ってしまう。きめ細やかな広報が最終的には行政と住民との間のよりよい関係性を構築し，復旧・復興そのもの，またそれらの効率化につながるのである。

1-3　平時の広報業務──住民への防災教育

　平時の災害に関する広報は，防災に関する施策を伝え，啓発を行う「住民への**防災教育**」が主たる目的である。広報は，自主防災組織や消防団などを通じて備蓄や避難訓練などさまざまな防災対策を促進すること，行政の補助などを

周知し耐震化を促進すること，広域避難場所や一時避難場所（火災や津波から逃れる場所），避難所（長期の生活避難を行う場所）などの認知率向上，都市部の帰宅困難に備え勤務する人が帰宅経路などを把握することを促す。

　災害ごとに細かくいえば，地震については地震動予測地図や地域危険度マップを通じて地震被害リスクの高い地域を周知したり，水害について浸水予測図などを通じて浸水リスクの高い地域を周知したり，土砂災害における土砂災害警戒区域などを周知したりと，**ハザードマップ**などを通じて住民への災害に関する情報の周知が行われている。

　災害に強い街をつくるために区画整理，市街地再開発事業，土地改良事業に対する理解を求めていくことも重要であるし，災害時の要援護者対策として避難行動要支援者名簿の作成，高齢者，障害者，乳幼児など災害時要配慮者の情報の共有に関する理解を求めていくことも重要な災害広報の1つである。これらのため各自治体において講演会，出前講座，住民説明会などを通じて防災に関する学習が行われるなど，防災部局を中心として災害についての「広報・広聴」がなされている。

　もちろん住民の災害対策は，たんに広報・啓発活動をすれば進むという単純なものではない。災害時の情報やさまざまな災害対策は，その意味が理解されない限りは有効に活用されない。だが災害への関心が高い人は，災害に関する広報に熱心に接し，防災活動に力を入れ災害に関する知識を得ていく一方，本来災害の知識を得なければならない災害への関心の低い人は，災害に関する広報や防災活動にほとんど接することがない。このような**「防災教育のパラドックス」**（関谷，2007）が存在し，結果，防災に関する知識の広報・周知はなかなか難しいという実態がある。

　とはいえ，停電などにより，情報手段が限られる中で災害直後に人々に伝えられることは少ない。住民の生命を守るために事前にどれだけ災害に関する知識の啓発を行うかは決定的に重要である。被災時に自主的に対応をとれる住民や救援・救助活動に携われる住民が増え，限られた人的資源・医療資源を有効に活用できれば，人的被害を減らすこと，生命の危機に瀕した人をより多く救うことが可能になる。そのために災害についての危険性を周知し，住民の災害対策を促すことはきわめて重要である。

Column 21　震災とメディアと流言

　放送は，関東大震災を契機としてそのニーズが高まったともいわれている。関東大震災の直後，いわゆる「関東大震災の朝鮮人流言」が大きな問題となった。流言を原因として朝鮮人や中国人の虐殺事件へとつながったといわれている。「人びとに，"ラジオさえあれば流言飛語による人心の動揺を防げたであろう"という思いを起こさせ，放送事業開始の要望が急速に高まって」いったのである（竹山，2002）。関東大震災を理由に，ラジオという放送メディアの実用化が進められたのである。

　しかし東日本大震災では，「千葉の市原市の石油精製工場が爆発し有害物質の雨が降る」「中国人の窃盗団が略奪行為を行っている」「石巻で餓死者が出ている」などさまざまな流言がネットを中心に拡散していった。情報があったとしても，不安が続いている段階では，流言は防ぐことはできず，メディアは流言を増やすことにもなる。

　流言が広がる最も大きな要因は不安である（関谷，2011a）。災害後は，無用な混乱や人心の不安を収めるという意味であらゆる手段を使って淡々と正確な情報を提供することが重要である。

1-4　報道機関向けの災害時の広報業務（メディア・リレーションズ）

　放送局は，災害対策基本法上，災害時には「災害」という社会に起きた事実を伝えるという報道機関としての役割だけではなく，被害を軽減するための警報や避難に関する情報を伝えるという防災機関としての役割を担っている。放送局は放送法，災害対策基本法，国民保護法によって**指定公共機関**，**指定地方公共機関**とされている。警報や避難勧告・避難指示の放送など災害時に広報活動を行うことは義務となっている。

　新聞，雑誌など他のメディアは速報性では弱いし，また法律上の伝達義務もない。だが，人々に災害被害，災害対応のことを知ってもらうという意味では長期的には重要である。

　マスメディアは普段人々が接しているメディアである。ゆえに行政の報道機関向けの広報業務は，災害発生時の住民への情報伝達そのものである。平時は大手マスメディアからほとんど取材を受けることのないような自治体であっても，災害発生時には報道機関が集中して取材するため，平時通りの取材対応では対応できなくなる。報道対応を行うスポークスマンをおくなど，記者会見や情報提供の方策を検討することが重要である。だが，放送局と常日頃から接触

している自治体の防災関係者は多くなく，災害時にこの放送局と自治体との連携がスムーズにいかない場合も少なくない。

　また小さな自治体ほど災害の専門部局が設けられておらず，総務課や秘書広聴課など広報業務を行っている部署が防災対策を兼務していることも多い。これらの部署の場合は災害時には災害対応のイニシアティブを担わなければならないのだが，つい日常の延長で報道関係者からの問い合わせや対応に追われ災害対応に支障をきたす場合が少なくなく，注意が必要である。

1-5　広聴，記録，職員との関係

　災害時の広報としては，広報・広聴機能に特化した問題もいくつかある。

　第1に，広聴体制の確立である。災害後は，一般市民や罹災市民からさまざまな問い合わせが増大する。安否確認から，救助要請，復旧・復興に対する意見・要望，苦情などさまざまである。災害直後は，人々が不安になったり，ぶつけどころのない憤りを抱えていたりする。ゆえに，それを受け止める窓口が必要である。顔見知りなど関係者であればあるほど，この対応に非常に苦労することから，東日本大震災では他自治体からの応援職員がこの業務にあたることも多かった。

　第2に記録である。災害時においても**記録活動**ができる人の確保をしておくことが重要である。これは要望，陳情などのための基礎資料につながっていく。多くの場合，目の前の災害対応や救助，救援対応などに気をとられ写真や災害対応の記録などは，後まわしにされがちである。だが，この作業は，後の検証・教訓の継承のための重要な基礎となるし，これを怠っていると災害対応において問題があった場合は後に住民とのディスコミュニケーション，関係性の悪化，訴訟などのもととなってしまう。自治体内外を問わず，次の災害における教訓を残すという意味でもきわめて大切な作業である。

　第3に，職員に対する災害対応の周知体制と情報共有である。職員が組織の災害対応を知っておくことは，複数の担当部署で業務を重複させないためにも，業務を効率的に行うためにもきわめて重要である。

　第4に，外部の人への広報である。直後は取材対応，ボランティア対応である。これも義捐金や支援を呼び込むことにつながるという意味できわめて重要

である。ある程度時間が経過してからは，視察対応である。政府・国会・全国の官公署団体や関係者，研究者などが視察やヒアリングに訪れる。これは災害の激甚さを伝え，教訓を他に伝えるとともに，当該自治体にとっても支援を呼び込むことにつながっていく。このための外部向け資料の作成や記録が重要となる。

2　企業の災害に関するパブリック・リレーションズ

2-1　企業の災害時の情報提供としての「広報」

　災害時に直接的に住民への情報提供として「広報」が重要になる事業者もある。ライフライン事業者などいわゆる**社会機能維持**に関わる事業者である。通信事業者にとっては安否確認システムについて周知すること，電気，ガス事業者などインフラ事業者にとっては復旧情報や見通しを住民，関係者に伝えることは重要な責務で，それ自体が住民，関係者にとっては貴重な生活情報となる。

　そしてその他の多くの企業は「自社の被害状況（人的被害および建物などの物的被害や周囲への被害拡大可能性など）」「事業への影響」「復旧の見通し」などを伝える社会的責務がある。これは被害状況の確認や事業の継続という意味で，取引業者，従業員また従業員の家族などがすぐに知りたがる内容であり，その地域に関する被害状況の情報提供という意味でもきわめて重要である。これらを未確認情報も含めて企業や行政機関の web サイトやソーシャルメディアを通じて，いち早く伝えていくことが求められる。

2-2　企業のパブリック・リレーションズとしての災害時の危機管理

　また，行政と企業にとっては災害時の「危機管理」の意味が異なる。行政にとっては人々の生命を守ることが「危機管理」である。ゆえに災害対応をする部署に「危機管理」という名称がつくことが多い。だが，企業の場合は自社の経営維持に対する脅威を排除することが「危機管理」である。従業員が亡くなったり，事故があったりしても究極的には自社の経営に響かなければ本来の「危機」ではない。企業や従業員の不祥事，企業のレピュテーション（評判）

を下げるような行為が発生するか否かが重要な「危機管理」としての分岐点となる（第12章を参照）。

とはいえ，大規模災害時に何も対応しないことは非難を免れない。むしろ好ましい対応は企業のレピュテーションを上げる。ゆえに，災害時においても評判を下げないこと，社会機能維持に関わる生活必需関係（葬祭，外食・食料品，紙・文具，教育・学校），復旧関連の業種（建設・土木，宿泊業，運輸，報道）などを中心に，その役割を適切に果たせるか否かが重要となる。すなわち多くの企業にとっては災害対応そのものが「危機管理」の1つとしてパブリック・リレーションズの一部となる。

具体的には以下のような対応がある。

第1には，従業員の安全の確保である。従業員，従業員の家族，近隣住民の生命と生活の維持に関しては，ある意味，経営的目的を度外視しても行うべき災害対策である。事業を再開させる基礎となるのは従業員が事業に従事できるかどうかということにかかっているし，これはそもそも経営の基盤である。また，従業員が事業に従事するためには従業員の家族との安否確認が重要となる。

第2には，企業の存続・事業継続（business continuity management：BCM）と社会的責任（corporate social responsibility：CSR）を果たすということである。企業の災害対策は，一企業を存続させることにつながり，損失を最小化させる。災害時であっても，いち早く通常業務に戻るということは，企業外からのレピュテーションを上げるという意味でインベスター・リレーションズとしての機能もある。適切なBCMを行うということは，地域経済の復興と企業の役割を果たすことであるし，そのために必要なのは，サプライチェーン（連鎖的取引慣行）の維持，同業企業ないしは関係機関との組織間連携，事前の従業員教育などである。すなわちBCMとは，災害時における関係性の確保，パブリック・リレーションズなのである。

そして企業の災害対策はCSRとして環境対策などと並んで企業の社会的評価を上げることにつながる。復興支援などは，災害時における企業の広報活動の一環でもある。

第3に，企業の災害対策，復旧対策そのものである。企業は災害対策や復旧対策を通じて，社会全体としてよりよい社会を構築する。人の命を救う，人を

助ける，社会全体として防災力を上げ，被害を減らすという災害対策は，より
よい社会（関係）をつくることそのものである。この意味でパブリック・リレ
ーションズの思想そのものと合致するのである。

2–3　東日本大震災後の企業のコミュニケーション──震災後の企業広告

　災害時・災害後に，さまざまな企業が人々に情報を伝える手段は限られる。
直後は救援・救助の情報やそれ以外の直接的な災害対応に関する情報へのニー
ズが高まり，そもそも企業の情報や企業に関連するコミュニケーションの重要
度は下がる。

　ここでは，東日本大震災後の企業広告を例に考えてみよう。

　震災直後，広告出稿はほぼ「自粛」された。震災直後は各局が緊急放送とし
て，昭和天皇崩御，阪神・淡路大震災以来の，CM なしの特別番組編成が行わ
れた。その後は CM の自粛が行われ，広告出稿量は激減した。ビックビジョ
ンなど増加傾向にあったデジタルサイネージは自粛と電力削減への対応から広
告の中止が行われた。

　まず，テレビやラジオでは，直後から **AC ジャパン**の公共広告への切り替え
が行われることとなった。震災直後には，買いだめをやめよう，デマに気をつ
けようといった注意を呼びかける「今，私たちにできること」，スポーツ選手
や芸能人が被災者へのメッセージを語る「日本の力を，信じてる」という AC
ジャパンの広告が急遽つくられて放映された。直後は AC ジャパンの広告が集
中したことで，視聴者からの批判があり，なぜか「大変ご不快な思いをおかけ
しました」とお詫び文が出されたり，ジングルを消したりといった対応がとら
れた。

　震災直後，典型的な広告には大きく分けて 3 つのパターンがあった。

　1 つ目は，本業に関する「お知らせ広告」である。これまでの災害後同様，
CM 再開の直後から NTT の**災害用伝言ダイヤル 171**，**災害用伝言板**に関する
CM が，また au（KDDI），ソフトバンクの災害用伝言板を呼びかける CM も流
された。

　Yahoo! JAPAN では，3 月 23 日から「情報を確かめ，冷静な行動を。」とし
て「「災害に関する情報」「被災地の支援につながる情報」「停電や交通などの

生活情報」を提供しています。」と文字だけ
で構成された画面で言葉通りのナレーション
が付され「情報を確かめ，冷静な行動を。」
という文章で終わるという CM を放映した。

　mixi は 3 月 25 日から「非常時の mixi ご
利用について」という内容でテレビ CM を
放映した。「ログイン状況をご確認ください」
「チェックインして今いる場所をお伝え下さ
い」と文字と画面だけで構成された映像によ
って，ユーザー同士での安否確認に利用でき
ることを伝えた。

　「お知らせ広告」は，震災直後は情報通信
に関連する企業の広告が主であったが，ある
程度時期が経過してからは，被災生活に関わ
る日用生活品や化粧品に関する広告も行われ
始めた。サンスターはオーラルケアに関する
物資を送る一方で，4 月はじめからコミュニ
ティラジオなどでリリースを配信し，4 月 11

震災時の Yahoo! JAPAN の CM
（写真提供）　ヤフー株式会社。

日から被災地の地方紙の新聞で「東日本大震災の被災者の皆さまへ。オーラル
ケアで健康維持につとめてください。」という広告を出稿した。資生堂は，あ
る程度，時間が経過した 5 月 15 日から被災地での肌と髪のケアに関するお知
らせを中核とした広告を出稿している。

　2 つ目は，いわゆる**コーズ・リレーテッド・マーケティング**（第 11 章を参照），
義捐金に類する広告である。イオンは「がんばろう日本！東日本大震災復興支
援　黄色いレシートキャンペーン」として売り上げの 1％ を義捐金として寄付
するという CM を流している。「売り上げの何 ％ を被災地に寄付します」な
どは，便乗販促活動とされ，CM 考査上で不可とされるのが通例であるが，イ
オンの取り組みは過去の実績があるため，問題ないとされたという。

　3 つ目は，エモーショナルな広告である。サントリーは「見上げてごらん夜
の星を」「上を向いて歩こう」という歌をサントリーの CM 契約タレントが交

代でワンフレーズごとに歌い，最後のカットも「見上げてごらん　夜の星を」「上を向いて歩こう」で終わるというCMを急遽作成し，放映した。ソフトバンクは，4月15日からBUMP OF CHICKENが書き下ろした楽曲にのせて，『SLAM DUNK』『バガボンド』の作者・井上雄彦が震災直後から描いてきたイラストだけで構成されたCMを始めた。「復興支援ポータルサイト」の認知向上を目指したものである。日清食品は，4月4日から「この国には，底力がある。」というカップヌードルのCMを流した。井上雄彦が『バガボンド』の主人公である武蔵を描き，最後に「この国には，底力がある。」というコピーが映されるというものである。エステーは，1755年に大きな地震を経験したリスボンの街並みを背景にポルトガル人のミゲル・ゲレイロが歌うだけというCMを流した。

　いずれも具体的，積極的なメッセージはない。アップテンポではない，派手ではない，ゆっくりとした音楽での，落ち着いた雰囲気の広告である。コピー，メッセージ，音楽などを極力シンプルなものとし，見ている視聴者の不安な気持ち，心配する気持ちそのものに響くことだけを主たる目的としたものである。

　この他にも，復興についての取り組みや企業姿勢を表明する企業広告などが行われた。また新聞広告やチラシなどでお見舞いのメッセージを入れるといった対応や，テレビCMにおいて音楽のテンポを落としたりするといったさまざまな対応がとられた。また，「絆」というものをイメージしているのであろう，家族愛，友人との絆を強調するCM，多くの人が出演するCMが増えていった。

　震災後，多くの人が不安で，被災者のことを心配している中では，いきなり通常通りの広告，キャンペーンを行うのは難しい。よって通常広告に至るまでの途中経過，バッファとして「お知らせ広告」「支援に関する広告」「エモーショナルな広告」「復興への取り組みをテーマとした企業広告」が行われる。考えておかなければならないのは，緊急時に企業の広告，マーケティングに関する情報や広報に関する情報は心情的には受け入れがたいという現実である。その中で，各社工夫しながら自社の姿勢を打ち出していったのである。

　とはいえ，この手の広告は長くは続かない。「チャリティ」や「復興支援」が当たり前となっていくに従って人々の心に響かなくなり，広告的な意味とし

ては弱くなってしまうからである。よって，これらの広告は通常の広告に戻るための「つなぎ」としての役割を担っていたということがいえる。

そして，これらの広告は最終的には，企業のレピュテーションを上げるのにつながるという意味では長期的に企業の活動を周知する広報活動として重要であった。震災後の広報活動は，このように，人々の心理に配慮して慎重に行わなければならない一方，社会性のある企業としての評判を上げることにつながるという役割を有しているのである。

2–4　直後の支援活動

次に震災直後の支援活動，CSR 活動について考えてみたい。まず，あらゆる業種で共通する支援は**義捐金**，物資の提供，ボランティアである。義捐金も，比較的取り組みやすい被災地支援である。義捐金は江戸時代から続く伝統である。災害時には，個人，企業が拠出し，またそれがニュースになったりする。ファーストリテイリングは 2011 年 3 月 14 日，東北地方太平洋沖地震に義捐金 3 億円，全世界のグループ従業員が 1 億円，柳井正代表取締役会長兼社長が個人で 10 億円，計 14 億円を寄付すると発表した。ソフトバンクは 4 月 3 日，孫正義代表取締役社長兼 CEO 個人で 100 億円を拠出することを決めた。ファーストリテイリングはその迅速さと柳井社長の個人から支弁する金額の大きさによって，ソフトバンクはその金額の大きさによって，大きなニュースとなった。結果として，「震災対応で評価する企業」1 位，2 位となっている（表 13–1）。

だが，義捐金は，直後は被災者には渡らないし，直近の活動に役立つわけではない。義捐金は数カ月が経過した後に，日本赤十字，各自治体などを通じて，義援金配分委員会を経て分配され，ようやく被災者に渡ることになる。ゆえに，直後に義捐金を供出することを表明することはプレス・リリースのためということになる。事実，震災直後は，都内にある企業の多くから「義捐金を○○億円送りました」というプレス・リリースが新聞社や関係各社にたくさん送られている。しかも多くの企業が他の企業と横並びの金額を出すという対応となった。

震災直後では，現地で活動する NPO や中間支援団体などのさまざまな支援活動や人的支援が重要となり，そのための活動資金（**支援金**という場合もある）

が必要となる。そのためにそこを企業がサポートすることが求められる。もちろん地元の経済活動が平時に戻り，時間が経過すれば，義捐金は被災者にとってきわめて重要であるが，直後は被災者の役に立たない。直後は支援金もしくは人を送った方が効率よく活用されるケースも少なくない。義捐金はある程度時間が経った後で十分である。この点，東日本大震災においては広報的効果を優先し，直後は義捐金を送り，ある程度時間が経過してからは，支援金などを送るという逆の形になってしまった。

表13-1 震災対応で評価する企業

順位	社名	割合（%）	件数
1	ソフトバンク	18.7	1213
2	ファーストリテイリング	10.7	695
3	ローソン	5.7	368
4	クロネコヤマト	5.1	332
5	イオン	3.8	245
6	トヨタ自動車	2.5	162
7	パナソニック	2.1	135
8	オリエンタルランド	2.0	133
9	日清食品	2.0	129
10	伊藤園	1.7	111
11	セブン - イレブン	1.7	107
11	サントリー	1.7	107
13	山崎製パン	1.5	97
14	三菱商事	1.1	70
15	日産自動車	1.0	66
16	コンビニエンスストア	0.9	55
17	NTTドコモ	0.8	51
18	グーグル	0.7	44
18	東京電力	0.7	44
18	本田技研工業	0.7	44

（注）　N＝6504。
（出典）　2011年日経BP「環境ブランド調査」。

　また企業が自社の製品を支援物資として提供する，専門的な人材を出す，組織力と本業を生かして復旧に携わるといった活動が重要となる。

　被災直後に求められるのは，生命の維持，基本的な衣食住や医療に関する支援である。事実，震災の支援策として，最も求められるものは「自社製品サービスを支援物資として提供」することである（表13-2）。また自社で備蓄していた防災用品を届けた企業もある。

　住まいが失われ，ライフラインや物資の供給ラインが絶たれている段階では，食糧や衣類を必要な現場にいかに過不足なく，スピーディに届けるかが課題になる。今回の震災では，パンや即席麺などの食品，衛生用品などのメーカーがいち早く自社製品を被災地に届けた。現実的に個々人が物資を送っても仕分けが大変である。大量のロットで物資を届けることは企業にしかできない。よって企業の支援は重要である。

　避難所や被災者に全国から送られてきた物資を再配送する仕事は，ヤマト運

輸，日本通運など物流企業が有償，無償で本格的に関わることによってはじめて機能するようになった。荷物の仕分け・配送は，やはりプロのノウハウに勝るものはない。そもそも東北3県分の物流を，素人である行政が行うこと自体が不可能なのである（なお東日本大震災後，物流関係，流通関係の企業は災害対策基本法上の指定公共機関に加えられている）。また，物流企業がこれらの業務を担うことで，地元のドライバーたちも早期に仕事に復帰し，地元復興に携わることになる。このように大規模災

表 13-2　震災支援策として期待するもの

内容	割合 (%)
自社製品サービスを支援物資として提供	67.6
被災地や被災者への募金や義援金	62.3
被災者の雇用を促進	55.5
店舗や保有している施設の開放，提供	51.2
自社の商品サービスの売上の寄付	46.1
節電への積極的な対応	45.3
オフィス内の節電対策	44.0
ボランティアへの従業員の派遣	41.5
自社製品サービス以外の支援物資の提供	39.4
被災した従業員の生活環境整備	38.8
被災地や風評被害の産地の農作物の利用	36.5
震災に備えた運営対策の見直し強化	35.1
NPO やボランティア団体との連携協力	33.8
被災地や風評被害の地域の生産物の利用	33.3
被災地の企業との取引活動の強化	31.5
災害情報・避難所情報などの情報提供	27.8
被災地企業へのオフィス・設備等の提供	27.6

（注）　N＝21958。
（出典）　2011 年日経 BP「環境ブランド調査」。

害においては，たんなるモノ，カネの支援だけでなく本業を生かした復興への積極的な企業の関わりが重要である。

　そして，募金や義捐金の次の段階で求められる支援が，「被災者の雇用」である。避難生活がある程度落ち着き，被災者が日常生活を取り戻していく段階においては「住居」と共に「仕事」が重要になる。仮設住宅や賃貸住宅などに入居すると原則的には食料配給や炊き出しは受けられなくなるからである。

　直後，震災によって，内定取り消しを受けた人たちのための「被災地枠」がいくつかの企業によって設けられたり，直接的に，被災地に雇用をもたらそうという動きもあった。ワタミは 2012 年 2 月は宅配弁当の注文を受けつけるコールセンターを岩手県陸前高田市に設け，地元高校の卒業生や職を失った人など約 100 人を雇った。たこ焼きチェーン「築地銀だこ」を運営するホットランド（当時・群馬県桐生市）は 12 月に本社を宮城県石巻市に移し，タコの加工工場も新設した。ヤヨイ食品は被災した従業員を同社の大牟田工場に転勤させたり，業務提携先であるプリマハムに出向させたりしている。

また，人材派遣業という本業として，就労支援を行うという事例もある。ワールドインテックという人材派遣会社は「仕事『絆』プロジェクト」として，避難所などにおいて被災者に対する就業支援を行ってきた。ハローワークでの求人の紹介は基本が管轄内の求人となり，管轄外の求人とのマッチングは難しい。そのため，そのミスマッチを解消するために，被災地域外も含め，職とのマッチングを行う，すなわち「民間ハローワーク」として被災者の就業を支援するという取り組みである。協賛企業から被災者雇用の枠を獲得するとともに，被災地や避難所で就業相談の窓口を開設し，被災地域の情報収集によりニーズを探りつつ，雇用と住居を提供していく活動を行ってきた。

　災害に限らず，どの企業においても人々に対する最も根源的な貢献は事業そのものと金銭的対価としての「仕事」の提供に他ならない。だからこそ被災地の企業の復旧・復興こそが，その地域の復興そのものになるわけである。そして長期的に見ると，個々人のレベルでの生活を取り戻していくにあたっては「仕事」がきわめて重要である。事業活動そのものが，「雇用創出」というCSRになる，というのは本来的な企業の社会貢献の姿であるものの，ある意味新しい形であり，これからも必要とされていくものである。

　このように災害時に企業の役割は本質的にきわめて大きいが，なかなか，取り組みは少ないのが現状である。東日本大震災においては，ファーストリテイリングやソフトバンクなど直後にトップダウンで取り組んだ企業，あるいは阪神・淡路大震災の経験を踏まえて事前に準備をしていた企業は対応できた。それ以外の企業の場合は，何とかしなければという個々人の思いの集積でどうにか乗り切ったというのが実際のところである。

　現代日本では，人々は企業に依存して生活をしている。だからこそ，災害時であっても企業が社会機能維持に資する場面はあらゆるところにある。ゆえに企業の**事業継続**という閉じた視点からではなく，社会機能維持という側面から企業の災害時対応のあるべき姿を行政・市民と協同で考えていかなければならない。そして，それらの活動自体が広報として意味をもち，企業の長期的な評価につながっていくのである。

　災害からある程度の時間が経過すると人々は災害を忘れる。ボランティアも減り，義捐金などの支援も減る。とくに問題となっていくのが，災害から時間が経過するほどに NPO などの活動資金を得ることが難しくなっていくことである。ゆえに，1周年，2周年など関心が高まっているときにイベントを行ったり，報道に取り上げてもらったりして，災害・防災に対する周知啓発を促すことが重要となる。

　そして，復旧期・復興期において重要な広報の問題が**風評被害**である。東日本大震災においては，東京電力福島第一原子力発電所事故による「風評被害」はきわめて深刻な問題となった。この福島原発事故に起因する風評被害は，生産者のみならず，流通業者や販売事業者，旅行代理業者を悩ませているほか，自治体や関連事業者，多くの広告代理店や PR 関係の事業者がこれらを払 拭しようとさまざまな形で関わる問題である。

　過去に「風評被害」とされた事例をまとめると，風評被害とは，ある社会問題（事件，事故，環境汚染，災害，不況）が報道されることによって，本来「安全」とされるもの（食品，商品，土地，企業）を人々が危険視し，消費，観光，取引をやめることなどによって引き起こされる経済的被害を指す。

　過去の風評被害においては，安全であって，汚染されていないものが売れないという問題であったが，東日本大震災においては実際に事故が発生し，事故由来の放射性物質が環境中に存在した。この意味では実害というべきものである。この点で過去の事例とは異なる。

　当初の段階では，政府が定めた基準以下ならば安全であるとして，その段階で人々が商品を買わないことによって生じる経済被害を「いわゆる風評被害」といってきた。だが，ある程度，時間が経過し，科学的にも放射性物質を検出することができない検出限界値以下（N.D.），すなわち「本来「安全」とされるもの」にもかかわらず多くの人々が商品を買わないことによって生じるというもともとの意味での風評被害が問題になるようになった。放射性物質が検出

されていないことがはっきりしていて「安全」であるものが被る被害については，不安を払拭することで経済的被害を解消していかなくてはならない。

　原子力災害や石油流出事故災害など人為災害の後は，観光業のみならず，その地域やその地域の商品が危険視されることによって農業，食品産業をはじめ，その地域のありとあらゆる産業が経済的被害を受ける。放射線・放射性物質など有害物質の影響がなく（もしくは，なくなっていき），安全である，汚染はないと確認された後であっても，経済的な被害として風評被害が発生することが少なくない。また，自然災害の場合も遠慮や自粛が続き，観光業への風評被害が発生することが多い。とくに火山は，温泉や登山，またマリンスポーツがさかんな島嶼部に位置し，観光地である場合が多く，風評被害が発生しやすい。

　ゆえに，風評被害対策も災害後の行政が行う重要な広報業務の1つなのである。これは，観光客や地元産品の消費者など自治体外部の人々に向けた広報戦略として重要である。防災基本計画において，風評被害対策は原子力緊急事態解除宣言後の災害復旧計画として「国及び地方公共団体は，風評被害などの影響軽減のための広報活動を行うものとする」とされており，義務化されている。

　現在，風評被害払拭というと，その土地や商品などの広告・イベント活動が多くなってしまっているが，本来は行政など情報発信主体の信頼感を上げ，住民ないし消費者との関係性を取り戻し，その土地や商品などが「安全であること」「問題ないこと」という事実を伝えていくことが重要となる。つまり，この風評被害対策は，まさにパブリック・リレーションズ，広報の業務なのである。すなわち行政だけではなく関連企業，広告代理店やPR会社が取り組む，災害後の広報に関わる大きな問題である。

　福島原発事故後の風評被害に関しては，現在は健康への影響に関するリスク・コミュニケーションと，広告などを用いた農作物のブランディングが中核として行われてきている。いうならば「教育」と「広告」でこの問題を解決しようとしてきた。だが本来，重要なことは「広報」である。科学的な安全性を確保しつつモニタリング検査，測定を緻密に継続的に行っているという事実，放射性物質が検出限界値以下（N.D.）であるという事実を誇張なく，淡々と伝えていくことが，結果として信頼感を獲得することになり，本来の意味で風評被害を払拭することになるのである。

1　東日本大震災，東京電力福島第一原子力発電所事故における政府の広報の問題点を調べてみよう。

2　具体的に 1 つの企業を取り上げ，災害対応を何のために行っているか，パブリック・リレーションズの観点からまとめてみよう。

3　災害時の広報には何が求められるか，緊急時，災害直後，平時に分け，何を広報すべきか，立場ごとに広報の優先順位を考えてみよう。

1　関谷直也『災害情報──東日本大震災からの教訓』東京大学出版会，2021 年
▶ 災害時の情報の問題について概括してある書籍である。
2　関谷直也『風評被害──そのメカニズムを考える』光文社，2011 年
▶ 原子力事故災害や自然災害の後に問題になる風評被害についてまとめた書籍である。

第 14 章

非営利組織の広報・PR

▶ **国境なき医師団の広報活動**

　国境なき医師団（Médecins Sans Frontières）は，1971 年にフランスで設立された民間で非営利の医療・人道援助団体である。彼らのミッションは紛争や自然災害の被害者，貧困などの理由で保健医療が受けられない人々に，独立・中立・公平な立場で緊急医療を届けることである。こうした医療援助に加えて，現地で見てきた人道危機を世界に向けて訴える「証言活動」も行ってきており，1999 年には活動実績が認められてノーベル平和賞を受賞した。国境なき医師団の活動の 9 割以上は個人や民間からの寄付で支えられており，資金の独立性を保つと共に，あらゆる権力からの影響を受けずに，自らの決定で必要な場所へ援助を届けることができている（国境なき医師団日本 web サイト）。

　スタッフの募集や地域活動の現状報告，寄付のお願いなどのパブリック・リレーションズ活動は，組織にとって情報の受発信を担う重要な業務となっている。国境なき医師団は非営利組織の 1 つである。非営利組織は企業などの営利組織とは異なり，営利追求よりも自分たちのミッションを遂行することが優先される。そのために行われるパブリック・リレーションズは，営利組織である企業と共通する点もあれば異なる点もある。本章では非営利組織にとって，なぜパブリック・リレーションズ活動が重要で，それがどのように行われているのかについて見ていく。

1 非営利組織とは何か

1-1 非営利組織

非営利組織（non-profit organization：**NPO**）とは，営利を主目的にしない民間の組織のことで（田尾・吉田，2009），収入から費用を差し引いた純利益をステークホルダーに配分することができない組織である。私企業や公企業のように事業によって大きな利潤を生み出す，もしくは，行政機関のように税金によって資金を獲得することができない。ゆえに，資源獲得のためにさまざまな**ステークホルダー**との関係性を築かなければならず，その手段として**パブリック・リレーションズ**が必要となるのである。

　非営利組織は規模や範囲がさまざまであるため，人によって定義が異なる場合がある。例えば，後述する社会的企業は非営利組織にあたるのか，私企業か，あるいは両者の要素を兼ね備えているかなど，とらえ方によってどこにカテゴライズされるのかが分かれることがある。だが，1998 年 12 月に日本で特定非営利活動促進法（NPO 法）が施行されており，内閣府から特定非営利活動法人として認証および認定された法人数を見ることはできる。図 14-1 は同法施行後の特定非営利活動法人の認証および認定数の推移をグラフ化したものである。認証法人数は 2014 年度に 5 万法人を超え，おおむね横ばいである。その中で，認定法人数が少しずつ増えており，2021 年度 12 月時点で 1228 の認定法人がある（内閣府 NPO web サイト，2022）。

　認証よりも認定 NPO の方が認められるためのハードルは高い。客観的な基準で見たときに，認定 NPO は認証 NPO に比べてより公共性が高いものであることを都道府県や政令指定都市などの所轄庁によって認められている。そのため，認定 NPO 法人は税制上の優遇措置が得られるほか，個人や他の法人が寄付した際にも寄付金控除が受けられるため寄付を得やすいなど，組織が継続しやすい条件が整いやすくなっている（シーズ・市民活動を支える制度をつくる会web サイト）。

　組織は**所有形態**と**目的**によって表 14-1 のように分類することができる。所

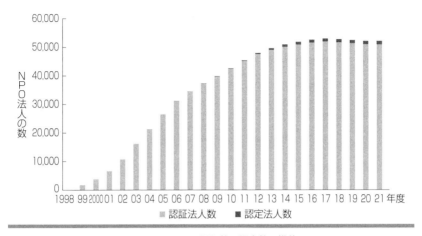

図14-1　NPOの認証数・認定数の推移

（出典）　内閣府NPO webサイト（2022）。

有形態は，国や地方自治体が所有する公的なものと，企業や非営利組織などの私的なものがある。また，組織が営利追求を目的にする場合と，非営利的な目的が別に存在する場合がある。前者の場合は，収入から経費を差し引いた純利益を，株主や経営者，従業員などのステークホル

表14-1　所有と目的による組織の類型

		所有	
		私	公
目的	営利	I 私企業	II 公企業
	非営利	IV 非営利組織	III 行政機関

（出典）　田尾・吉田（2009）を一部改変。

ダーに分配する。一方，後者の場合，非営利組織は制度的に純利益をステークホルダーに分配してはならない。この所有形態と目的のそれぞれ2種類をかけ合わせることにより，組織をI「私企業」，II「公企業」，III「行政機関」，IV「非営利組織」の4つに区分することができる。

　私企業はいわゆる民間企業のことを示しており，4分類の中で最も数が多い。公企業は国や地方公共団体が所有しながらもある程度の利潤追求を行っており，さらに旧日本電信電話公社などの国有企業と水道局などの地方公営企業に分けることができる。行政機関に含まれるのは，内閣官房や財務省，気象庁といった官公庁や，都道府県や市区町村などの地方公共団体である。行政機関は公的に所有されているが，国民や各市区町村の住民による税金によって支えられて

いる。そのため，利益ではなく公益性を追求する。

　これらに対して非営利組織は，民間所有でかつ営利追求を第1の目標にしない存在である。それよりもむしろ，組織が行うべき使命を意味する**ミッション**を達成することを主目的にしている。公益財団法人や社団法人，業界団体，協同組合，政治団体，宗教団体の他に，私立学校，民間病院が例として挙げられる。また，民間所有でありながらⅠとⅣの中間に位置し，営利追求をしながらも**社会的課題の解決**を目指す組織を**社会的企業**（ソーシャル・エンタープライズ）という（Column 22 を参照）。

1-2　非営利組織が存在する理由

　民間所有であれば私企業があるし，公益性を追求するのであれば行政機関がある。そうなると，非営利組織がなぜ存在するのかという疑問が出てくる。非営利組織の存在理由は，市場の失敗と政府の失敗を補完することにある。これら2つの失敗について説明する。

　まず，**市場の失敗**とは市場経済が経済効率性を達成できない状況を指す（Stiglitz and Walsh, 2002）。例えば，数社の企業で寡占している状況や，多数の企業が存在している市場でも各企業が少しずつ異なる商品を提供している独占的競争状況にあるときに，企業が意図的に生産量を制限して価格を高止まりさせて利益を獲得する可能性もある。このような場合は，自分の組織の利益を優先するために，公益性が満たされなくなってしまう。

　そうした市場の失敗を補完するのが政府や自治体などの行政機関である。政府には道路の建設や整備，福祉政策などの公益的な需要を満たす役割がある。しかし，政府によるサービスではすべての公益的な需要を満たすことができない。なぜならば，政府は国民から集めた税金を平準的な需要に合わせた質と量で提供するからである。そうなると，例えば，特殊な難病などの該当者が少数である場合や，特定のイデオロギーに準拠するものである場合には政府では対応できない。このように，政府が公益的な需要であるにもかかわらず満たすことができない状況を**政府の失敗**という。

　以上のように，営利追求を第一義とする私企業と，広く平等に公益性を追求する行政機関のいずれもが対応できない需要を満たす役割を果たすのが非営利

Column 22 社会的課題の解決をビジネスにする——社会的企業

　社会的課題解決のためにさまざまなスタイルで取り組む事業体を社会的企業（ソーシャル・エンタープライズ）という（谷本，2006）。社会的課題は世界中の至るところに存在して多岐にわたる。もしも，その課題解決に市場価値が存在すれば，企業が参入することになるのだろうが，採算がとれなければ参入することはない。

　通常これをカバーするのは政府であるが，政府が十分にカバーできない領域はたくさんある。例えば，地球環境問題であれば一国の政府をもってしても解決が困難である。不法難民支援も政府として扱えないし，また，社会的弱者についてもあまりにも規模が小さければ，あまねく薄く支援する政府や自治体では対応できないこともある。

　こうした部分に取り組むのが，第三セクターとも呼ばれる NPO である。NPO の中にも伝統的な慈善型と社会的商品やサービスを有料で提供する事業型が存在する。また，その取り組みは企業という形でも生まれ始めている。こうした事業型の NPO や社会志向型の営利組織が社会的企業である。一般的に，社会貢献を行う企業は比較的規模が大きい反面，彼らが目を向けていない，あるいは，その余裕がない課題もたくさん存在する。こうしたところに積極的に参入していくことが，社会的企業には期待されている。社会的企業の要件は社会的ミッションをもつ，社会的事業体である，社会的な革新（ソーシャル・イノベーション）を生み出すことの 3 つである（谷本，2006）。

　社会的企業には，**フェアトレード**（公正な取引）によって世界各国の生産者パートナーの経済的自立や社会的な立場の向上支援，環境保護への配慮などを実施しているフェアトレードカンパニーや，ホームレスの人たちに，若い世代のオピニオン誌『THE BIG ISSUE』販売の仕事を提供することで，彼らが収入を得る機会をもたらしているビッグイシュー日本がある（土肥他，2006）。その他にも，無農薬野菜の青空市から始まって，野菜の宅配事業，E コマース事業を通じて，日本の第一次産業や人々の健康を守り，持続可能な社会を創ることを目指している大地を守る会など，その分野は多方面に存在する。

組織である。非営利組織には，「非」という文字がつけられている。すなわち，「……でない」ということが表されている。営利を追求しない，すなわち，私企業ではないことを強調する組織を NPO あるいは NPI（non-profit institution）といい，政府ではないことを強調する組織を，**非政府組織**（non-governmental organization：NGO）という。本章冒頭で取り上げた国境なき医師団のように，一般的に規模が大きくて国際的な活動をしている非営利組織を NGO と呼ぶ。

2 非営利組織におけるパブリック・リレーションズ

2-1 非営利組織のミッションと活動の維持

　組織であれば必ずミッションをもっている。私企業にとってのミッションは，企業理念や社是社訓という形で語られ，理想的で崇高なものも多い。ましてや，利潤を追求しない非営利組織のミッションはより社会性が高く，理想的なものとなる。だが，実現しそうもない理想を掲げても，誰からの賛同も得られないおそれがある。そのため，ミッションは達成可能なものでなければならない。

　非営利組織のミッションに共通しているのは，ある社会的課題の解決が示されていることである。社会的課題は組織や時代によって異なる。例えば，私立病院であれば，解決すべき社会的課題は病気であり，人々にさまざまな病気の存在を知ってもらって検診を受けるよう促したり，予防を呼びかけたりすることが重要なミッションとなる。また，食文化の変化などにより，戦前にはそれほど問題になっていなかった肥満や高血圧，糖尿病などの生活習慣病が問題視されている。2020年から本格的に流行した新型コロナウイルス感染症も世界中で大きな課題となっている。

　社会的課題がすぐに解決する程度のものであれば，組織を長期間維持する必要はない。しかし，徐々に改善されてはいくかもしれないけれど，すぐに完全に解決されるような問題ばかりではない。むしろ，そんなに簡単に解決しないからこそ，深刻かつ重要な問題なのである。それゆえ，そのような社会的課題を解決していくためには，非営利組織自体の**活動の維持**が不可欠となってくる。

2-2 資源獲得とリレーションシップ

　社会的課題を解決したり，そのために自己組織を維持したりするために，非営利組織も企業と同様に，人材，資金，物品，情報などの**資源**を獲得しなければならない。ただし，非営利組織は営利追求に主眼がおかれていないため，企業とは異なる点も多い。

　まず，**人材**は，個人の主観的な世界が重視される非営利組織において，組織

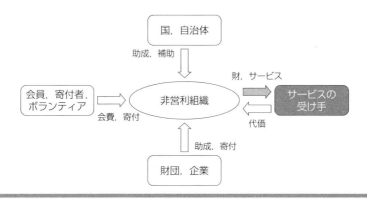

図 14-2　非営利組織の資金調達パターン

（出典）　田尾・吉田（2009）。

均衡が流動的なものである（田尾・吉田，2009）。参加する人材は，金銭的なインセンティブよりもボランティア精神や主体性を重視し，個人の自由意思が尊重される。そうはいっても，非営利組織にも目標がある。その達成のために，個人の主体性や自由意思との折り合いをつけなければならない。リクルーティングには，web サイトやパンフレットなどで，正規職員，アルバイト，インターン，ボランティアなどを募集する形をとる。

　　資金は他の資源を生み出すことができるため，最も重要なものだと考えられている。図 14-2 は非営利組織の資金調達パターンを示したものである（田尾・吉田，2009）。国や自治体からの公的な助成・補助，民間の財団や企業からの助成・寄付によって資金を調達することができる。また，個人からは，サービス受益者として会費を支払ってもらったり，支援者として寄付をしてもらったりするほか，技術支援や物品寄贈，ボランティアとして労働力を提供してもらうこともある。そうして得られた資金は事業運営費にあてられる。このように，サービス提供の対価を得る活動以外で，非営利組織が財源確保を目的に行う諸活動を**ファンドレイジング**（fundraising）という（田尾・吉田，2009）。

　　非営利組織のファンドレイジングは規模に応じてその内容が異なる。まず，財団のように大きな基本財産がある場合，すなわち，規模が大きい場合には，金融の専門知識をもったファンドレイザーによる資金運用が行われる。銀行の定期預金や公債，株，外国為替などを利用することもあるが，あくまでも非営

利目的であるため，リスクの高い運用法は避けられる（田尾・吉田，2009）。さらに，規模が大きくなると，独自に資金を獲得しているところもある。例えば，冒頭で取り上げた国境なき医師団日本は，2020年度の収益は，個人および法人支援者等からの寄付が約130億5000万円，外務省からの拠出金等を加えた経常収益は合計で138億7000万円であった（国境なき医師団，2021）。

　他方，規模が小さい場合には資金源が安定していないことが多い。そのため，組織の活動を積極的に伝えていける場を開拓していく必要がある。例えば，助成金や補助金の情報収集や，その拠出先との交渉や申請，インターネットやチラシ，訪問，電話，イベントなどを利用した活動内容のアピールおよび入会勧誘，寄付の呼びかけなどがある（田尾・吉田，2009）。とくに，インターネット上で呼びかけて大衆から資金を調達することをクラウドファンディングという。

　このように規模の大小はあるけれども，非営利組織によるファンドレイジングは，営利企業のインベスター・リレーションズ活動と相似する（第9章を参照）。どちらも外部から資金を獲得するため，現在の，もしくは，潜在的な寄付者に対して，組織のミッションに共感してもらうためのコミュニケーションが必要となってくる。

　資金獲得は金銭だけでなく，**物品**の場合がある。例えば，被災地に届けるための食糧・衣料などの支援物資が寄贈されたり，非営利組織の活動拠点となる事務所を行政機関や企業から貸与されたりすることがそれにあたる。むろん，寄付金をそれらの購入・賃料にあてることもある。これらは，市場における企業活動のように他組織との交換関係ではなく，一方的に贈与されるものである。

　非営利組織においても**情報**は重要な資源である。社会的課題を解決するためには，課題に関する知識，解決するための技術，資源獲得のためのノウハウなどが必要である。これらはむしろ，社会的課題を解決するために活動していくなかで獲得されるものである。民間企業であれば，情報はその組織の独自性を示すものであり，トップシークレットにしたり，特許を取得したりすることによって外部に公表しないこともある。

　一方，非営利組織は，自分たちの組織の存続も重要であるが，社会的課題の解決を果たすために存在している。そのため，規模の小さい非営利組織同士が，他組織とネットワークを結んで，情報を交換し合うケースも多い。こうするこ

とによって，それぞれの保有する情報力を高めて，より効果的な社会的課題の解決に向けた方策をとることが可能となる。

2–3　ステークホルダーとのリレーションシップ

谷本（2002）によると，非営利組織には監視・批判型と慈善型の2つのタイプが存在する。まず，**監視・批判型**は，市民団体のように，反社会的な行為をとる組織に対して直接批判や要求を行う。このように社会的課題の解決のために行政機関や社会に対して訴えることを**アドボカシー**と呼ぶ（第2章を参照）。

例えば，NPO法人動物実験の廃止を求める会（JAVA）では，動物実験を行っている研究機関や企業，教育機関に対して，動物実験をやめて代替的な方法にするよう求めている。JAVAは1998年以降，化粧品業界で動物実験をしていないメーカー，しているメーカー，調査に無回答だったメーカーなど全159社を掲載した『JAVAコスメガイド』を出版し，反社会的な行動をとる企業の製品を購入しない**ボイコット運動**を間接的に訴求している。また，政府に政策の変更を促すことを**ロビー活動**という（第2章を参照）。例えば，児童労働ネットワーク（CL-Net）は，日本政府に児童労働に関する政策提言を行ったり，企業への働きかけを積極的に行ったりしている。

これらのタイプは，企業からの資金提供があまり見られない。なぜならば，監視・批判型はむしろ企業の活動をチェックする側にあり，協力して仲よくする立場にはないからである。むしろ，企業自体からの資金提供よりも，他の非営利組織や一般市民からの寄付によって活動を維持している。一非営利組織や一個人では対峙することが難しい大企業に対して，はっきりと主張をすることがそのミッションになっている。

一方，**慈善型**とはチャリティ活動を中心に行うタイプの組織が該当する。企業と非営利組織の関係には，提供−被提供関係と提携関係がある。提供−被提供関係では，企業が寄付をして実際の運営は非営利組織が担う。また，提携関係では，企業が寄付だけでなく社会的課題解決のための活動にも関与し，非営利組織は専門知識でもってサポートしていく。この場合，企業はたんなる寄付にとどまらずに，自社製品の販売促進の一環である**コーズ・リレーテッド・マーケティング**として活用するケースも見られる（第11章を参照）。

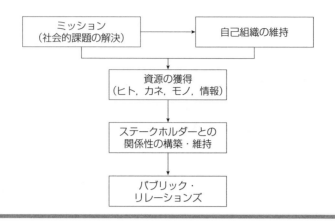

図14-3　非営利組織におけるミッションとパブリック・リレーションズの関係

　企業から非営利組織に資金が渡るときに**インターミディアリー組織**が介在する場合もある。なぜならば，支援する企業側が活動を選定するための情報を把握しきれないからである。社会的課題の種類は細分化すればたくさんあり，それぞれの課題に対応する組織の数もたくさんある。関連する組織がいったいどのような活動を行っていて，どれほどの成果を上げているのか，それらは適切であるのかなどについて，企業側が独力で把握することは難しい。

　例えば，日本ではなじみが薄い地域で，インターネットなども十分に整備されていないために，情報の取得に資金や時間など多くのコストがかかってしまうこともある。そうしたときに，企業のサポートをするのがインターミディアリー組織である。当該地域の情勢，言語，文化に精通し，現地の人たちとの強いコネクションを生かして，企業が支援対象となる組織を探すのをサポートする，いわば水先案内人としての役割を果たす。

　以上で見てきたように，非営利組織はミッションを達成するために資源を獲得する必要があり，そのために政府，他の非営利組織，市民，企業などのさまざまなステークホルダーと関係性を築いていかなければならない。それら一連の流れをまとめたものが図14-3である。ここでの矢印は根元側が目的，先端側が手段をそれぞれ表す。

　すなわち，非営利組織にとって最も重要なのが社会的課題の解決というミッ

ションであり，そのミッションを果たすためには自己組織を維持していく必要がある。そして，そのために不可欠な資金や人材などの資源を獲得するためには，ステークホルダーとの関係性を構築・維持していかなければならない。そのためにパブリック・リレーションズが有効な手段となるのである。

　また，パブリック・リレーションズによって非営利組織は**アカウンタビリティ**を果たすことができる。アカウンタビリティとは，自分たちの活動に問題がないことをきちんと伝えるという**説明責任**を意味する。非営利組織でいえば，寄付などで得られた資金が適切に使用されているか，集金活動の際に詐欺的な手法が用いられていないかということなどが関係してくる。2009 年に設立された日本ファンドレイジング協会では，非営利組織が**法令遵守**を遂行し，アカウンタビリティを果たすための行動基準を掲げてガイドラインにまとめている。

　非営利組織にとって，これらの活動をきちんと外部に報告することが重要である。そのための重要なツールに**年次報告書**（アニュアルレポート）がある。例えば，国境なき医師団日本は『活動報告書』という名称で報告書を発行している。その年の寄付総額をはじめ，監査法人に依頼して収支報告や貸借対照表などの財務諸表を公開しているほか，寄せられた資金が世界のどの国でいくら使用されたのかを細かく記載している。さらに，協賛団体や支援企業なども紹介して感謝を述べている。こうした報告書によって，支援者とのリレーションシップをより強固なものにすることが可能になるのである。

　以上では，非営利組織にとってなぜパブリック・リレーションズが必要なのかについて，資源獲得やステークホルダーとの関係性などから説明してきた。次節では，非営利組織が実際にどのような活動をしているのかについて，大規模非営利組織である WWF と研究教育機関である大学，および，非営利組織の広告という 3 つを中心に見ていきたい。

⋮ 3　非営利組織のパブリック・リレーションズの実際

3-1　WWF ジャパンのパブリック・リレーションズ

WWF（World Wide Fund for Nature；世界自然保護基金）は 1961 年にスイスで

設立され（日本では1971年），100カ国以上で500万人のサポーター支援のもと，7000人のスタッフが活動する環境保全団体である。そのミッションは，世界の生物多様性の保全，再生可能な自然資源の持続可能な利用の促進，環境汚染と浪費的消費の削減である。WWFのwebサイトでは，活動例の1つとして，環境破壊の影響で絶滅が危惧されているトラを守るために，密猟の監視と罠の撤去，野生生物の国際取引の監視など，生息地である自然環境を守る活動を続けていることが動画で紹介されている。

　その他にも，WWFジャパンは2つの目標を掲げており，1つは2030年までに生物多様性の劣化を回復に向かわせるというものである。もう1つは脱炭素社会実現を目指すもので，2030年までに日本の温室効果ガスの排出量を50％削減し，2050年までに世界で排出ゼロの実現を目指している。その実現可能性を検討した研究報告書を2011年から発表しはじめ，2021年に改訂されたものでは『脱炭素社会に向けた2050年ゼロシナリオ』と改称して，シミュレーション結果をもとに100％自然エネルギー社会の実現を提言している（システム技術研究所，2021）。

　また，WWFでは個人の支援を求めるとともに，法人との関係も重視している。WWFのwebサイトでは，「企業との対話・連携を通して，地球環境と生物多様性の保全および持続可能な社会の構築，すなわち，『One Planet Lifestyle（地球1個分の暮らし）』の実現」を目指していることを伝えている。会員の案内や，寄付，社員の募金活動などに加えて，イベントや広告スペースなどをWWFの広報ツールとして提供してもらうといった協力を呼びかけている。こうした呼びかけに応じる企業にとっては，社会貢献やCSR，SDGsの一環としてWWFを支援することができる。

3-2　大学のパブリック・リレーションズ

　非営利組織の中で私立学校は比較的規模の大きな組織である。しかし，とくに私立大学についていえば，少子化が進む中で大学や学部学科を新設したことにより，学生確保が大きな課題となっている。そのため，大学にとってパブリック・リレーションズは非常に重要な手段となっている。大学のステークホルダーは多岐にわたるが，教育面に限定していえば**受験生**（アドミッション），**在**

学生（ステューデント），**卒業生**（アラムナイ）が存在する。

　まず受験生については，自分の大学に注目してもらい，興味を抱かせなければならない。そのためには，全国のホテルなどの会場での進学相談会や，大学に足を運んでもらって大学や学部について学ぶオープン・キャンパスを開催することなどによって，直接的な接点をつくることが肝要である。メディア・リレーションズを円滑に進めていくことによって，マスメディアでの露出を増やして大学の認知度を高め，理解を深めてもらうことも重要になってきている。

　また，web サイトの設計も重要である。受験生が大学の web サイトに訪問した際に，大学の特色や学部構成，学べる事柄などが容易に理解できるからである。受験生の所有率の高い携帯端末によるアクセスが多いため，パソコン用とは別に携帯電話，スマートフォン用の web サイトを設計する必要もあろう。

　受験生によっては，はじめから自分で志望校を決めておらず，周囲の勧めで興味をもつ場合もある。とくに，高校の進路指導担当者は進学について大きな影響を与える存在である。そのため，大学関係者が積極的に高校に訪れて，自分の大学の売り込みをすることも必要である。その他にも，一般入試を一度に複数学部を併願できる全学部統一試験にしたり，大学入学共通テストを利用したり，公募制や AO（アドミッション・オフィス）などの面接試験を実施したりするなど，受験方法の多様化も進んでいる。

　在学生については，きちんと単位を取得して卒業したり，就職の内定をとったりさせることはもちろんのこと，愛校心を高めさせることも肝要である。そのための手段として，野球，ラグビー，駅伝などの部活動や学園祭を充実させることによって一体感を醸成させるほか，活躍する学生や卒業生を紹介する学内情報誌を発行することなどが挙げられる。卒業生に対しては，卒業式後にパーティーを開催して校友会への入会を勧める。あるいは，ホームカミングデーにキャンパスに来てもらい母校を思い出してもらう。これらによって愛校心が高まることで，大学への寄付につながる。

　以上について注意すべき点は，それぞれの活動がトータルで見たときに一貫性をもっているかどうかである。そのためには，広報部門などを設置してすべてのコミュニケーションが整合性をもって実施されているのかどうかを確認し，戦略的にパブリック・リレーションズを進めていかなければならない。大学の

イメージをシンボライズするために，ロゴやマークを統一するビジュアル・ア
イデンティティに力を入れることもある。

3-3　非営利組織の広告

　本章で取り上げた国境なき医師団もそうだが，非営利組織にとってパブリッ
クとのコミュニケーション，すなわち広報の手段として，広告を用いることが
ある。**広告**とは，明示された広告主による，アイディア，財，サービスに関す
る有料の非人的な提示とプロモーションのことである（Kotler and Keller, 2006）。
広告はパブリック・リレーションズのようにメディアによって編集されないの
で，伝えたい内容を過不足なく発信することができる。また，同じメッセージ
を繰り返し伝えられるという利点もある。

　非営利組織にとって広告の用途として考えられるのが，社会的課題を知って
もらいたいときやその解決のために支援を呼びかける場合などである。非営利
組織が制作する広告の中で，公共性の高いものは公共広告と呼ばれる。**公共広
告**とは環境，福祉，道徳，青少年問題など，さまざまな公共問題への理解と解
決を狙って行われる広告であり，広告の形態を使った公共奉仕活動ともいえる
（広瀬，2006）。日本での公共広告は主に AC ジャパン（Advertising Council Ja-
pan）が手がけることが多い。

　AC ジャパンとは，サントリーの社長だった佐治敬三が米国 AC から影響を
受け，さまざまな問題を世の中で考えるきっかけをつくるべく提唱し，1971
年に大阪で関西公共広告機構として誕生した。1974 年に社団法人公共広告機
構として認可されて全国組織となり，2009 年に AC ジャパンと名称を変更し，
40 周年となる 2011 年に公益社団法人として内閣府に承認された。

　AC ジャパンは公的資金をいっさい受けず，1047 の会員社の会費のみで運営
を行っている（2020 年度）。会員社は広告クライアント，メディア，広告関連
会社の 3 つに分けられる。約 70 名からなる理事会や，会員社からのべ 300 人
近くがボランティアとして参加している委員会などを通じて，キャンペーン・
テーマの選定や企画案の審査などが行われる。キャンペーンでは「環境問題」
「公共マナー・モラルの改善」など，こんにち国内で必要とされる課題が取り
上げられる。テーマを選定する際には，一般生活者や会員社・個人会員へのア

ンケート調査が実施される。

　ACジャパンの広告は，マスコミ4媒体と屋外広告，インターネット広告などあらゆる媒体を通じて展開され，これらの広告枠は会員媒体社から無償で提供されている。これらの広告費の年間総額を正規料金で換算すると，約797億円に上るという（2020年度）。テーマに基づいて，毎年全国の広告会社から企画案が集まる。また，2005年からは「ACジャパンCM学生賞」も設立されて，別途学生にも広告制作を募っている。

　ACジャパンでは，「支援キャンペーン」という名称で非営利組織の広報活動も支援している。2021年度には，ジャパンハート，日本盲導犬協会，日本動物愛護協会，日本骨髄バンク，日本腎臓財団，国連WFP（World Food Programme：世界食糧計画）協会，全国民生委員児童委員連合会という7つの団体の支援キャンペーンを実施している。毎年のキャンペーン受賞作品や支援作品はACジャパンのwebサイトでチェックすることができ，過去の作品の概要もサイト内にアーカイブされている。

4　非営利組織の課題と対応

　これまでに説明してきたように，非営利組織は営利追求を第一義とせずに社会的課題の解決を果たすことを最優先する組織である。しかしながら，非営利組織に対する批判もある。第1に，「NPO法人」という肩書を悪用した詐欺的行為である。善良な組織にとって問題となるのは，こうした一部の心ない行為のせいで，非営利組織全体の信用を損なうことであろう。

　第2に，非営利組織が特定の企業から資金提供を受けるために，その企業の利益を優先した行動をとってしまうという**利益相反**に陥ってしまうことがある。例えば，製薬大手10社が2012年度に大学病院などの医療機関に資金提供した金額はあわせて2300億円を超えていた（『日本経済新聞』2013年10月19日朝刊）。このように資金支援を民間企業に依存してしまうと，研究の公正さが脆弱になったり，企業に都合のよい結果を発表したりするなどの不正な便宜供与につながるおそれがある。

第3に，経営資源獲得のためのパブリック・リレーションズのコストが高いと見なされるために生じる批判である。例えば，冒頭で挙げた国境なき医師団日本の 2021 年度の総支出額約 136 億 8000 万円のうち，広報活動費が全支出の 2.6% にあたる約 3 億 5000 万円であった。しかし，既存支援者の維持や新規支援者の獲得のためには，ある程度のコストが必要となる。

これらの問題解消のためには，複数の関連組織で団体を設立して不正を行わないためのガイドラインを策定する，個々の非営利組織がアカウンタビリティを果たし，情報を適切に開示していくことなどが重要であろう。そして，多様なステークホルダーに向けてコミュニケーションをとることこそが，パブリック・リレーションズの果たすべき大きな役割なのである。

課題

課　題　　　　　　　　　　　　　　　*exercises*

1 あなたが興味のある分野で非営利組織を立ち上げることを想定し，事業内容を考えてみよう。
2 その非営利組織がどのステークホルダーからどのような資源を獲得する必要があるのかを，具体的に挙げてみよう。
3 第5章を参考にして，必要となる諸資源を獲得するためのパブリック・リレーションズの手段を計画書にまとめてみよう。

ブックガイド　　　　　　　　　　　*book guide*

1 田尾雅夫・吉田忠彦『非営利組織論』有斐閣，2009 年
　▶ 組織論や経営学の視点で非営利組織についての基礎を網羅的に押さえることができる。
2 長坂寿久『NGO・NPO と「企業協働力」──CSR 経営論の本質』明石書店，2011 年
　▶ 近年の非営利組織や企業との協働についての事例をもとに学ぶことができる。
3 F．コルベール，P．ラヴァナス編『文化とアートのマーケティング』曽田修司・中尾知彦訳，美学出版，2021 年
　▶ 文化やアートに関する非営利組織がどのようにコミュニケーションをすることで企業やスポンサーから支援を受け，高水準のサービスを提供することができるかについて学ぶことができる。

第III部　現代の広報・PRの課題

第 15 章

行政広報

▶ **I Love New York キャンペーン**

　I Love New York（I ♥ NY）のロゴマーク（図 15-1）を知らない人はいないだろう。1977 年，ニューヨーク州商務局は広告代理店のウェルズ・リッチ・グリーンに委託し，同名のキャンペーンを行った。

　当時，ニューヨークは財政が悪化し，荒廃が進み，強盗や暴動などの犯罪増加，物価の高騰などで人口減少が進んでいた。そこで，これらのイメージを払拭し，かつ観光収入で，資金調達を図ろうとしたのである。

　このときに，ニューヨーク市在住のグラフィックデザイナー，ミルトン・グレイザー（Milton Glaser）によって制作されたのがこのロゴマークである。パロディとして多数，模倣されている世界的に有名なロゴマークである。そして，このロゴがプリントされたグッズ（T シャツやマグカップ，キャップなど）はニューヨークみやげの定番となっている。これらの結果，現在では，ニューヨークは誰もが認める世界随一の観光都市である。I Love New York という観光キャンペーンは荒廃していたニューヨークに人々を呼び込み，愛着をもたせるのに成功したのである。

　ただ，行政が広報を行うことは，必ずしも好ましい例だけではない。これが誤った方向に進むと，ナチスドイツがファシズムに走り，日本が戦争に

図 15-1　I Love New York の
　　　　ロゴ

向かっていったように市民を誤った方向に導くという「大衆扇動」そのものとなる。**行政広報**は，その影響力の大きさから，国や自治体全体の方向性を動かしてしまう危険性をはらんでいること，またそれに対する懸念が常に市民に存在することが，企業体の広報とは最も大きく異なる点である。

では，行政広報の特徴とは何だろうか。多くの行政広報についての論考では，行政広報と企業体の広報の違いをあまり意識せずに，同じ理論で分析するものも少なくない。本章では，企業体の広報／パブリック・リレーションズとの違いに着目して論じていきたい。

1 企業のパブリック・リレーションズと　行政のパブリック・リレーションズの違い

企業のパブリック・リレーションズと，行政のパブリック・リレーションズは手法面において大きな違いはない。パブリック・リレーションズの発祥地である米国でも，企業のパブリック・リレーションズと行政のパブリック・リレーションズの研究については「同じモデルを適用してきた」（Liu and Horsley, 2007）のであり，その定義，機能などに関して大きな区別をしているわけではない。また米国では多くの行政広報の研究書，一般書においても，とくに企業と行政の違いを大きく区別しているものは少ない。

ただ，いくつか異なっている点――たんに異なっているだけではなく，明白に区別しなければならない点――がある。これをいくつか列挙することで，行政広報の輪郭をつかんでいくことにしよう。

1-1　行政広報の目的と制約――政治広報との区別

第1に，企業体と行政体は，そもそも存立の「目的」が異なる。

企業体は特定の消費者に商品とサービスを提供し利潤を追求することを目的とする一方，行政体の場合は非営利を前提に公平に市民にあまねくサービスを提供することを目的とする。また，行政体は企業体と異なり競争原理をもっていないこと，施策や予算の決定には市民の参加が求められること，施策によっては住民の抵抗があり利害調整を行う必要があることなどの違いもある。

何より，民主主義的行政においては，行政体と国民，県民（都道府県民），市民（市町村民）は，相互依存の関係にあり，その両者の関係性を構築するという意味で，パブリック・リレーションズは，行政体の存立そのものを意味することになる。

　ゆえに，行政広報においては特定の意図をもったり，特定の対象者だけに行ったりする広報活動は許されない。あくまで行政広報はサービスの公平な提供のために行うものである。このため，行政広報の場合は企業体の広報と比べて，いくつかの制約がある。井出は，当時の米国の『行政の輪郭』というテキストの要約として，「行政 PR」には 3 つの制約があると指摘する（井出，1967）。

　1 つ目は，思想・表現の自由を守らなければならないことである。行政広報においては，その権力の大きさゆえに，あらゆる組織，人々の思想・表現の自由を侵すことは許されないので，ある特定の観点からの意見のみを主張してはならないという制約がある。

　2 つ目は，テレビ，新聞，ラジオ，映画，出版など，その記述の内容は民間の主導であって介入してはならないことである。これは歴史的な経緯がある。**ボイス・オブ・アメリカ**，**France 24**，**中国中央電視台**など，いくつかの国では**国営放送**などといわれる政府にとって有利な放送が流される国もあるが，日本では国営放送はない（NHK は公共放送ではあるが，国営ではない）。日本は戦争のときの報道が「大本営発表」といわれ，政府の意のままに報道を行ってしまい，国民を扇動することになってしまったという経験から，報道機関は報道への公権力の介入，すなわち世論操作には非常に強い抵抗感をもっている。

　営利企業においては，みずからがテレビ，新聞などメディアと強力な関係性をもったり，新聞社，出版社を所持したりして，自分たちに有利なメディア露出を行うことも可能である。だが行政機関の場合はみずから影響力の大きいメディアを所有することは，ある特定の思想，教義や主義を市民に強要するという「**プロパガンダ**」（第 1 章を参照）につながる危険性をもっている意味で戒められてきた。ただし近年，web サイトや Twitter，Facebook などオウンド・メディア（第 7 章を参照）において行政機関が情報発信をするようになってから，変化が生じてきている（ただし，それも影響が大きくないということが前提にある）。

3つ目は中立性，つまり行政機関は利益団体の争いに対しては中立でなければならないことである。もちろん虚偽の情報を伝えてはならないことは共通しているが，企業の場合は同業他社ないしは同種の商品をけなさない限りにおいては，自分たちの商品の優位性を主張したり，自社にとって不利なことを言わない権利を有する。だが，行政機関はこれを許されない。他行政機関の批判はしてはならないし，ある特定の企業，団体の立場に立ってはならないのである。

　また神島は，この延長として行政広報は**政治広報**と峻別しなければならないことを指摘している（神島，1977）。行政広報は，行政府の広報，**政府広報**（ここでは広い意味で都道府県，市町村などの地方政府も含む）である。この意味で政府広報には**事務的広報**（行政サービスに関するお知らせ）と**政策広報**（法律，条例や行政の施策などについて周知し，意見を収集して政策に反映させること）が含まれるが，**政党広報**，**選挙広報**，党派性を帯びた政策広報といった「政治広報」は含まれない。だが国政では議院内閣制，地方行政の首長公選制という特徴から，往々にして政府広報は与党，首長の主張，党派色を帯びやすい。ゆえに，地方自治体や諸外国においては，議会によって政府広報に制限がかけられる場合が多い。行政広報は，この政治広報との区別に意識的でなければならないのである。

1-2　一般広報と個別広報

　第2に，日本の行政広報のいま1つの特徴として，行政体で一元化された広報対応が本質的に難しいという点が挙げられる。これは，「広報部」「コミュニケーション本部」など，広報機能を集約し，外部とのコミュニケーションや関係性構築をできるだけ一元化しようという志向をもつ企業と大きく異なる。この問題点は行政の縦割りの弊害として，古くから主張されている（井出，1967；三浦，1997）。

　この原因は，1つは広報機能に関して一元的な予算，組織が存在しないことである。また，日本の自治体行政においては各部局ごとで監督官庁が存在する。しかしながら，広報の分野に関しては，内閣官房に**内閣広報室**が存在するものの，ここが全国の都道府県，全国の市町村の広報部局を指導しているわけではない。広報という分野は，監督官庁が存在しない，行政組織でも珍しい分野である。

ゆえに, いま1つ「調整」という問題が提起される。これは予算と監督官庁の問題ともいえる。広報部局が担当する各自治体の予算（単費）で行う**一般広報**と各部局の**個別広報**（農林水産部局が行う農林水産業振興, 産業関連部局が行う企業誘致や産業振興, 保健厚生部局が行う保健厚生・健康関係業務など）の調整が難しいことである。これは, 日本の行政機構ならではの問題ともいえる。各部局については監督官庁が存在し, 関連する法律, 各種分野別計画, 補助金などを通じてそれぞれの監督官庁の方針の影響を受ける。例えば, 社会福祉法および策定指針に基づいて, 各都道府県は「地域福祉支援計画」, 各市町村は「地域福祉計画」を立案する。また, これに関連してさまざまな国庫補助を受けることになる。この福祉に関連する業務は一般広報として広報誌などでも広報されるが, 担当部局が中心となってアンケートやフォーラム, タウンミーティングなどを行う。これは医療計画, 地域防災計画など他の分野でも同様である。すなわち広報・広聴予算はそれぞれの個別施策の予算に紐づいて計上されることが多く, それぞれの施策ごとに部局が個別広報誌, ポスターなどの周知啓発を行う。これらは広報部局というよりは, 各部局がそれぞれイニシアティブをとって行うことが多く, 結果として, 統一感がない広報となるという問題が発生する。

　政府全体としても内閣官房の行う広報と各省庁広報が並立し, また各都道府県, 各市町村においても, 広報部局の行う一般広報とそれぞれの部局が行う個別広報が存在し, それらが統一的に行われていないという同じ問題点を有している。

1-3 「広告」と広報

　第3に, 企業体の広報と異なり, 行政広報の場合は「広告」「広報」の区別が曖昧なことである。基本的に, 行政の場合は広告枠を使って行うものであっても, そうでなくとも, ありとあらゆるものを「広報」「広報・広聴」と呼ぶ。

　実務として, 政府広報, 自治体の広報は新聞, テレビ, ラジオ, 雑誌などの広告枠を使って広報が行われる。その発注先も広告代理店やPR事業者であり, よって媒体側から見ても, 企業の「広告」と行政の「広報」を区分することはあまり意味をもたない。

また後述するが，近年は自治体の特産品や自治体の観光，産業の誘致など，地域そのものを売り込んでいくような「シティ・プロモーション」「地域のブランド化」「地域のマーケティング」といわれるようなものが自治体の広報業務に含まれてくるようになってきている。これらは，企業の広告，マーケティングPRと大きな違いはない。

　現代の日本の行政広報は，1947年12月に連合国軍総司令部（GHQ/SCAP。以下，GHQ）が各都道府県に対して「政策ニツイテ正確ナ資料ヲ県民ニ提供シ，県民自身ニソレヲ判断サセ，県民ノ自由ナ意志ヲ，発表サセルコトニツトメナケレバナラナイ」として，**パブリック・リレーションズ・オフィス**を設置せよと命じたことに端を発している（上野，2003。第1章も参照）。しかしながら，明治期から戦中にかけての日本に行政広報に関する動きがなかったわけではない。この時期の行政広報に関連する状況を一瞥しておこう。

　日本において，行政の施策に関する広報的な役割を担うものとして最も初期のものは，1868〜1877年に通算1177号刊行された『**太政官日誌**』である。これは新政府の法令，人事などが書かれてあり，印刷され，書籍形式でも頒布されていた。1883年には太政官文書局が設置され，『**官報**』が発行されるようになり，法令や政府の決定事項が伝えられるようになった。これは，その後内閣官報局，大蔵省印刷局を経て，現在は独立行政法人国立印刷局に引き継がれることになる。

　また，1870年代においては，政府は民権派新聞を取り締まる一方で，政府の立場を代弁し，政府を擁護する「**御用新聞**」として『**東京日日新聞**』などがとくに政府の保護のもとで部数を伸ばし，事実上，政府広報としての役割を果たした。

　1936年には内閣に**情報委員会**が正式に設置される（非公式には1932年に設置）。ここでは①行政各部間の情報の調整，②国策の啓発宣伝，③新聞・放送を通じての世論操作を目的とするものであった。これは1940年には情報局と名前を

変え，同年にできた大政翼賛会と共に，国民の「輿論指導」が行われていくのである（神島，1977）。

1940年には，政府の指導によって「万民翼賛，臣道実践」のため**町内会・隣組**などが全国的に組織されていった。隣組，隣保，町会，町内会，自治会といわれる組織において「常会」と呼ばれる集会が全国一律に制定され，中央政府の政策宣伝のチャンネルとして，**ファシズム**の基礎として機能した。戦後「伝統型」のこの日本的な伝達経路は「解体」されたものの，町会，自治会という形で残り続けることになった。

米国は，ドイツや日本においてファシズムを浸透せしめたこのプロパガンダ的要素を徹底して排除し，それに代わるものとして，民主化，民主主義を啓発していくための装置として占領期の日本にパブリック・リレーションズを導入した。

ただし，行政部門の「プロパガンダ」は伝統的に国民によって拒否反応を示されることが多かったのは米国内でも同様であった。大統領行政府のパブリック・リレーションズ活動は権力の過度の集中をもたらすと考えられていたのである。議会からは予算面で制約を受け，また1919年には行政機関に対しては対議会のロビー活動（政治家に自分たちに有利な働きかけをすること）を禁止するなどの法律が定められたこともあった。この方針は戦後まで続いた。

なお，行政広報においては，それ以前の明治期，戦時期のプロパガンダ的手法を用いた政府による宣伝活動，満州鉄道株式会社における弘報も戦後のパブリック・リレーションズの前身ととらえる見方もある（猪狩，2011）。だが，多くの研究者においては，企業・行政を含め戦後のGHQによるパブリック・リレーションズの導入によって，本格的にパブリック・リレーションズという概念および実務が輸入されたと見るのが一般的である（井出，1967；三浦，1997）。

いずれにしろ重要なことは，行政広報の機能が戦後成立したかその前から存在したかということよりは，米国流のパブリック・リレーションズの導入期の以前と以後での行政広報の質の相違と，もともと日本にパブリック・リレーションズにあたる概念がなく，その導入期に混乱が存在したという事実を記憶しておくことである。

　政府と国民，自治体と県民（都道府県民）ないし市民（市町村民）との間の不断のコミュニケーションを確保するために，それを結ぶ広報・広聴活動はきわめて重要な意味をもつ。日本においては，その戦後の導入の特異性から，米国と異なり，たんなる企業と同じ組織体の職能の1つとしてだけではなく，行政における広報の特殊性にも関心がもたれた。ゆえに，小山栄三，井出嘉憲，三浦恵次，中村紀一といった複数の研究者が，企業広報ではなく行政広報についてある種の論を展開している。日本においては，戦後急速に導入された米国流のパブリック・リレーションズを原型としつつも，とくに行政と住民の接続に着目してまとめてみたい。

3-1 行政 PR の循環過程

　井出は，「行政 PR」の構造として，行政プログラム（政策過程）と PR プログラム（広報過程）が内外にわたってタイムラグをもちながら循環する「行政PR の循環過程」を示している（井出，1967）。

　行政 PR とは，公衆から行政体が聞くという「広聴」と行政体が公衆に語るという「広報」を足したもの，つまり「"広報"とは広報＋広聴」という常識的理解を表すという（図15-2 第1式）。

　また，行政体は内部で行政プログラム（政策過程）と PR プログラム（広報過程）の相互調整と統合を行っている（同第2式）。

　これを組み合わせると，行政体は，広聴活動によってもたらされた外部からの情報を指標にして行政施策を準備・修正し，民意に応えるべく活動する。そしてそれらの行政施策を広報活動としてインフォメーションを公衆に提供し，支持・協力を得る。そして，再び広聴活動につなげていく（同第3式）。これによって外部公衆と行政体との間に相互交流をもたらすコミュニケーション過程が実現し，有機的結合がもたらされるという。

　これは，上野も指摘しているように，1990 年以降急速に高まった政策過程

$$第1式 \quad 行政 PR = \left[\underset{(広聴)}{公衆 \longrightarrow 行政体} \right] + \left[\underset{(広報)}{行政体 \longrightarrow 公衆} \right]$$

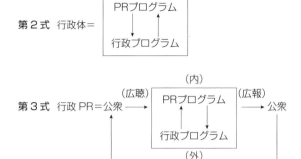

第2式　行政体＝ PRプログラム / 行政プログラム

第3式　行政 PR＝公衆 → PRプログラム / 行政プログラム → 公衆

図15-2　行政 PR の図式

（出典）　井出（1967）。

論における**住民参加**のプログラムの構図の原型を示している（上野，2003）。

3-2　行政広報の統治論・自治論

　ここでは，行政体と住民の関係性について，2つの立場に分けてみたい。1つは行政体を中心として広報を統治の手段とする見方（**統治論**），いま1つは行政体と住民を対等なものと見なし，広報をその両者を結ぶもの，住民参加の手段とする見方（**自治論**）である。これを，「**行政広報の統治論・自治論**」と呼ぶことにしたい。

　これに関係する理論としては，三浦の「**連続性理論**」「**非連続性理論**」，中村の「**中間者としての広報・広聴行政**」「**管理者としての広報・広聴行政**」理論がある（三浦，1997；中村，1976）。いずれも，権力関係を軸とした住民と行政の関係性に関する理論的整理である。両者とも，あくまで行政体が中心となっている点には違いがないとしたうえで，従来の行政広報・広聴は，二分されるという。

　まず，三浦の「連続性理論」「非連続性理論」を見ていこう（三浦，1997）。三浦は行政と住民の関係を2つに分ける。

　1つは，行政体と住民との関係を「連続的なもの」，行政体が住民を「包括」

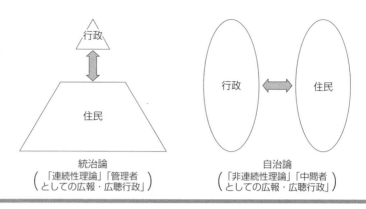

統治論
（「連続性理論」「管理者」
　としての広報・広聴行政 ）

自治論
（「非連続性理論」「中間者」
　としての広報・広聴行政 ）

図 15-3　行政と住民の関係性についての理論

するととらえる考え方である（樋上, 1952, 1962；小山, 1954；松田, 1961）。この視座は，行政体が主体となり，行政体と住民が一体となって行政施策を遂行する，そのための手段が広報・広聴であるという立場に立つ。よって行政体が主体となるという意味で権力の正統性の基盤を確立する意図をもち，「上から下へ」というニュアンスが避けられないととらえられる。

　もう 1 つは，行政体と住民との関係を「非連続的なもの」，住民が自治に「参加」するととらえる考え方である（井出, 1964, 1967；辻, 1962；吉富, 1970）。この視座は，行政体と住民の中間に位置するのが広報・広聴であり，行政体と住民で権力を分割するという立場に立つ。この視座では，行政体と住民は対等な立場としてとらえられる。ただし，市政協力者，市政参加者という市政に関心の強い人を対象とし，市政抵抗者・市政拒否者の範囲をカバーしていないという問題点があり，**オンブズマン制度**（国，地方自治体における不正・不当な行為を，市民の代表が監視し，是正するための制度）や**情報公開**，**公文書公開**の導入も，この視点で検討していく必要があるという。

　中村も三浦と同様の視点から分類をする。種々の行政の広報・広聴観を分類し，「管理者としての広報・広聴行政」「中間者としての広報・広聴行政」に分ける（中村, 1976）。前者は広報・広聴を「統治」という視点からとらえ，「行政の望む程度」として，広報・広聴という手段は住民統治の手段であるとする。ただし行政過程に参加させられ権力に蹂躙（じゅうりん）されるような場合には，住民の不

信を増幅し住民との対立を決定的なものとする可能性もあるとする。後者は広報・広聴を「自治」という視点からとらえる。行政過程に住民を参加させ，広報・広聴という手段を行政と住民の「共同の意思決定」機能であるとする。「管理者としての広報・広聴行政」は三浦のいう「連続性理論」，「中間者としての広報・広聴行政」は三浦のいう「非連続性理論」に近い概念である。この両者は，統治と自治という政治社会の基本対立の理論的帰結ととらえられる。

　いずれにしろ過去の研究をまとめると，行政広報においては，行政体を中心として広報を統治の手段として見るか（「管理者としての広報・広聴行政」「連続性理論」），住民と行政を対等な関係として，広報をその両者を結ぶ住民参加，住民自治の手段として見るか（「中間者としての広報・広聴行政」「非連続性理論」）という大きく2つに分けることができるのである（図15-3）。

4　行政広報の分類

　行政広報といっても，その意味するところは多様である。次に，①組織ごとの分類，②実務面からの分類から，行政広報の分類を示していくことにしたい。

4-1　組織ごとの分類──政府広報，省庁広報，自治体広報

　行政広報は，組織単位で分ければ政府広報，**省庁広報**，**自治体広報**と分けることが可能である。

　政府の広報は，内閣官房内閣広報室が政府全体として行う政府広報と，各府省庁が行う広報の大きく2つに分けることができる。内閣官房内閣広報室では，政府全体の立場から政府の重要施策について，各府省庁との連携を図りつつ政府にとっての重要施策についての広報活動，政府施策に対する国民の意見，要望を把握するための広聴活動を実施している。各府省庁広報室は，それぞれの重要施策について各種媒体を活用した広報を行っている。

　もともと内閣官房内閣広報室は戦後すぐに設けられていたわけではない。1960年，日米安保闘争において，政府の外交政策に対する国民的抵抗が運動化し，これをきっかけに，国民との意思疎通の必要性が認識され，この年に**総**

理府広報室が発足した。1973 年になると政府内各省庁の広報の連絡・調整のために内閣広報室が設置された。1986 年には，総理府広報室の職員は，内閣広報室とすべて兼務となった。

　ただし，先述したように内閣官房内閣広報室は，他の行政機関と異なり，全国の広報・広聴に関する監督官庁というわけではなく，あくまで内閣の広報であったり，国の機関の広報対応の調整役にすぎない。広報・広聴機能においては，縦割りが成立していないというのも，日本の行政広報の特徴である。

4-2　実務面での分類

　政府，各省庁，各自治体の広報の主たる対象は主権者たる国民，県民（都道府県民），市民（市町村民）である。だが，手法としての広報・広聴業務としては，企業と同様である。実務面での分類としては，大きく3つに分けることが可能である。

　第1に「報道対応」である。記者会見や記者発表，記者クラブとの情報交換を中心とした報道機関対応，ニュース・リリースの作成などのパブリシティ業務である。

　第2に（狭義の）「広報活動」である。直接的に主権者たる国民，県民（都道府県民），市民（市町村民）に向けた広報活動である。広報誌，広報パンフレット，ポスターの作成，施策を伝えるためのテレビ，ラジオなどの広報番組の制作，テレビ・ラジオ・新聞・雑誌広告の作成・出稿などである。近年では，web サイト，Twitter や Facebook などソーシャルメディアを用いた情報発信などもこの広報業務の1つである。また，必ずしも広報部局が関わるとは限らないが，各省庁，各自治体が出版する「白書」「市勢要覧」「年報」なども広報の一環である。

　第3に「広聴活動」である。これは，主権者たる住民の意識や施策に関する意見や要望を把握し，施策に反映させるために行われる。この広聴の手法としては，公募により選定した代表の人に詳細にその施策を観察して意見を述べてもらう「**国政・県政・市政モニター**」，人々の意見を量的に把握するためのアンケート調査である「**世論調査**」，議会や行政の計画策定などにおいて利害関係者や学識経験者から意見を聞く「**公聴会**」（public meeting），住民の意見を聞く

ために行う「住民集会」「**タウンミーティング**」，広聴的な側面を重視しつつ行政職員が比較的少人数の住民に行政施策の説明を対面で行う「**出前講座**」，また，電話，メール，ファックスなどによる「個別広聴」（意見，苦情受付）などがある。

なお組織としては「報道対応」「広報活動」「広聴」が分けられていることも多い。

特殊な例として，防衛省や自衛隊は，広報活動を「**自主的広報活動**」と「**協力的広報活動**」の2つに分けている。「自主的広報活動」とは，航空ショーを開催したり，音楽隊のコンサートを行ったり，公式サイトによる情報周知活動などの自主的に行っているイベントを指す。「協力的広報活動」とは，番組取材，見学者への対応，ドラマ・映画製作への協力，部外の行事などへの協力などを指す。自衛隊や海上保安庁，警察などはその性質上，直接的に媒体を用いて大々的な広報活動を行うことが難しい。だが撮影や取材への協力という形態ならば，省庁のイメージアップという名目で可能である。これらは，いずれも，それぞれの省庁の活動・政策への理解を得るために行っているものである。

近年では，『シン・ゴジラ』『図書館戦争』などの映画制作，『空飛ぶ広報室』の原作・ドラマ制作に協力し，また同様に海上保安庁は『海猿』などのドラマ・映画に撮影協力を行っている。また，昔からテレビの特別番組で多く見られる警察のドキュメンタリーは警察の協力のもとで行われるが，これも同様の趣旨のものである。

5 政策広報

近年重視されてきているのが**政策広報**である。これにはもちろん従来型の広報誌や広報パンフレット，その他メディアを用いた広報も含まれる。施策は関係者に周知されて，はじめて意味をもつ。例えば，気象庁は気象・地象観測技術の発達を踏まえて新しい情報（顕著な大雨に関する気象情報，緊急地震速報，土砂災害警戒情報，竜巻注意情報など）を伝達するようになってきている。これらは，そもそも，人々に理解してもらわない限りは防災対策につながらないので，

周知活動はきわめて重要である。このように周知そのものが意味をもつ施策も少なくない。

5–1　パブリック・アクセプタンス

政策や事業計画に関して市民の合意を得るためのコミュニケーション活動を**パブリック・アクセプタンス**（public acceptance）という。情報開示や市民の理解を得ることに中心をおく場合には**パブリック・アンダスタンディング**（public understanding）という場合もある。これらはとくに原子力発電所の設置受け入れに関するコミュニケーション活動以来，使われるようになった言葉である。説得的な情報提供にならないようにし，情報発信者側が信頼を得ることが重要とされる。この活動は，地域が限定されるので，パンフレットの配布，住民説明会・**公聴会**の開催，協議会の設置，シンポジウム，施設見学会，またそれらを効率的に行うためのアンケートなどがその手法になる。

5–2　パブリック・インボルブメント

なお，似たようなニュアンスで，とくに近年，道路建設など公共事業においてよく使われる言葉が**パブリック・インボルブメント**（public involvement；住民参画）である。これは，公共事業の構想・計画段階，政策の立案段階から住民の意見を聴取し，それを事業計画や政策に反映させる手法である。米国では1991年に総合陸上輸送効率化法（Intermodal Surface Transportation Efficiency Act：ISTEA）が制定され，地域交通計画の策定においてこのパブリック・インボルブメントの導入が義務づけられ，制度化が進んだ。日本においても，2003年6月に国土交通省が「国土交通省所管の公共事業の構想段階における住民参加手続きガイドライン」を策定し，手続きの標準化が図られた。

このパブリック・インボルブメントの手法は，その構想・計画段階から行われるところに特徴があるが，パブリック・アクセプタンスの手法とほとんど変わらない。やや，市民等の意見を把握するためのアンケートや政策決定過程の公表など，市民側からのフィードバックに重きがおかれる傾向がある。これらは，公共事業以外の分野のさまざまな地域の行政計画においても，活用されるようになってきている。

5-3 パブリック・コメント

行政が政策方針・指針策定，行政計画策定，法律制定などを行うときに，検討会など素案をとりまとめた後，最終報告もしくは法案提出前の段階でその内容を公開し，意見・改善案を受けつけることが現在では一般的である。これを**パブリック・コメント**（public comment；意見公募手続）という。このパブリック・コメントは，政策決定の過程に市民を巻き込む手法の1つであるのでパブリック・インボルブメントの一種と考える考え方と，「意見表明」（パブリック・コメント）と，「施策策定への参画」（パブリック・インボルブメント）は異なるという2つの考え方がある。

6 地域広報
──シティ・プロモーション，地域のブランド化

最後に「**地域広報**」と呼ばれるものがある。地域広報は，地域の魅力を地域内外に伝えること，その結果として資源獲得を行うための広報を意味する。これは，「**シティ・セールス**」「シティ・プロモーション」（河井，2009），「地域のブランド化」（中小企業基盤整備機構，2005），「地域のマーケティング」（Kotler et al., 1993）などの用語が使われる。

中小企業基盤整備機構によれば，地域のブランド化とは，①地域から生まれた商品やサービスを「地域ブランド商品」として確立する（地域発の商品・サービスのブランド化）と共に，②地域がもつイメージを高めていくこと（地域イメージのブランド化）を同時に行い，地域外からの需要を呼び込むことであるとされる（中小企業基盤整備機構，2005）。具体的には，地域の特産品などブランド商品を確立していくこと，観光によって観光客を誘致することなどが挙げられる。これは冒頭で挙げた，ニューヨーク州商務局が始めたI Love New Yorkキャンペーンあたりからその重要性が周知され始めた。

これら「シティ・セールス」「地域のブランド化」といったものは，その言葉が示すように，マーケティング，ないしは広告宣伝にきわめて近い概念である。

日本の場合は，これに加え行政的な背景がいくつかある。

　1つは近年の地方分権の進展である。これは2000年4月に施行された地方分権の推進を図るための法律「地方分権一括法」の成立，また無党派層を背景にした県，地方都市における従来の政党の推薦を受けない知事，市町村長の増加がこの背景にある。

　いま1つは人口減少である。人口が減少していく中で，地方の収益すなわち税収はどんどん落ちている。人口減少に歯止めがかけられない以上，より魅力のある地域としてアピールすることによって，その地元産の商品を地元以外の人々に購入してもらうこと，また多くの人に観光に訪れてもらうこと，すなわち「関係人口」「交流人口」をいかに増加させるかが，地域を活性化するポイントとなるのである。

「うどん県。それだけじゃない香川県」
プロジェクト
　（写真提供）　香川県観光交流局。

　古くからある形としては，「**デスティネーション・キャンペーン**」と呼ばれる，JR各社と指定された自治体，地元の観光事業者等が協働で実施する大型観光キャンペーンがある。これは1978年に日本国有鉄道（旧国鉄）と和歌山県が共同で実施した「きらめく紀州路」キャンペーンから始まったものである。他にも万博や国際イベントを誘致したり，NHK大河ドラマや映画製作をPRの契機とすることで観光の呼び水としたりするといった大型の観光キャンペーンもある。

　近年は，より企業の宣伝活動に近い形のプロモーションも行われるようになってきた。この種のPRの嚆矢としては，東国原英夫元宮崎県知事の活動が挙げられる。元お笑い芸人の知名度を生かして，みずからを「宮崎県のセールスマン」として国内において積極的にメディアに露出するなどいわゆる**トップセールス**，PR活動を行いその有効性を示した。これ以降，各都道府県，市町村の首長も同様にトップセールス，PR活動を積極的に行うようになった。

　その後，ご当地キャラクター，ゆるキャラを中心に観光キャンペーンを進め

るものや，要潤をメイン・キャラクターに据えた香川県の「うどん県」，有吉弘行をメイン・キャラクターに据えた広島県の「おしい！広島県」など，タレントを活用して自治体の特色を「ネタ」に転化させアピールしたり，わざと奇をてらったりしてネットでの話題を生むことを喚起することを狙った観光キャンペーンも行われるようになった。この潮流にはその時々の話題性の強いものを好むソーシャルメディアの浸透の影響も多分にある。日本全体としては海外向けのキャンペーンとして，観光庁を設置し進めているビジット・ジャパン・キャンペーンなどがある。

　歴史的には，プロパガンダ的なイメージから行政広報が力をもつことは疎んじられる傾向があったが，近年は，逆に地方自治体が積極的にこのような活動をすることは望ましいとされるようになってきている。これは，①行政広報の方向性が行政域内から，行政域外へと重心が変化しつつあること，②行政広報が広告代理店や PR 会社のマーケット展開の影響を受けていること，③行政広報が硬直的なイメージから柔軟なイメージ（ゆるキャラや奇をてらう観光キャンペーン）を志向するようになり，この方向性が許容されるようになってきたことが理由として挙げられる。

課　題　　　　　　　　　　　　　　　　　　　　　*exercises*

① 行政広報と企業広報の違いについてまとめてみよう。
② 行政広報は，なぜ制限がかけられるか，また報道機関はそれらに抵抗的なのか，歴史的な経緯をまとめてみよう。
③ 具体的に１つの自治体を取り上げ，広報活動の歴史，広報の展開，広報の多様さなどをまとめてみよう。

ブックガイド　　　　　　　　　　　　　　　　　　*book guide*

① 三浦恵次『広報・宣伝の理論』大空社，1997 年
▶ 行政広報を中心に整理された書籍である。
② 井出嘉憲『行政広報論』勁草書房，1967 年
▶ やや難解だが，米国の行政広報についてくわしく記述されている。

■ 第1章

Bernays, E. L.（1928）*Propaganda*, Horace Liveright.（中田安彦訳，2010『プロパガンダ〔新版〕』成甲書房.）

Bernays, E. L.（1947）"The Engineering of Consent," *The Annals of the American Academy of Political and Social Science*, 250, pp. 113–120.

Cutlip, S. M., Center, A. H. and Broom, G. M.（2006）*Effective Public Relations*, 9th ed., Pearson Education.（日本広報学会監修，2008『体系 パブリック・リレーションズ』ピアソン・エデュケーション.）

電通パブリックリレーションズ編（2006）『戦略広報——パブリックリレーションズ実務事典』電通.

Fortune（1980）Highlights of Fortune Corporate Communication Seminar 1980.（最上潤訳，1981『企業の心を伝えろ——重視されるコーポレート・コミュニケーション』知道出版.）

Grunig, J. E. and Repper, F. C.（1992）"Strategic Management, Publics, and Issues," In J. E. Grunig（Ed.）, *Excellence in Public Relations and Communication Management*（pp. 117-158）, Lawrence Erlbaum Associates.

Harlow, R.（1976）"Building a Public Relations Definition," *Public Relations Review*, 2(4), pp. 34-42.

樋上亮一（1955）「PR」日高六郎編『現代社会とマス・コミュニケーション』マスコミュニケーション講座5（pp. 123-129），河出書房.

井出嘉憲（1964）「行政広報批判論」日本都市センター編『行政広報の考え方』（pp. 1-20）日本都市センター.

猪狩誠也（2003）「現代日本の企業広報」津金澤聡廣・佐藤卓己編『広報・広告・プロパガンダ』（pp. 98-119），ミネルヴァ書房.

猪狩誠也編（2011）『日本の広報・PR 100 年——満鉄から CSR まで』同友館.

猪狩誠也編，経済広報センター監修（1998）『企業の発展と広報戦略——50 年の歩みと展望』日経 BP 企画.

井之上喬編，井之上パブリックリレーションズ（2001）『入門 パブリックリレーションズ——双方向コミュニケーションを可能にする新広報戦略』PHP 研究所.

加固三郎（1973）『PR の設計——企業の信頼性創造の要点 35』東洋経済新報社.

加固三郎（1995）「理念と技法の統合」『経済広報』17(5)（通算 189 号），p. 12.

北野邦彦（2008）「「広報・弘報・PR」の語源に関する一考察」『帝京社会学』21, pp. 109-136.

小林貞夫（1995）『「戦略広告」の時代——「会社の価値」をどう知らせるか』日本経済新聞社.

小林貞夫（2005）「広告と広報の融合に向けて——コミュニケーション中心の経営：MOT から MOC へ」『日経広告研究所報』221 号，pp. 33-37.

小泉眞人（2005）「広告のゆくえ——4P 理論からの脱却と広報との統合化にむけて」亀井昭

宏・疋田聰編『新広告論』（pp. 249–280），日経広告研究所.

小宮山恵三郎（2000）「パブリック・リレーションズの定義についての考察」『広報文献研究』日本広報学会報告書，pp. 21–30.

小山栄三（1954）『廣報学——マス・コミュニケーションの構造と機能』有斐閣.

南博（1959）「宣伝の本質」南博編『宣伝・広告』応用社会心理学講座 4（pp. 9–18），光文社.

村田昭治編（1977）『コーポレート・コミュニケーションの構図——企業から社会への発言』税務経理協会.

小谷重一（1951）『PR の理論と実際』日本電報通信社.

Ries, A. and Ries, L. (2002) *The Fall of Advertising and the Rise of PR*, Harper Business. （共同 PR 株式会社翻訳監修，2003『ブランドは広告でつくれない——広告 VS PR』翔泳社.）

佐藤卓己（2003）「「プロパガンダの世紀」と広報学の射程」津金澤聡廣・佐藤卓己編『広報・広告・プロパガンダ』（pp. 2–27），ミネルヴァ書房.

渋谷重光（1988）「PR の理論史」『経済広報センターだより』4 月号～6 月号，財団法人経済広報センター.

渋谷重光（1991）『大衆操作の系譜』勁草書房.

島谷泰彦（1998）「高度成長とマーケティング型広報の展開」猪狩誠也編，経済広報センター監修『企業の発展と広報戦略——50 年の歩みと展望』（pp. 42–77），日経 BP 企画.

白石陽子（2005）「歴史にみる行政パブリック・リレーションズ概念の形成」『政策科学』13（1），pp. 69–82.

田中憲次郎（1924）「PR について」『広告研究』4 月号，pp. 48–49，日本電報通信社.

津金澤聡廣（1995）「多義性からの出発」『経済広報』17（5）（通算 189 号），p. 11.

殖栗文夫（1951）『わかり易いパブリック・リレーションズ』実業之日本社.

上野征洋（2003）「行政広報の変容と展望——理論と実践のはざまで」津金澤聡廣・佐藤卓己編『広報・広告・プロパガンダ』（pp. 120–146），ミネルヴァ書房.

山中正剛・三浦恵次（1969）『広告・広報論』笠間書院.

山根英夫（1963）「PR とパブリシティ」『広告研究 夏期広告電通大学講義集』pp. 235–242，電通.

■第 2 章

Barnard, C. I. (1938) *The Functions of the Executive*, Harvard University Press. （山本安次郎・田杉競・飯野春樹訳，1968『新訳 経営者の役割』ダイヤモンド社.）

Carroll, A. B. (1991) "The Pyramid of Corporate Social Responsibility: Toward the Moral Management of Organizational Stakeholders," *Business Horizons*, 34(4), pp. 39–48.

伊丹敬之・加護野忠男（1993）『ゼミナール経営学入門〔2 版〕』日本経済新聞社.

桑田耕太郎・田尾雅夫（2010）『組織論〔補訂版〕』有斐閣.

Nader, R. (1965) *Unsafe at Any Speed: The Designed-In Dangers of The American Automobile*, Grossman Publishers. （河本英三訳，1969『どんなスピードでも自動車は危険だ』ダイヤモンド社.）

パナソニック（2021）『サステナビリティ　データブック 2021』.
https://www.panasonic.com/jp/corporate/sustainability/pdf/sdb2021j.pdf

Porter, M. E. and Kramer, M. R. (2011) "Creating Shared Value," *Harvard Business Review*, January, pp. 1–17.（DIAMOND ハーバード・ビジネス・レビュー編集部訳，2011「共通価

値の戦略」『DIAMOND ハーバード・ビジネス・レビュー』6 月号，pp. 8–31.）

サントリーグループ『サントリーグループ　サステナビリティサイト 2021』．

https://www.suntory.co.jp/company/csr/data/report/pdf/suntory_csr_2021.pdf

Sheldon, O.（1924）*The Philosophy of Management*, Sir Isaac Pitman and Sons Ltd.（企業制
度研究会訳，1975『経営のフィロソフィ──企業の社会的責任と管理』雄松堂書店．）

谷本寛治編（2004）『CSR 経営──企業の社会的責任とステイクホルダー』中央経済社．

谷本寛治（2006）『CSR──企業と社会を考える』NTT 出版．

読売新聞社（2022）「『GAFA』ロビー費約 68 億円　昨年　巨大 IT 規制巡り働きかけ」『読売
新聞』1 月 28 日朝刊．

［web サイト］

経済産業省「ESG 投資」

https://www.meti.go.jp/policy/energy_environment/global_warming/esg_investment.html

■ 第 3 章

Diermeier, D.（2011）*Reputation Rules: Strategies for Building Your Company's Most Valu-
able Asset*, McGraw-Hill.（斉藤裕一訳，2011『「評判」はマネジメントせよ──企業の浮沈
を左右するレピュテーション戦略』阪急コミュニケーションズ．）

Doorley, J. and Garcia, H. F.（2007）*Reputation Management: The Key to Successful Public
Relations and Corporate Communication*, Routledge.

Fombrun, C. J. and van Riel, C. B. M.（2004a）*Fame and Fortune: How Successful Companies
Build Winning Reputations*, Financial Times Prentice Hall.（花堂靖仁監訳，電通レピュテ
ーション・プロジェクトチーム訳，2005『コーポレート・レピュテーション』東洋経済新報
社．）

Fombrun, C. J. and van Riel, C. B. M.（2004b）"The Roots of Fame," *Advertising*, 10, pp, 32–
41.

Fombrun, C. J. and van Riel, C. B. M.（2007）*Essentials of Corporate Communication: Imple-
menting Practices for Effective Reputation Management*, Routledge.

Hannington, T.（2004）*How to Measure and Manage Your Corporate Reputation*, Gower Pub-
lishing Ltd.（櫻井通晴・伊藤和憲・大柳康司監訳，2005『コーポレート・レピュテーション
──測定と管理』ダイヤモンド社．）

本田哲也（2021）『ナラティブカンパニー──企業を変革する「物語」の力』東洋経済新報社．

駒橋恵子（2004）『報道の経済的影響──市場のゆらぎ増幅効果』御茶の水書房．

大柳康司（2006）「コーポレート・レピュテーションの重要性とその効果」『企業会計』58（8），
pp. 44–52.

櫻井通晴（2005）『コーポレート・レピュテーション──「会社の評判」をマネジメントする』
中央経済社．

Varey, R. J.（2002）*Marketing Communication: Principles and Practice*, Routledge.

Waller, D. and Younger, R.（2017）*The Reputation Game: The Art of Changing How People
See You*, Oneworld Publications.（月沢李歌子訳，2018『評価の経済学』日経 BP.）

山岸俊男・吉開範章（2009）『ネット評判社会』NTT 出版．

［web サイト］

Fortune World's Most Admired Companies

https://fortune.com/worlds-most-admired-companies/

引用文献・web サイト

経済広報センター「企業広報賞」
http://www.kkc.or.jp/plaza/award/list.html

■ 第4章

Barnard, C. I. (1938) *The Functions of the Executive*, Harvard University Press.（山本安次郎・田杉競・飯野春樹訳，1968『新訳 経営者の役割』ダイヤモンド社.）

Cornelissen, J. (2020) *Corporate Communication: A Guide to Theory and Practice*, 2nd ed., Sage.

Cutlip, S. M., Center, A. H. and Broom, G. M. (2006) *Effective Public Relations*, 9th ed., Pearson Education.（日本広報学会監修，2008『体系 パブリック・リレーションズ』ピアソン・エデュケーション.）

Dozier, D. M. and Broom, G. M. (1995) "Evolution of the Manager Role in Public Relations Practice," *Journal of Public Relations Research*, 7(1), pp. 3-26.

伊吹勇亮（2013）「PR エージェンシーにおける広報専門職のキャリア形成——定量調査の単純集計分析を中心に」『京都産業大学総合学術研究所所報』8, pp. 93-101.

川北眞紀子（2013）「ニュース流通過程における広報機能の分担」『広報研究』17, pp. 56-68.

経済広報センター（2013）『主要企業の広報組織と人材（2013 年版）——各社の取り組み事例』.

経済広報センター（2021）「コロナ禍で広報活動はどのように変化したか——『第 14 回企業の広報活動に関する意識実態調査』を実施」月刊『経済広報』507（11 月号），pp. 2-7.

Kunieda, T., Yamamura, K. and Miyabe, J. (Eds.) (2019) *Public Relations in Japan: Evolution of Communication Management in a Culture of Lifetime Employment*, Routledge.

沼上幹（2004）『組織デザイン』日本経済新聞社.

Sha, B.-L. (2011) "Accredited vs. Non-Accredited: The Polarization of Practitioners in the Public Relations Profession," *Public Relations Review*, 37(2), pp. 121-128.

玉川俊哉（2013）『企業のソーシャル・メディア利用と組織内情報流通の変化』京都産業大学大学院マネジメント研究科修士学位請求論文.

Williamson, O. E. (1975) *Markets and Hierarchies: Analysis and Antitrust Implications*, Free Press.（浅沼萬里・岩崎晃訳，1980『市場と企業組織』日本評論社.）

■ 第5章

Cornelissen, J. (2020) *Corporate Communication: A Guide to Theory and Practice*, 2nd ed., Sage.

Cutlip, S. M., Center, A. H. and Broom, G. M. (2006) *Effective Public Relations*, 9th ed., Pearson Education.（日本広報学会監修，2008『体系 パブリック・リレーションズ』ピアソン・エデュケーション.）

日本パブリックリレーションズ協会（2006）『広報の仕掛人たち——21 の PR サクセスストーリー』宣伝会議.

大島幸男（2014）「広告・宣伝部が知るべき PR の基礎と目的」『宣伝会議』868, pp. 104-109.

大滝精一・金井一頼・山田英夫・岩田智（2016）『経営戦略——論理性・創造性・社会性の追求〔第 3 版〕』有斐閣.

高橋伸夫（2016）『経営の再生——戦略の時代・組織の時代〔第 4 版〕』有斐閣.

Watson, T. and Noble, P. (2005) *Evaluating Public Relations: A Best Practice Guide to Pub-*

lic Relations Planning, Research & Evaluation, Kogan Page.（林正・石塚嘉一・佐桑徹訳，2007『広報・PR の効果は本当に測れないのか？──PR 先進国の実践モデルに学ぶ広報の効果測定』ダイヤモンド社.）

■第 6 章

Anderson, W. B.（2001）"The Media Battle Between Celebrex and Vioxx: Influencing Media Coverage but Not Content," *Public Relations Review*, 27(4), pp. 449–460.

Callison, C. and Seltzer, T.（2010）"Influence of Responsiveness, Accessibility and Professionalism on Journalists' Perceptions of Southwest Airlines Public Relations," *Public Relations Review*, 36(2), pp. 141–146.

Comrie, M.（1997）"Media Tactics in New Zealand's Crown Health Enterprises," *Public Relations Review*, 23(2), pp. 161–176.

Cutlip, S. M., Center, A. H. and Broom, G. M.（2006）*Effective Public Relations*, 9th ed., Pearson Education.（日本広報学会監修，2008『体系 パブリック・リレーションズ』ピアソン・エデュケーション.）

Food Clip（2020）「食品業界の新常識？　リモート記者発表会＋試飲会の作り方」7 月 17 日. https://foodclip.cookpad.com/2930/

Freeman, L. A.（2000）*Closing the Shop: Information Cartels and Japan's Mass Media*, Princeton University Press.（橋場義之訳，2011『記者クラブ──情報カルテル』緑風出版.）

Gibson, D. C.（1998）"Japanese Media Relations: A Quick Overview," *Public Relations Quarterly*, 43(3), pp. 30–33.

Hall, I. P.（1998）*Cartels of the Mind: Japan's Intellectual Closed Shop*, W. W. Norton.（鈴木主税訳，1998『知の鎖国──外国人を排除する日本の知識人産業』毎日新聞社.）

Hallahan, K.（1999）"Seven Models of Framing: Implications for Public Relations," *Journal of Public Relations Research*, 11(3), pp. 205–242.

橋元良明編（2021）『日本人の情報行動 2020』東京大学出版会.

Inoue, K.（2011）"Japan's Press Club System and Its Impact on Media Relations Practices," 『現代社会研究』8, pp. 3–11.

井上岳久（2022）「SNS を中心に話題　日比谷花壇の『花の自動販売機』設置のリリース」月刊『広報会議』1 月号. https://mag.sendenkaigi.com/kouhou/202201/press-release/022866.php

川北眞紀子（2013）「ニュース流通過程における広報機能の分担」『広報研究』17, pp. 56–68.

川北眞紀子（2015）「メディア編集者のニュース選択に影響する広報部門の活動──地域資源のメディア・リレーションズ」『広報研究』19, pp. 21–31.

川北眞紀子・薗部靖史（2016）「メディア編集者の取材活動の定量分析──ニュース・バリュー知覚と情報源重視度や広報努力重視度との関係」『広報研究』20, pp. 4–20.

熊本県庁チームくまモン（2013）『くまモンの秘密──地方公務員集団が起こしたサプライズ』幻冬舎.

Martin, W. P. and Singletary, M. W.（1981）"Newspaper Treatment of State Government Releases," *Journalism Quarterly*, 58(1), pp. 93–96.

McCombs, M. E. and Shaw, D. L.（1972）"The Agenda-Setting Function of Mass Media," *The Public Opinion Quarterly*, 36(2), pp. 176–187.

Morton, L. P. and Warren, J.（1992）. "News Elements and Editors' Choices," *Public Relations*

Review, 18(1), pp.47–52.

日本新聞協会「新聞事業の経営動向」2018 年度集計.

日本新聞協会「新聞広告費，新聞広告量の推移」.

　http://www.pressnet.or.jp/data/advertisement/advertisement01.php

日本新聞協会「新聞の発行部数と世帯数の推移」.

　http://www.pressnet.or.jp/data/circulation/circulation01.php

大河原克行（2021a）「2021 年，ニューノーマル時代の記者会見の在り方とは？」『INTER-
　NET Watch』6 月 22 日.

　https://internet.watch.impress.co.jp/docs/special/1332889.html

大河原克行（2021b）「成功事例と失敗事例から学ぶ，今どきのオンライン会見」『INTERNET
　Watch』6 月 23 日.

　https://internet.watch.impress.co.jp/docs/special/1332952.html

Shoemaker, P. J. and Reese, S. D. (1991) *Mediating the Message: Theories of Influences on
　Mass Media Content*, Longman.

Zoch, L. M. and Molleda, J.-C. (2006) "Building a Theoretical Model of Media Relations Using
　Framing, Information Subsidies, and Agenda-Building," In C. H. Botan and V. Hazleton
　(Eds.), *Public Relations Theory II* (pp. 279–309), Routledge.

■ 第 7 章

Bartholomew, D. (2010) "The Digitization of Research and Measurement in Public Rela-
　tions," *Social Media Explorer*, May 12.

　https://socialmediaexplorer.com/online-public-relations/the-digitization-of-research-and-mea
　surement-in-public-relations/

Chevalier, J. A and Mayzlin, D. (2006) "The Effect of Word of Mouth on Sales: Online Book
　Reviews," *Journal of Marketing Research*, 43(3), pp. 345–354.

サイボウズ（2015）「編集長交代のお知らせ」『サイボウズ式』1 月 13 日.

　https://cybozushiki.cybozu.co.jp/articles/m000405.html

Feick, L. F. and Price, L. (1987) "The Market Maven: A Diffuser of Marketplace Informa-
　tion," *Journal of Marketing*, 51 (Jan), pp. 83–97.

藤村能光（2019）『「未来チーム」の作り方──《働きやすさ》を考えるメディアが自ら実践す
　る』扶桑社.

藤崎実・徳力基彦（2017）『顧客視点の企業戦略──アンバサダープログラム的思考』宣伝会
　議.

五藤智久（2010）「消費者行動とクチコミ」池田謙一編『クチコミとネットワークの社会心理
　──消費と普及のサービスイノベーション』(pp. 31–47)，東京大学出版会.

Granovetter, M. S. (1973) "The Strength of Weak Ties," *American Journal of Sociology*, 78
　(6), pp. 1360–1380.

伊地知晋一（2007）『ブログ炎上──Web 2.0 時代のリスクとチャンス』アスキー.

IKEUCHI ORGANIC（2019）「濃厚なイケウチ体験を味わう日。年に 1 度の聖地巡礼『今治
　オープンハウス』とは？」.

　https://note.com/ikeuchiorganic/n/nc8cc861d2b6d

Kaplan, A. M. and Haenlein, M. (2010) "Users of the World, Unite!: The Challenges and Op-
　portunities of Social Media," *Business Horizons*, 53(1), pp. 59–68.

Katz, E. and Lazarsfeld, P. F.（1955）*Personal Influence*, Free Press.

川北眞紀子（2010）「ネット上の集合知情報源の優位性──情報源特性と利用者特性の視点から」『広報研究』14，pp. 1–18.

菊盛真衣（2020）『eクチコミと消費者行動──情報取得・製品評価プロセスにおけるeクチコミの多様な影響』千倉書房.

金顕哲・高山美和（2001）「東芝クレームホームページ」慶應義塾大学ビジネス・スクールケース.

日本経済新聞（2012）「"食べログ"にやらせ投稿　カカクコムが法的措置も」1月4日朝刊.

日経トレンディ・日経クロストレンド編（2020）『自由すぎる公式SNS「中の人」が明かす企業ファンのつくり方』日経BP.

佐藤尚之・津田匡保（2020）『ファンベースなひとたち──ファンと共に歩んだ企業10の成功ストーリー』日経BP.

valuepress トピックス「【広報インタビュー】大槻幸夫／椋田亜砂美氏　サイボウズ株式会社ビジネスマーケティング本部　ソーシャルコミュニケーション部　チームワーク作りのプロへ」

　https://www.value-press.com/pr_interview/cybozu

WOMマーケティング協議会（2012）「WOMJ ガイドライン」.

山本晶・阿部誠（2007）「消費者間ネットワークを利用したレコメンデーション・エージェント」井上哲浩・日本マーケティング・サイエンス学会編『Webマーケティングの科学──リサーチとネットワーク』（pp. 165–191），千倉書房.

安田雪（1997）『ネットワーク分析──何が行為を決定するか』新曜社.

［webサイト］

ローソン Twitter

　https://twitter.com/akiko_lawson

サイボウズ式

　https://cybozushiki.cybozu.co.jp/

■ 第8章

Boorstin, D. J.（1962）*The Image: A Guide to Pseudo-Events in America*, Vintage.（星野郁美・後藤和彦訳，1964『幻影の時代──マスコミが製造する事実』東京創元社.）

Dayan, D. and Katz, E.（1992）*Media Events: The Live Broadcasting of History*, Harvard University Press.（浅見克彦訳，1996『メディア・イベント──歴史をつくるメディア・セレモニー』青弓社.）

Haire, M.（1950）"Projective Techniques in Marketing Research," *Journal of Marketing*, 14（5）, pp. 649–656.

本田哲也（2011）『戦略PR──空気をつくる。世論で売る。〔新版〕』アスキー・メディアワークス.

本田哲也（2021）『ナラティブカンパニー──企業を変革する「物語」の力』東洋経済新報社.

Hoyer, W. D. and MacInnis, D. J.（2007）*Consumer Behavior*, 4th ed., Houghton.

Kotler, P. and Keller, K. L.（2006）*Marketing Management*, 12th ed., Pearson Education.（恩藏直人監修，月谷真紀訳，2014『コトラー & ケラーのマーケティング・マネジメント〔第12版〕』丸善出版.）

新倉貴士（2005）『消費者の認知世界──ブランドマーケティング・パースペクティブ』千倉

書房.

Peter, J. P. and Olson, J. C. (2005) *Consumer Behavior & Marketing Strategy*, 7th ed., McGraw-Hill.

Ries, A. and Ries, L. (1998) *The 22 Immutable Laws of Branding: How to Build a Product or Service into a World-Class Brand*, Harper Collins.（片平秀貴監訳，1999『ブランディング22の法則』東急エージェンシー.）

Shiller, R. J. (2019) *Narrative Economics: How Stories Go Viral and Drive Major Economic Events*, Princeton University Press.（山形浩生訳，2021『ナラティブ経済学——経済予測の全く新しい考え方』東洋経済新報社.）

ソトコト（2021）「『#旅するおうち時間』から始まる関係人口の輪」『ソトコト——未来をつくるSDGsマガジン』7月19日.
　https://sotokoto-online.jp/people/1711

高橋広行（2011）『カテゴリーの役割と構造——ブランドとライフスタイルをつなぐもの』関西学院大学出版会.

殿村美樹（2010）『テレビが飛びつくPR——予算9万円で国民的ブームを起こす方法』ダイヤモンド社.

［webサイト］

旅するおうち時間
　https://hometime-to-travel.studio.site/

■ 第9章

Akerlof, G. A. (1970) "The Market for 'Lemons': Quality Uncertainty and the Market Mechanism," *The Quarterly Journal of Economics*, 84(3), pp. 488-500.

井上邦夫（2007）「敵対的買収時の危機管理コミュニケーション——買収側企業の視点から」『広報研究』11，pp. 43-59.

中野誠・蜂谷豊彦（2004）「ディスクロージャー戦略と資本市場」『一橋ビジネスレビュー』61(4)，pp. 90-107.

岡田依里（2004）「知識経営としてのIR」遠藤彰郎・北川哲雄・田中襄一・岡田依里『企業価値向上のためのIR経営戦略——理論・実践・提言』(pp. 312-328)，東洋経済新報社.

須田一幸編（2004）『ディスクロージャーの戦略と効果』森山書店.

田中襄一（2012）「企業情報開示の統合化——インベスター・リレーションズの展開」『政経研究』49(1)，pp. 25-48.

東京証券取引所（2021）「コーポレートガバナンス・コード——会社の持続的な成長と中長期的な企業価値の向上のために」.
　https://www.jpx.co.jp/equities/listing/cg/tvdivq0000008jdy-att/nlsgeu000005lnul.pdf

山村公一・Stacks, D. W.（2013）「北越製紙——敵対的買収からの独立防衛」『広報研究』17，pp. 129-135.

米山徹幸（2014）「IRとソーシャルメディアの進展」『証券経済研究』85, pp. 165-186.

［webサイト］

金融庁 EDINET
　https://disclosure.edinet-fsa.go.jp/EKW0EZ0001.html?lgKbn=2&dflg=0&iflg=0

■ 第 10 章

Barnard, C. I.（1938）*The Functions of the Executive*, Harvard University Press.（山本安次郎・田杉競・飯野春樹訳, 1968『新訳 経営者の役割』ダイヤモンド社.）

Cornelissen, J.（2020）*Corporate Communication: A Guide to Theory and Practice*, 6nd ed., Sage.

Cutlip, S. M., Center, A. H. and Broom, G. M.（2006）*Effective Public Relations*, 9th ed., Pearson Education.（日本広報学会監修, 2008『体系 パブリック・リレーションズ』ピアソン・エデュケーション.）

Daft, R. L. and Lengel, R. H.（1984）"Information Richness: A New Approach to Managerial Behavior and Organization Design," *Research in Organizational Behavior*, 6, pp. 191–233.

Daft, R. L. and Lengel, R. H.（1986）"Organizational Information Requirements, Media Richness and Structural Design," *Management Science*, 32(5), pp. 554–571.

Dutton, J. E., Dukerich, J. M. and Harquail, C. V.（1994）"Organizational Images and Member Identification," *Administrative Science Quarterly*, 39(2), pp. 239–263.

Grunig, L. A., Grunig, J. E. and Dozier, D. M.（2002）*Excellent Public Relations and Effective Organizations: A Study of Communication Management in Three Countries*, Lawrence Erlbaum Associates.

伊吹勇亮・川北眞紀子（2011）『インターナル・コミュニケーションにおける社内報の位置づけ』日本広報学会第 6 回オピニオン・ショーケース報告資料.

桑田耕太郎・田尾雅夫（2010）『組織論〔補訂版〕』有斐閣.

日本経済新聞（2011）「マニュアル超え危機管理」4 月 16 日朝刊.

日本経済新聞（2013）「新卒外国人の採用増加, 東芝 3 割増, ローソンは 2.4 倍, 国際展開の中核に育成」7 月 21 日朝刊.

日経 MJ（2012）「社員旅行や運動会——社内のイベント, IT 企業に活力（ブームの裏側）」9 月 28 日.

日経 MJ（2013）「SNS 時代…写真 1 枚で大きな傷——悪ふざけ投稿どう防ぐ」9 月 11 日.

O'Neil, J.（2008）"Measuring the Impact of Employee Communication on Employee Comprehension and Action: A Case Study of a Major International Firm," *Public Relations Journal*, 2(2).

リクルート HC ソリューショングループ編（2008）『実践ダイバーシティマネジメント——何をめざし, 何をすべきか』英治出版.

Robbins, S. P.（2005）*Essentials of Organizational Behavior*, 8th ed., Pearson Education.（髙木晴夫訳, 2009『〔新版〕組織行動のマネジメント——入門から実践へ』ダイヤモンド社.）

澤野雅彦（2005）『企業スポーツの栄光と挫折』青弓社.

Smidts, A., Pruyn, A. T. H. and van Riel, C. B. M.（2001）"The Impact of Employee Communication and Perceived External Prestige on Organizational Identification," *Academy of Management Journal*, 44(5), pp. 1051–1062.

Stein, A.（2006）"Employee Communications and Community: An Exploratory Study," *Journal of Public Relations Research*, 18(3), pp. 249–264.

谷口真美（2005）『ダイバシティ・マネジメント——多様性をいかす組織』白桃書房.

White, C., Vanc, A. and Stafford, G.（2010）"Internal Communication, Information Satisfaction, and Sense of Community: The Effect of Personal Influence," *Journal of Public Relations Research*, 22(1), pp. 65–84.

読売新聞 (2011)「TDR 混乱なし，年 180 回訓練生きた」9 月 23 日朝刊（東京版）.

■ 第 11 章

Brown, T. J. and Dacin, P. A. (1997) "The Company and the Product: Corporate Associations and Consumer Product Responses," *Journal of Marketing*, 61(1), pp. 68–84.

Carroll, A. B. (2008) "A History of Corporate Social Responsibility: Concepts and Practices," In A. Crane, A. McWilliams, D. Matten, J. Moon and D. Siegel (Eds.), *The Oxford Handbook of Corporate Social Responsibility* (pp. 19–46), Oxford University Press.

Fombrun, C. J. and van Riel, C. B. M. (2004) *Fame and Fortune: How Successful Companies Build Winning Reputations*, Financial Times Prentice Hall.（花堂靖仁監訳，電通レピュテーション・プロジェクトチーム訳，2005『コーポレート・レピュテーション』東洋経済新報社.）

Friedman, M. (1962) *Capitalism and Freedom*, University of Chicago Press.（熊谷尚夫・西山千明・白井孝昌訳，1975『資本主義と自由』マグロウヒル好学社.）

Hayek, F. A. (1960) *The Constitution of Liberty*, The University of Chicago Press.（気賀健三・古賀勝次郎訳，1986『自由の条件Ⅰ　自由の価値』ハイエク全集第 5 巻，春秋社.）

井之上喬 (2006)『パブリック・リレーションズ──最短距離で目標を達成する「戦略広報」』日本評論社.

川北眞紀子・薗部靖史 (2022 予定)『アートプレイスとパブリック・リレーションズ──芸術支援から何を得るのか』有斐閣.

Kotler, P. and Lee, N. (2005) *Corporate Social Responsibility: Doing the Most Good for Your Company and Your Cause*, Wiley.（恩藏直人監訳，2007『社会的責任のマーケティング──「事業の成功」と「CSR」を両立する』東洋経済新報社.）

London, N. R. (1991) *Japanese Corporate Philanthropy*, Oxford University Press on Demand.（平山眞一訳，1992『日本企業のフィランソロピー──アメリカ人が見た日本の社会貢献』TBS ブリタニカ.）

南知惠子 (2010)「マーケティングにおける社会性と倫理性」池尾恭一・青木幸弘・南知惠子・井上哲浩『マーケティング』(pp. 615–637)，有斐閣.

Mohr, L. A., Eroğlu, D. and Ellen, P. S. (1998) "The Development and Testing of a Measure of Skepticism Toward Environmental Claims in Marketers' Communications," *The Journal of Consumer Affairs*, 32(1), pp. 30–55.

日本経団連社会貢献推進委員会 (2008)『CSR 時代の社会貢献活動──企業の現場から』日本経団連出版.

大平修司・薗部靖史・スタニスロスキー，S. (2013)「消費を通じた社会的課題解決」企業と社会フォーラム編『持続可能な発展とイノベーション』(pp. 115–142)，千倉書房.

Sen, S. and Bhattacharya, C. B. (2001) "Does Doing Good Always Lead to Doing Better ?: Consumer Reactions to Corporate Social Responsibility," *Journal of Marketing Research*, 38(2), pp. 225–243.

白石弘幸 (2017)「電力会社のイメージウォッシングと PR 施設」『金沢大学経済論集』38(1)，pp. 1–36.

Skarmeas, D. and Leonidou, C. N. (2013) "When Consumers Doubt, Watch Out! The Role of CSR Skepticism," *Journal of Business Research*, 66, pp. 1831–1838.

Stormer, F. (2003) "Making the Shift: Moving from "Ethics Pays" to an Inter-Systems Model of Business," *Journal of Business Ethics*, 44(4), pp. 279–289.

丹下博文 (2001)『企業経営の社会性研究──社会貢献・地球環境・高齢化への対応』中央経済社.

Varadarajan, P. R. and Menon, A. (1988) "Cause-Related Marketing: A Coalignment of Marketing Strategy and Corporate Philanthropy," *Journal of Marketing*, 52(3), pp. 58–74.

山口周 (2017)『世界のエリートはなぜ「美意識」を鍛えるのか？──経営における「アート」と「サイエンス」』光文社.

［web サイト］

ベルマーク教育助成財団
　https://www.bellmark.or.jp/

キユーピー
　https://www.kewpie.co.jp/

キッザニアグランドサイト
　https://www.kidzania.jp/

ライオン
　https://www.lion.co.jp/ja/

認定 NPO 法人 J. POSH 日本乳がんピンクリボン運動
　https://www.j-posh.com

日本経済団体連合会
　https://www.keidanren.or.jp/

パナソニック
　https://holdings.panasonic/jp/

セブン＆アイ・ホールディングス
　https://www.7andi.com/

ザ・ボディショップ
　https://www.the-body-shop.co.jp/shop/

ティンバーランド
　https://www.timberland.co.jp/

トヨタ自動車
　https://toyota.jp/

■ 第 12 章

Coombs, W. T. (2007) "Protecting Organization Reputations During a Crisis: The Development and Application of Situational Crisis Communication Theory," *Corporate Reputation Review*, 10(3), pp. 163–176.

Heath, R. L. and Nelson, R. A. (1986) *Issues Management: Corporate Public Policymaking in an Information Society*, Sage.

経済産業省 (2005)『先進企業から学ぶ事業リスクマネジメント実践テキスト──企業価値の向上を目指して』経済産業省.

吉川肇子 (1999)『リスク・コミュニケーション──相互理解とよりよい意思決定をめざして』福村出版.

危機マネジメント研究会編 (2002)『実践 危機マネジメント──理論戦略ケーススタディ』ぎょうせい.

北見幸一（2010）『企業社会関係資本と市場評価——不祥事企業分析アプローチ』学文社.

国枝智樹・伊吹勇亮（2021）「危機管理広報の学術理論とその体系」『広報研究』25, pp. 74-86

Mehrabian, A.（1971）*Silent Messages*, Wadsworth.

Mitroff, I. I.（1988）*Break-Away Thinking: How to Challenge Your Business Assumptions*, John Wiley.

Mitroff, I. I. with Anagnos, G.（2001）*Managing Crises Before They Happen: What Every Executive and Manager Needs to Know about Crisis Management*, AMACOM.（上野正安・大貫功雄訳, 2001『危機を避けられない時代のクライシス・マネジメント』徳間書店.）

日本規格協会（2010）『日本工業規格 JISQ31000: 2010「リスクマネジメント——原則及び指針」日本規格協会.

大泉光一（2002）『クライシス・マネジメント——危機管理の理論と実践〔三訂版〕』同文舘出版.

大泉光一（2006）『危機管理学総論——理論から実践的対応へ』ミネルヴァ書房.

Selbst, P.（1978）"The Containment and Control of Organizational Crises," In J. W. Sutherland and A. Legasto（Eds.）, *Management Handbook for Public Administrators*（pp. 843-896）.

Watkins, M. D. and Bazerman, M. H.（2003）"Predictable Surprises: The Disasters You Should Have Seen Coming," *Harvard Business Review*, 81（3）, pp. 72-80.（西尚久訳, 2003「ビジネス危機は予見できる」『DIAMOND ハーバード・ビジネス・レビュー』10月号〔pp.64-75〕, ダイヤモンド社.）

■ 第13章

廣井脩（1992）「災害広報に望まれること」『広報』4月号, pp. 14-21.

廣井脩（1985）「自治体防災広報の望ましい姿」『広報』12月号, pp. 12-23.

紀宝町（2011）『広報きほう』10月号.

神戸市危機管理室（2004）「阪神淡路大震災の教訓を踏まえての広報活動と展望」.

神戸市広報課編（1996）『防災都市・神戸の情報網整備——神戸市広報課の苦悩と決断』ぎょうせい.

名古屋市総務局広報課（1960）「伊勢湾台風における災害広報の体験と反省」『広報年報』pp. 62-74.

日本広報学会行政コミュニケーション研究会（2013）『東日本大震災からの地域復興に向けた行政広報, 地域広報の多面的評価』日本広報学会.

関谷直也（2007）「災害文化と防災教育」大矢根淳・浦野正樹・田中淳・吉井博明編『災害社会学入門』（pp. 122-131）, 弘文堂.

関谷直也（2011a）「『災害』の社会心理——うわさ・流言の仕組みから報道の負の効果まで』KK ベストセラーズ.

関谷直也（2011b）「行政による広報」公益財団法人ひょうご震災記念21世紀研究機構災害対策全書編集企画委員会編『応急対応』災害対策全書2（pp. 342-343）, ぎょうせい.

消防防災博物館（2004）『防災トピック　災害時に備える広報戦略』.

高橋淳夫（2011）「報道機関の動き——メディアによる広報」公益財団法人ひょうご震災記念21世紀研究機構災害対策全書編集企画委員会編『応急対応』災害対策全書2（pp. 344-345）, ぎょうせい.

竹山昭子（2002）『ラジオの時代——ラジオは茶の間の主役だった』世界思想社.

東京消防庁監修（2012）『災害時の情報活動マニュアル——消防職員のための情報管理〔3訂版〕』東京連合防火協会.

■ 第14章

土肥将敦・唐木宏一・谷本寛治（2006）「日本におけるソーシャル・エンタープライズの胎動」谷本寛治編『ソーシャル・エンタープライズ——社会的企業の台頭』（pp. 207–262），中央経済社.

広瀬盛一（2006）「広告と公共的なコミュニケーション」嶋村和恵監修『新しい広告』（pp. 95–108），電通.

国境なき医師団日本（2021）『2020年度版 活動報告書』.
　https://my.ebook5.net/MSFJ_Publication/AR2020/

Kotler, P. and Keller, K. L.（2006）*Marketing Management*, 12th ed., Pearson Education.（恩藏直人監修，月谷真紀訳，2014『コトラー & ケラーのマーケティング・マネジメント〔第12版〕』丸善出版.）

内閣府（2022）「NPO統計情報 認証・認定数の推移」.
　https://www.npo-homepage.go.jp/about/toukei-info/ninshou-seni

日本経済新聞（2013）「大学医学研究，民間依存強く，製薬10社から2300億円」10月19日朝刊.

Stiglitz, J. E. and Walsh, C. E.（2002）*Economics*, 3rd ed., W. W. Norton & Co Inc.（藪下史郎・秋山太郎・蟻川靖浩・大阿久博・木立力・清野一浩・宮田亮訳，2006『スティグリッツミクロ経済学〔第3版〕』東洋経済新報社.）

システム技術研究所（2021）「脱炭素社会に向けた2050年ゼロシナリオ〔改訂版〕」WWFジャパン委託研究.
　https://www.wwf.or.jp/activities/data/20210909climate01.pdf

谷本寛治（2002）「NPOと企業の新しい関係」谷本寛治・田尾雅夫編『NPOと事業』（pp. 14–49），ミネルヴァ書房.

谷本寛治（2006）「ソーシャル・エンタープライズ（社会的企業）の台頭」谷本寛治編『ソーシャル・エンタープライズ——社会的企業の台頭』（pp. 1–45），中央経済社.

田尾雅夫・吉田忠彦（2009）『非営利組織論』有斐閣.

［webサイト］
ACジャパン
　https://www.ad-c.or.jp/
国境なき医師団日本
　https://www.msf.or.jp/
特定非営利活動法人動物実験の廃止を求める会（JAVA）
　https://www.java-animal.org/
特定非営利活動法人シーズ・市民活動を支える制度をつくる会「認定とろう！NET」
　https://www.nintei-torou.net/
WWFジャパン
　https://www.wwf.or.jp/

■ 第15章

中小企業基盤整備機構（2005）『地域ブランドマニュアル』.

樋上亮一（1951）『P. R. の考え方とあり方——公衆関係業務必携』世界書院.

樋上亮一（1952）『自治体広報の理論と技術』世界書院.

樋上亮一（1955）「PR」日高六郎編『現代社会とマス・コミュニケーション』マスコミュニケーション講座 5（pp. 123-129），河出書房.

樋上亮一（1962）「行政広報の基礎理念」自治大学校・地方自治研究資料センター編『自治研修』35，pp. 61-72.

井出嘉憲（1964）「行政広報批判論」日本都市センター編『行政広報の考え方』（pp. 1-20）日本都市センター.

井出嘉憲（1967）『行政広報論』勁草書房.

猪狩誠也編（2011）『日本の広報・PR 100 年——満鉄から CSR まで』同友館.

神島二郎（1977）「政治広報と行政広報」『政治の世界——政治学者の模索』（pp. 100-105），朝日新聞社.

河井孝仁（2009）『シティプロモーション——地域の魅力を創るしごと』東京法令出版.

北村邦彦（2008）「「広報・弘報・PR」の語源に関する一考察」『帝京社会学』21, pp. 109-136.

Kotler, P., Haider, D. and Rein, I.（1993）*Marketing Places*, The Free Press.（井関利明監訳, 前田正子・千野博・井関俊幸訳，1996『地域のマーケティング』東洋経済新報社.）

小山栄三（1954）『廣報学——マス・コミュニケーションの構造と機能』有斐閣.

Liu, B. F. and Horsley, J. S.（2007）"The Government Communication Decision Wheel: Toward a Public Relations Model for the Public Sector," *Journal of Public Relations Research*, 19(4), pp. 377-393.

松田慶文（1961）「行政広報はどうあるべきか」『自治研究』37(4)，pp. 63-81.

三浦恵次（1997）『広報・宣伝の理論』大空社.

中村紀一（1976）「広報と広聴」辻清明・吉富重夫・足立忠夫他編『行政の過程』行政学講座 3（pp. 287-288），東京大学出版会.

小谷重一（1951）『PR の理論と実際』日本電報通信社.

土屋好重（1960）『PR 政策』白桃書房.

辻清明（1962）「都市の広報活動（1）（2）（3）」『都市問題』53（8，9，12）.

上野征洋（2002）「広報・コミュニケーションの思想・理論・歴史」猪狩誠也・上野征洋・剣持隆・清水正道・城義紀『コーポレート・コミュニケーション戦略——経営変革に向けて』（pp. 241-256），同友館.

上野征洋（2003）「行政広報の変容と展望——理論と実践のはざまで」津金澤聡廣・佐藤卓己編『広報・広告・プロパガンダ』叢書 現代のメディアとジャーナリズム 6（pp. 120-146），ミネルヴァ書房.

吉富重夫（1970）「市政における広聴の役割——直接民主主義との関連で」『都市問題』61(9)，pp. 3-13.

あ 行

アイデンティティ　52, 169
アウトソーシング　67
アカウンタビリティ　→説明責任
アクティブ・サポート　120
味の素　140
@cosme　118
アドボカシー　28, 245
アニュアルレポート　→年次報告書
アメリカン・エキスプレス　193
アール・キュー　→RQ
アーンド・メディア　110
アンバサダー　121, 170, 172
　　——・プログラム　112, 121
イオン　228
意見の変化　78
イシュー　202
イシュー・マネジメント　203, 206
一貫性　52
一体感　164
一般広報　257
イベント　191
インクルージョン　173
インサイダー取引　153
インスタグラマー　110, 117, 122
インターナル・コミュニケーション　166
インターナル・リレーションズ　28, 60,
　　164
インターネット　27, 44, 96, 107, 209
インターミディアリー組織　246
イントラネット　176
インフォメーション・リッチネス　177
インフルエンサー　117, 122, 132

インベスター・リレーションズ（IR）　16,
　　28, 60, 92, 146, 244
ウィキペディア　115
ウォルマート　35
影響度　202
エーザイ　189
エージェント　150
エステー　229
エフェクチュエーション　79
炎 上　123, 125
エンプロイー（従業員）・コミュニケーショ
　　ン　166
王子製紙　145
オウンド・メディア　110, 112, 129, 134
大津波警報　219
オピニオン・リーダー　108, 117, 122
オンブズマン制度　262

か 行

会 議　178
改 善　72, 85
外部要因分析　74
花 王　137
香川県　269
確 率　202
課題の認識　73
活動の維持　242
合併・買収　→M&A
カテゴリー　136
　　目的に導かれた——　138
カテゴリー化　136
ガバメント・リレーションズ　28
株 価　154
株 式　147

株式会社　150
株式公開買い付け　→TOB
株式公開企業　147
株主総会　150
壁新聞　220
カルビー　132
環境報告書　161
環境問題　33
関係性　→リレーションズ
間接金融　147
感染症広報　13
『官　報』　258
管理者としての広報・広聴行政　261
義捐金　230
機関投資家　33
危機（クライシス）　200
　予見可能な──　207
危機管理　225
危機管理広報　206
企業価値　154
企業広告　227
企業広報大賞　50
企業財団　185
企業市民　19, 183
企業スポーツ　179
企業の社会貢献（コーポレート・フィランソ
　ロピー）　184
企業の社会的責任（CSR）　12, 19, 29, 47,
　183, 226, 248
企業博物館　110, 177, 190
企業メセナ協議会　20
企業理念　28, 62, 242
疑似イベント　142
疑似環境　143
記者会見　99, 104, 209
記者クラブ　97
帰属理論　211
キッコーマン　112
キッザニア　191
寄　付　189

寄付つき（寄付型）商品　194
客観性　41
キャッシュフロー　154
キユーピー　189
教　育　191
協　賛　94
行政広報　28, 218, 254
　──の統治論・自治論　261
行政PR　255, 260
京セラ　76
競争優位　152
共通価値　35
共通目的　168
協力的な広報活動　265
キリン　191
記録活動　224
緊急安全確保　218
緊急記者会見　212
緊急地震速報　219
キングジム　120
口コミ　110, 117
くまモン　90
クライシス　→危　機
クライシス・コミュニケーション　28, 201,
　210
クライシス・マネジメント　206
クラウドファンディング　244
グリーンウォッシュ　196
経営理念　76
警戒レベル　219
計　画　72
経済広報センター　19, 61, 64
経済・社会・ガバナンス　→ESG
経済団体連合会　185
経済的責任　30
芸　術　191
啓発された自己利益　187
警　報　218
原因究明　214
顕示性　52

研修教材　177
現状説明　214
原子力緊急事態宣言　217
『現代用語の基礎知識』　142
公開情報　12
効果測定　83
公共圏　12
公共広告　250
貢献意欲　168
広　告　130, 131, 250
広告換算価値（AVEs）　86
広告宣伝　8
交　渉　61
工場見学　190
公聴会　264, 266
広聴活動　264
行　動　49, 79
　　──の変化　78
公　表　213
公文書公開　262
神戸市　220
広報課　6
広報活動　264
広報・広聴　2, 222
広報車　219
広報担当者　58
「広報の遺伝子」論　21
広報部（広報部門）　6, 57
高齢者等避難　218
国営放送　255
国際ビジネス・コミュニケーター協会
　　（IABC）　63
国政・県政・市政モニター　264
国連グローバル・コンパクト（UNGC）
　　34
個人投資家　158
コーズ・プロモーション　192
コーズ・リレーテッド・マーケティング
　　（CRM）　193, 228, 245
国境なき医師団（日本）　237, 244, 247, 252

小林富次郎商店　193
個別広報　257
戸別受信機　219
コーポレート・アイデンティティ（CI）
　　32, 171
コーポレート・アイデンティティ活動（CI
　　活動）　6
コーポレート・ガバナンス　46, 159, 160
コーポレートガバナンス・コード　158
コーポレート・コミュニケーション　5,
　　153
コーポレート・フィランソロピー　→企業の
　　社会貢献
コーポレート・レピュテーション　44
コミュニケーション　168
　　──の対象　70
　　──の2段階の流れ　108
　　双方向的な──　26
コミュニケーション・アドバイザー　157
コミュニケーション機能　148
コミュニケーション・テクニシャン　66
コミュニケーション・マネージャー　66
コミュニティ・リレーションズ　28, 92
『御用新聞』　258
コンテンツ調整　61
コンテンツ・マーケティング　112, 114
コンプライアンス　→法令遵守

さ 行

災　害　217
災害用伝言ダイヤル171　227
災害用伝言板　227
在学生　248
最高広報責任者　→CCO
再発防止策　214
サイボウズ　114
財務機能　148
財務報告　152
サステイナビリティ（持続可能性）　23,
　　184

サスティナビリティレポート　29, 161
雑　誌　96
ザ・ボディショップ　130, 192
サンスター　228
サントリー　29, 122, 127, 228
三方よし　32
シェアード・メディア　110
支援金　230
資格制度　63
私企業　239
事業継続　226, 233
事業継続マネジメント　→BCM
資　金　243
資金調達　146
資　源　242
自己資本　146
自社技術　188
自社発表　99
自主的広報活動　265
市場の失敗　240
資生堂　134, 228
持続可能性　→サスティナビリティ
持続可能な開発目標　→SDGs
自治体広報　263
シチュエーショナル・クライシス・コミュニ
　　ケーション理論（SCCT）　210, 211
自治論　261
実　行　72, 79
指定公共機関　223
シティ・セールス　267
指定地方公共機関　223
シティ・プロモーション　258, 267
児童労働ネットワーク（CL-Net）　245
資本コスト　149
市民参画　12
事務的広報　256
社員旅行　178
社会機能維持　225
社会貢献的責任　31
社会調査手法　75

社会的課題　242
　　——の解決　240
社会的企業（ソーシャル・エンタープライ
　　ズ）　240, 241
社会的提携　194
社　訓　242
謝罪表明　214
社　是　76, 176, 242
社内運動会　178
社内報　16, 176
ジャーナリスト　98, 101, 103
従業員 PR　16
従業員労働力　190
住民参加　261
受験生　248
遵法的責任　30
ジョイセフ　190
上　場　147
上場企業　147
省庁広報　263
消費者の問題解決行動　135
情　報　244
　　——の非対称性　151
情報委員会　258
情報開示制度　155
情報獲得　78
情報源の信頼性　131
情報公開　262
情報伝達　61
ジョブ・ローテーション　65
ジョンソン・エンド・ジョンソン　79, 199
人　材　242
『震災彙報』　219
真実性　52
新　聞　95
シンボル　80
信頼性　92
垂直分業　58
水道哲学　32
水平関係　59

水平分業　58
枢機卿委員会　14
スタッフ部門　59
スターバックス　113, 119
ステークホルダー　25, 69, 169, 183, 200,
　238
ステークホルダー理論　184
ステルス・マーケティング　31, 123, 125
ストーリーテリング　52
スポーツ　191
スポンサーシップ　191
生活情報　218
政策広報　256, 265
政治広報　256
政党広報　256
製品カテゴリー　132, 136
政府広報　256
政府の失敗　240
セ　ガ　119
世界自然保護基金　→WWF
世界で最も賞賛される企業ランキング　38
セカンドハーベスト　190
責任表明　214
説明責任（アカウンタビリティ）　30, 195,
　200, 210, 247
セブン‐イレブン　119, 189
選挙広報　256
戦　術　71
センチメント分析　120
宣　伝　12
専門職　63
専門性　131
戦　略　71
戦略PR　133
相場操縦的行為　153
総理府広報室　263
属　性　136
そごう・西武　190
ソサイエタル・マーケティング　192
組　織　24, 58, 164, 167

──の社会貢献　28
──の所有形態　238
──の目的　238
組織文化　166, 173
ソーシャル・イシュー　204
ソーシャル・エンタープライズ　→社会的企
　業
ソーシャル・コンシューマー　196
ソーシャル・ネットワーキング・サービス
　→SNS
ソーシャル・マーケティング　10, 192
　狭義の──　192
ソーシャルメディア　44, 93, 115, 118, 129,
　158, 161, 209
ソーシャルメディア・リスク　210
ソーシャル・リスニング　75, 120
卒業生　249
ソフトバンク　227, 229, 230

た　行

第一生命保険　141
大　学　248
体系的な知識　63
大地を守る会　241
ダイバーシティ　173
ダイバーシティ・マネジメント　173
対　面　178
タイレノール事件　79, 199
タウンミーティング（形式）　178, 265
宝塚病院　131
タカラトミー　120
ターゲット・オーディエンス　191
『太政官日誌』　258
地域広報　267
地域のブランド化　258, 267
注意報　218
中間者としての広報・広聴行政　261
中国中央電視台　255
中立性　92, 131
調　整　59

町内会　259

直接金融　147

通信社　98

津波警報・注意報　219

ティンバーランド　190

適時開示　155, 157

デスティネーション・キャンペーン　268

出前講座　265

テレビ　93

電通　16

東京海上日動あんしん生命保険　187

東京ディズニーリゾート　172

統合型マーケティング・コミュニケーション論（IMC）　10

統合報告書　162

投資家　147, 148

東芝　124, 176

東芝クレーマー事件　54, 111, 123, 124, 210

統治論　261

動物実験の廃止を求める会（JAVA）　28, 245

東北地方太平洋沖地震　217

透明性　52

独自性　52

特別警報　218

トップセールス　268

隣組　259

トヨタ自動車　40, 182, 192

取締役会　150

取引費用　208

 な　行

内閣広報室　256, 263

内部要因分析　74

ナラティブ　49, 133

　──アプローチ　133, 134

　──経済学　133

２ちゃんねる　115

日清食品　112, 229

日本経済団体連合会　19, 185

日本広報学会　64

日本広報協会　64

日本国有鉄道　268

日本通運　232

日本パブリックリレーションズ協会　64

日本版 MD&A　160

ニュース・バリュー　99, 101, 105, 129

ニュース・リリース　→プレス・リリース

ニューヨーク　253

二律背反論　22

任意開示　155, 157

任天堂　191

ネスレ　140

ネットワーク　49

ネットワーク分析　118

年次報告書（アニュアルレポート）　153, 157, 247

ノンバーバル・ランゲージ　215

 は　行

ハザードマップ　222

バズ・マーケティング　122

パナソニック　23, 32, 189, 190

パブリシティ　9, 12, 41, 99, 102, 129, 130

パブリック　12

パブリック・アクセプタンス　266

パブリック・アンダスタンディング　266

パブリック・インボルブメント　266

パブリック・カンパニー　147

パブリック・コメント　267

パブリック・リレーションズ　3, 238

パブリック・リレーションズ・オフィス　258

ハミルトン島　143

非営利組織（NPO）　184, 237, 238

　──のマーケティング　192

　監視・批判型の──　245

　慈善型の──　245

被災者の雇用　232

非財務情報　149, 159

ビジネスプラン　151
ビジョン　153
非政府組織（NGO）　33, 241
日　添　139
ビックイシュー日本　241
避難勧告　217
避難指示　217, 218
避難者情報システム　220
日比谷花壇　100
評　価　72, 81
評価情報　41
評判　→レピュテーション
非連続性理論　261
広島県　269
ピンクリボン運動　187, 194
ファイナンシャル・アドバイザー　157
ファシズム　259
ファーストリテイリング　230
ファンドレイジング　243
ファンベース　112, 121
フィランソロピー　19
風説の流布　153
風評被害　234
フェアトレード　35, 192, 241
フェアトレードカンパニー　241
不公正取引　153
不祥事　204
物　品　244
　　――の寄贈　189
ブランド　43, 130, 137
ブランド・サイト　110, 112
ブランド・ジャーナリズム　113, 134
ブランド・マネジメント　43
ブランド論　10
プレス・エージェントリ（プレス・エージェ
　ント）　14, 102
プレスキット　100
プレス・リリース（ニュース・リリース）
　12, 57, 99, 100, 133
フレーミング効果　136

ブロガー　117
ブログ　115
プロダクト・プレイスメント　94
プロパガンダ　13, 14, 65, 255
プロボノ　190
プロモーション　15
プロモーション・ミックス　129
噴火警報・注意報　219
米国パブリック・リレーションズ協会
　　（PRSA）　4, 63
ペイド・パブリシティ　94, 96
ペイド・メディア　109
ボイコット運動　245
ボイス・オブ・アメリカ　255
防災教育　221
　　――のパラドックス　222
防災行政無線　219
法定開示　155, 157
報道機関　223
報道対応　264
法令遵守（コンプライアンス）　30, 205,
　247
北越製紙　145
ポジショニング　128, 132
ホットランド　232
ボランティア活動　190
堀場製作所　176

ま行

マクドナルド　119
マーケット・メイブン　117, 122
マーケティング　17, 128
　地域の――　258, 267
マーケティング・コミュニケーション　8
マーケティングPR　27, 59, 128
　　――の役割　131
マーケティング・ミックス　128
マスメディア　27, 92, 108
マッチングギフト　189
マネジメント・コミュニケーション　169

マネジメント・サイクル　71
マネジメント・プロセス　70
神子原米　130
ミッション　240
ミッション・ステートメント　28, 176
村田製作所　69
メセナ　19, 192
メッセージ　70
　　——のスタイル　80
メッセージアプリ　115
メディア　70, 92, 209
　　——の議題設定機能　105
メディア・イベント　143
メディアニーズ評価　61
メディア・リレーションズ　27, 80, 92, 209,
　211
メラビアンの法則　215
モチベーション　166
モニタリング　204
森永製菓　194

 や　行

ヤマト運輸　231
ヤヨイ食品　232
ユーチューバー　109, 122
世　論　12
世論調査　264
弱い紐帯　118

 ら　行

ライセンス契約　195
ライン部門　58
ラジオ　94
利益相反　251
リーガル・アドバイザー　157
リクルートワークス研究所　141
リスク　201
リスク・コミュニケーション　13, 202, 235
リスク・シナリオ　202
リスク・マネジメント　202, 206

リスト　56
リーダーシップ　153
リーチ　95
リバー・プール＆スパ　113
リポジショニング　132
流　言　223
流言飛語　219
リレーションシップ・マーケティング　10
リレーションズ（関係性）　26, 183
臨時災害放送局　220
倫理綱領　64
倫理的責任　31
倫理問題　33
レピュテーション（評判）　12, 26, 38, 56,
　70, 91, 148, 164, 169, 183, 206
レピュテーション・マネジメント　42, 45,
　53
レピュテーション・リスク　54
レピュトラック　→RepTrack
連合国軍総司令部（GHQ/SCAP）　15, 258
連続性理論　261
労働組合　175
ローソン　119
ロビー活動　28, 245, 259

 わ　行

ワイヤーサービス　98
和歌山県　268
ワタミ　232
ワールドインテック　233
1％クラブ　20, 185
ワンボイス　162, 213

ア　ルファベット

ABC　64
AC ジャパン　227, 250
Amazon　116
ANA　191
APR　63
au　227

AVEs　→広告換算価値
BCM（事業継続マネジメント）　206, 226
CCO（最高広報責任者）　60
CI　→コーポレート・アイデンティティ
CI活動　→コーポレート・アイデンティ
　　ティ活動
CL-Net　→児童労働ネットワーク
Corporate Communication　2
CRM　→コーズ・リレーテッド・マーケ
　　ティング
CSR　→企業の社会的責任
CSR調達　31
CSRレポート　29, 161
DAGMAR　83
EDINET　155, 156
ESG（経済・社会・ガバナンス）　153, 162
ESG投資　33
Facebook　116, 161
France 24　255
GHQ/SCAP　→連合国軍総司令部
Hulu　120
IABC　→国際ビジネス・コミュニケーター
　　協会
IKEUCHI ORGANIC　121
IMC　→統合型マーケティング・コミュニケ
　　ーション論
Instagram　116, 119
IR　→インベスター・リレーションズ
ISO26000　34
JAVA　→動物実験の廃止を求める会
J. POSH　187

LINE　116, 119
M&A（合併・買収）　157
mixi　228
NGO　→非政府組織
NPO　→非営利組織
NTT　227
PDCAサイクル　72
PESOモデル　109
PRエージェンシー　58, 67
PRキャラクター　90
PRSA　→米国パブリック・リレーションズ
　　協会
Public Relations　2
RepTrack（レピュトラック）　46
RQ（アール・キュー）　46
SCCT　→シチュエーショナル・クライシ
　　ス・コミュニケーション理論
SDGs（持続可能な開発目標）　23, 35, 140,
　　153, 162, 174, 185, 248
SlideShare　161
SNS（ソーシャル・ネットワーキング・サー
　　ビス）　49, 115, 164
SWOT分析　74
TOB（株式公開買い付け）　145
Twitter　116, 119, 161
UNGC　→国連グローバル・コンパクト
USTREAM　161
web媒体　96
WWF（世界自然保護基金）　195, 247
Yahoo! JAPAN　227
YouTube　117, 161

人名索引

index

あ 行

アカロフ, G. A.（G. A. Akerlof）　151
猪狩誠也　17, 21, 22
池田喜作　17
井出嘉憲　255, 260
井上邦夫　145
伊吹勇亮　65
ヴァーレイ, R. J.（R. J. Varey）　45
ウェイズ, M.（M. Ways）　6
殖栗文夫　17
上野征洋　260
ウォーラー, D.（D. Waller）　49
枝野幸男　217
大泉光一　206
大島幸男　69
小谷重一　17

か 行

加固三郎　21, 22
カトリップ, S. M.（S. M. Cutlip）　3, 63, 67, 84, 85, 101, 173
蒲島郁夫　90
神島二郎　256
ガルシア, H. F.（H. F. Garcia）　48
川北眞紀子　61
キャロル, A. B.（A. B. Carroll）　184
国枝智樹　65
クームス, W. T.（W. T. Coombs）　210, 211
グラノヴェッター, M. S.（M. S. Granovetter）　118
クラマー, M. R.（M. R. Kramer）　34, 35
グルーニグ, J. E.（J. E. Grunig）　14

グルーニグ, L. A.（L. A. Grunig）　173
桑田耕太郎　24
ゲッペルス, P. J.（P. J. Goebbels）　14
ケネディ, J. F.（J. F. Kennedy）　32
ケラー, K. L.（K. L. Keller）　131
小泉眞人　10
コトラー, P.（P. Kotler）　131, 186
コーネルセン, J.（J. Cornelissen）　59, 60, 80, 173
駒橋恵子　54
小宮山恵三郎　11
小山栄三　17, 260

さ 行

佐治敬三　250
サリバン, L.（L. Sullivan）　34
ジェファーソン, T.（T. Jefferson）　3
シェルドン, O.（O. Sheldon）　30
ジェンキンス, T.（T. Jenkins）　160
島谷泰彦　17
シャ, B.-L.（B.-L. Sha）　65
須田一幸　149
スタックス, D. W.（D. W. Stacks）　146
セルブスト, P.（P. Selbst）　200
孫正義　230

た 行

田尾雅夫　24
田中襄一　162
谷本寛治　245
ダフト, R. L.（R. L. Daft）　177
玉川俊哉　63
デアマイヤー, D.（D. Diermeier）　42
ドジャー, D. M.（D. M. Dozier）　66

ドーリー, J.（J. Doorley）　48

な 行

中村紀一　260–262
沼上幹　59, 63
ネーダー, R.（R. Nader）　32

は 行

バザルマン, M. H.（M. H. Bazerman）
　207
パッカード, V.（V. Packard）　18
バーナード, C. I.（C. I. Barnard）　58, 167,
　168
バーナム, P. T.（P. T. Barnum）　15
バーネーズ, E. L.（E. L. Bernays）　4, 14
林周二　18
ハラハン, K.（K. Hallahan）　103
ハーロウ, R.（R. Harlow）　3
東国原英夫　268
樋上亮一　17
ブーアスティン, D. J.（D. J. Boorstin）
　142
ファン・リール, C. B. M.（C. B. M. van
　Riel）　45, 52
フォンブラン, C. J.（C. J. Fombrun）　45,
　52
ブルーム, G. M.（G. M. Broom）　66

ポーター, M. E.（M. E. Porter）　34, 35

ま 行

松下幸之助　18, 32
三浦恵次　260–263
ミトロフ, I. I.（I. I. Mitroff）　201, 205
村田昭治　6
メラビアン, A.（A. Mehrabian）　215

や 行

柳井正　230
山根英夫　11
山村公一　146
ヤンガー, R.（R. Younger）　49

ら 行

リー, I.（I. Lee）　15
リー, N.（N. Lee）　186
リップマン, W.（W. Lippmann）　14
レンゲル, R. H.（R. H. Lengel）　177
ロックフェラー, J. D.（J. D. Rockefeller）
　184
ロビンス, S. P.（S. P. Robbins）　173

わ 行

ワトキンス, M. D.（M. D. Watkins）　207

人
名
索
引

■著者

関谷 直也　東京大学大学院情報学環総合防災情報研究
センター教授，東日本大震災・原子力災害
伝承館上級研究員

薗部 靖史　東洋大学社会学部教授

北見 幸一　東京都市大学都市生活学部／大学院環境情
報学研究科准教授

伊吹 勇亮　京都産業大学経営学部准教授

川北眞紀子　南山大学経営学部教授

広報・PR論
——パブリック・リレーションズの理論と実際〔改訂版〕

Introduction to Public Relations: Theory and Practice
2nd edition　　　　　　　　　　　　〈有斐閣ブックス〉

2014年9月30日　初　版第1刷発行
2022年9月10日　改訂版第1刷発行
2024年1月30日　改訂版第2刷発行

著　者	関　谷　直　也
	薗　部　靖　史
	北　見　幸　一
	伊　吹　勇　亮
	川　北　眞　紀　子
発行者	江　草　貞　治
発行所	株式会社　有　斐　閣

郵便番号 101-0051
東京都千代田区神田神保町 2-17
https://www.yuhikaku.co.jp/

印　刷　株式会社理想社
製　本　牧製本印刷株式会社